Wolfgang Ecke

Dunkle Ecken – Helle Köpfe

Spannende Detektiv-Geschichten

Otto Maier Verlag Ravensburg

Lizenzausgabe
als Ravensburger Taschenbuch Band 993,
erschienen 1985

Quellennachweis: siehe Seite 253
Umschlagentwurf: Walter Emmrich unter Verwendung
von zwei Illustrationen von Erich Hölle

Gesamtherstellung: Ebner Ulm
Printed in Germany

5 4 3 2 1   89 88 87 86 85

ISBN 3-473-38993-5

Ravensburger Taschenbücher · Band 993 · Sonderband
Wolfgang Ecke
Dunkle Ecken – Helle Köpfe

Wolfgang Ecke (1927 – 1983)
Sein Name ist zu einem Begriff für gute, spannende Unterhaltung geworden. Seine Bücher beziehen ihre Spannung aus der Aufforderung zum Mitdenken, durch lebendige, oft humorvolle Dialoge – und nicht durch sensationelle Gewalt.

Er hat über 600 Hörspiele geschrieben, von denen unzählige, ebenso wie ein Großteil seiner über fünfzig Bücher, in viele Sprachen übersetzt wurden. Er war ständiger Mitarbeiter bei zahlreichen in- und ausländischen Radiosendern, schrieb für Jugendzeitschriften, produzierte Platten und auch einige Fernsehfilme. In den Ravensburger Taschenbüchern sind neben mehreren Einzeltiteln folgende Serien von ihm erschienen:

Wer knackt die Nuß?
Perry Clifton
Club der Detektive (auch auf englisch und französisch)
Tom Knall und die Libelle
Meisterdetektiv Balduin Pfiff
Wolfgang Eckes Kriminalmagazin

Für mehr als vier Millionen verkaufte Ravensburger Taschenbücher erhielt Ecke viermal das »Goldene Taschenbuch«.

Wolfgang Ecke selbst über sein Leben:
»Geboren dort, wo Karl May starb: in Radebeul, und zwar am 24. November 1927. Schulbesuch, da Pflicht. ›Sehr gut‹ in Deutsch und Geographie. Alle übrigen Zensuren nicht überlieferungswürdig. Mit 13 Jahren in ein militärisches Internat. Außer Marschieren und Strammstehen auch Klavier, Schlagzeug und Fagott gelernt. Gelungener Versuch, den Krieg unbeschadet zu überleben. Danach Hochschule für Musik und Theater in Dresden. Bereits 1946 aus politischen Gründen von der Hochschule relegiert.«
Zwischen 1945 und 1952 lebte Ecke »abwechselnd überall und in Dresden«. Anfang der 70er Jahre ließ er sich mit seiner Frau und seinen beiden Töchtern (und zwei afghanischen Windhunden und zahlreichen Katzen) im bayerischen Alpenvorland nieder; zuletzt wohnte er oberhalb des Staffelsees in Murnau.

Inhalt

* Geschichten, die mit einem Stern gekennzeichnet sind, sind Kriminalfälle zum Selberlösen

Balduin Pfiff: Das Hotelabenteuer

Der tanzende Koch

Balduin Pfiff trug seine große weiße Küchenschürze und tänzelte singend und pfeifend zwischen Herd und Tisch hin und her.
Eins-zwei und Cha-Cha-Cha...
Er war blendender Stimmung, und das lag nicht zuletzt an dem Rezept, das er der alten Frau von Schwänzelhein entlockt hatte.
»Gefüllte spanische Teigmuscheln« hieß es und versprach ein ausgesprochener Gaumenschmaus zu werden. »Eine kleine Zwie-Zwie-Zwiebel, Cha-Cha-Cha«, sang er und angelte die gewünschte kleine Zwiebel aus dem Korb für Suppenzubehör.
Als er sie schälte und anschließend in kleine Würfel teilte, rollten ein paar Zwiebeltränen über seine wohlgerundeten Wangen.
»Weinen muß ich, Cha-Cha-Cha...«, schluchzte er. »Eine Prise schwarzen Pfeffer und ... wo hab' ich denn die Kapern versteckt...?«
Er drehte sich einmal rund um die eigene Achse, entdeckte die Kapern und tanzte auf sie zu.
»Hier stehen sie und melden sich nicht... Eine Kaper, noch 'ne Kaper, noch 'ne Kaper, noch 'ne Kaper, fünf, sechs und das wär's, Cha-Cha-Cha. Ein Schuß Rotwein... Hoppla, hihihihi, Baldi, das war kein Schuß, das war ein ausgewachsener Böller... Und nun leicht kneten...«

Balduin Pfiff begann das Gemisch aus Teig und Gewürzen behutsam zu walken. Hin und wieder unterbrach er die Arbeit und streckte seine Nase in die Schüssel.
»Hmhmhmhmhm, das duftet, Cha-Cha-Cha...«
Plötzlich richtete er sich erschrocken auf und rief: »Heiliges Kanonenröhrchen, ich hab' ja glatt das Salz vergessen.«
Er salzte nach, walkte, roch, walkte, roch...
Ein erstes zaghaftes Kosten...
Da...
Rrrrrrrrrrr! Die Türklingel.
»Cha-Cha-Cha, Mist, nicht mal in Ruhe kochen kann man!«

Der Besucher

Der kleine Detektiv tätschelte den Teig und versprach, gleich wiederzukommen. Anschließend wusch er sich die Hände und...
Rrrrrrrrrrrr...
... schlappte mit kurzen schnellen Schritten zur Tür. Links-zwo-drei-vier, links-zwo-drei... die Tür!
»Aha!« sagte Balduin Pfiff und betrachtete, trotz allem noch immer guter Stimmung, den unauffällig gekleideten Besucher vor seiner Tür.
»Und?« fragte er.
Der Mann im dunkelgrauen Einreiher machte eine kurze, genau abgezirkelte Verbeugung und erwiderte höflich: »Guten Tag! Mein Name ist Fritz. Ich hätte gern Herrn Balduin Pfiff gesprochen.«
Der kleine Detektiv legte seinen kugelrunden Kopf schräg, schnipste mit zwei Fingern und brummte: »So, wollen Sie?«
Der Besucher hüstelte ein wenig ungeduldig und ein wenig von oben herab. »Wenn es möglich wäre!«
»Wenn Sie mir versprechen«, strahlte Balduin Pfiff und

drohte scherzhaft und verschmitzt mit dem Zeigefinger, »daß Sie nicht versuchen, ihm ein Zeitungsabonnement anzudrehen, werde ich ihn fragen, ob er einen gewissen Herrn Fritz empfangen will.«
»Wo denken Sie hin«, entrüstete sich der vor der Tür, senkte etwas die Stimme und sagte: »Es handelt sich um einen lukrativen Auftrag, wenn Sie das Herrn Pfiff bitte ausrichten wollen.«
»Oh«, tat Balduin Pfiff eifrig, beugte sich vor und zischelte seinem Gegenüber zu: »Für lukrative Aufträge ist der Meister immer zu haben, hehehehe. Bitte treten Sie ein!«
»Danke!« sagte der Mann im grauen Anzug und trat erfreut näher.
»Sie sind wohl der Koch hier, was?«
»Hehehehe«, meckerte Balduin und nickte. »Im Augenblick ja! So, treten Sie ein in die gute Stube!« forderte Balduin Pfiff seinen Besucher auf und bot ihm mit einer weit ausholenden Handbewegung Platz an. »Sortieren Sie sich auf irgendein Möbel. Ich sage ihm«, er deutete mit dem dicken, runden Daumen über seine Schulter, »Bescheid, hehehe!«
Herr Fritz dankte und setzte sich auf den Sessel neben dem Sofa. Während er darüber nachdachte, wie ein so berühmter Detektiv dazu kam, eine so komische Nudel als Koch zu beschäftigen, huschte die »komische Nudel« mit fröhlichem Grinsen in die Küche, band die Schürze ab und sprach noch ein paar tröstende Worte zum wartenden Teig in der Schüssel.
Schließlich schlüpfte Balduin Pfiff in sein Jackett, streckte die Brust raus und betrat erneut die gute Stube.
»Hallo, hallo«, er winkte leutselig dem Besucher zu. »Herr Fritz, wenn ich mich nicht irre?!«
Der Mann im unauffälligen grauen Anzug hatte sich erhoben und starrte Balduin Pfiff mit offenem Mund an.
»Mein Koch hat mir gesagt, Sie hätten einen lukrativen Auftrag für mich.« Der kleine Detektiv wippte auf den Zehen und

weidete sich an der Sprachlosigkeit seines Gastes, dem jetzt klar wurde, daß ihn Balduin Pfiff regelrecht auf die Schippe genommen hatte.
»Bin ganz schön reingefallen, was?« lächelte er säuerlich. »Ich bitte um Entschuldigung dafür, daß ich Sie für Ihren Koch gehalten habe.«
»Aber, aber«, kicherte Balduin, »wenn sich hier jemand entschuldigen muß, dann wohl ich, hehehehe ... Also, Herr Fritz, nun lüften Sie mal das Geheimnis um den tollen Auftrag.«
Der Detektiv ließ sich auf das Sofa fallen, und auch Herr Fritz sank in seinen Sessel zurück.
»Tja, Herr Pfiff«, begann letzterer, »zunächst muß ich Ihnen sagen, daß ich Hausdetektiv im Hotel ›Ambassador‹ bin.«
»Ei der Daus, ein Kollege!« rief Balduin und stieß einen Pfiff aus.
»Wenn *Sie* es sagen, fühle ich mich sehr geschmeichelt!« bekundete der Hausdetektiv ernsthaft.
»Aber nur keine falsche Bescheidenheit. Möchten Sie vielleicht ein Gläschen kalte Buttermilch?«
Fritz riß die Augen auf. Wollte ihn dieser Pfiff vielleicht schon wieder auf den Arm nehmen? Doch nein, in dem runden, rosigen Gesicht stand nichts von Schabernack zu lesen.
»Vielen Dank, Herr Pfiff. Im Augenblick keine Buttermilch ... Ah, wo war ich stehengeblieben?«
»Daß Sie Hausdetektiv im Hotel ›Ambassador‹ sind!« half Balduin Pfiff liebenswürdig nach und balancierte vorsichtig seine Beine auf den Tisch.
»Richtig«, der Hoteldetektiv nickte. »Nun ist folgendes passiert: Ganz unerwartet hat sich für morgen ein indischer Fürst im Hotel angesagt. Ich glaube, man nennt so was auch Maharadscha. Und ausgerechnet morgen muß ich für ein paar Tage in einer privaten Angelegenheit verreisen.«
»Heiliges Kanonenröhrchen, das ist wirklich dumm!« po-

saunte Balduin Pfiff Mitgefühl und hatte keine Ahnung, was ein indischer Fürst und die Reise des Hoteldetektivs mit ihm zu tun haben könnten. Und weil er es nicht wußte, fragte er: »Was hat das alles mit mir zu tun? Ich dachte, Sie kämen wegen eines Auftrags?«
Herr Fritz schluckte.
Plötzlich schien er sich seiner Sache gar nicht mehr so sicher, wie er es noch vor einer Stunde war, als er seinen Geistesblitz der Hoteldirektion unterbreitet hatte.
Er räusperte sich und tastete sich behutsam an sein Anliegen heran.
»Das ist so ... Die Hoteldirektion ... Nein, anders: Man ist sehr besorgt wegen dem Fürsten und mir ...«
Herr Fritz schüttelte ärgerlich den Kopf und startete einen neuen Versuch: »Noch anders. Die Hoteldirektion hält es für dringend erforderlich, daß für die Zeit ein Detektiv ins Haus gehört.«
»Für welche Zeit?«
»Für die Zeit, in der der indische Fürst im Hotel wohnt.«
»Aha ...« Langsam begann es bei Balduin Pfiff zu dämmern.
»Seine Hoheit reist inkognito, nur von einem Diener begleitet!« Und jetzt holte der Hoteldetektiv ganz tief Luft. »Die Hoteldirektion nimmt an, daß der Fürst kostbares Geschmeide und sicher auch viel Bargeld mit sich führt. Sie glaubt, daß man ein sorgsames Auge auf ihn haben muß. Und deshalb bittet sie Sie, lieber Herr Pfiff, für die Dauer des fürstlichen Aufenthaltes ins ›Ambassador‹ zu übersiedeln.«
»Hehehehe«, meckerte Balduin Pfiff, »ich und Leibwächter. Das ist zum Kichern. Schauen Sie mich an. Ich bin klein, viel zu klein und viel zu rund, als daß ein Fremder Angst vor mir haben könnte! Da sollten Sie sich schon einen Riesen engagieren.«
Der Hoteldetektiv winkte resolut ab.
»Nicht als Leibwächter sollen Sie fungieren, sondern als Detektiv, der über allem wacht. Wir alle aus der Branche

wissen Ihre außerordentlichen Fähigkeiten zu schätzen! Und ich kenne keinen Bösewicht in dieser Stadt, der nicht einen großen Bogen um Sie macht!«

Oh, das tat gut. Balduin Pfiff sonnte sich geradezu in diesem Lob. Obwohl... obwohl er natürlich selbst wußte, daß er ein guter Detektiv war. Ein sehr guter sogar! Jawohl! Drei Ausrufezeichen!!! Ihm entging nichts! Er erwischte fast alles, was er suchte! Und wer versuchte, ihn hinters Licht zu führen, ei der Daus, der mußte schon ganz zeitig aufstehen! Mit einem Wort: Kam für den Posten im Hotel überhaupt ein anderer als er in Frage? Nein! Er, Balduin Pfiff, war genau der richtige Mann!

Da Balduin Pfiff jedoch auch ein scharf denkender und rasch kombinierender Mann war, fragte er: »Wenn doch niemand weiß, daß der Fürst ein Fürst ist, wozu dann die Extrabewachung?«

Herr Fritz beugte sich vor und erklärte leutselig: »Erstens hat der Quartiermacher Seiner Hoheit, das ist gleichzeitig sein Diener, auf der Fürstensuite bestanden, und zweitens möchte der Herr Direktor nichts dem Zufall überlassen.«

»Hm«, machte Balduin Pfiff, runzelte die Stirn und erkundigte sich: »Und wie steht's mit Pinkepinke? Meine Honorarsätze sind nicht von Pappe!«

»Die Direktion zahlt Ihnen den gewünschten Tagessatz!« versicherte der Hoteldetektiv, doch das Umwerfendste kam erst noch. Und, heiliges Kanonenröhrchen, das hatte es in der Tat in sich.

»Außerdem bekommen Sie kostenlos Essen und Getränke!«

Das überraschte sogar Balduin Pfiff. In Gedanken an eine meterlange Hotelspeisekarte holte er die Beine vom Tisch und nuschelte aufgeregt: »Ts-ts-ts-ts-ts, das ist ein Wort. Speisen und Getränke frei.«

»Sie können essen, was die Speisekarte zu bieten hat. Was und soviel Sie wollen!«

Das letztere gab den Ausschlag.
»Hehehehe«, freute sich Balduin Pfiff. »Besonders das zweite ist ungeheuer wichtig. Ich bin nämlich ein alter Freßsack!«
Nun lachte auch Herr Fritz. Und er lachte, weil er kein Wort von dem glaubte, was ihm Balduin Pfiff gerade verraten hatte. Wer gibt schon zu, ein alter Freßsack zu sein.
»Wo werde ich wohnen?« wollte der kleine Detektiv wissen und trat sich heimlich auf die eigene Zehe, weil die Speisekarte nicht aus seinen Gedanken verschwinden wollte.
»Sie wohnen in einem Zimmer der Fürstensuite. Das heißt also, daß Sie den fürstlichen Luxus teilen! Insgesamt umfaßt die Fürstenetage sieben Räume. Da Seine Hoheit jedoch nur in Begleitung einer Person reist, hat die Direktion den siebten Raum für Sie vorgesehen – falls Sie annehmen!«
»Und wann soll ich einziehen?«
»Der Herr Direktor wäre erfreut, wenn Sie sich morgen um 9 Uhr bei ihm einfinden könnten.«
»Eine Frage im Vertrauen, Herr Kollege!« Balduin Pfiff tat wunder wie geheimnisvoll. Und prompt fiel »der Kollege« darauf herein. Er senkte unwillkürlich die Stimme, als er fragte: »Ja, bitte?«
»Führt Ihre Speisekarte auch Buttermilch?«
Stutzen!
Staunen!
Sehen!
Lachen! »Aber sicher, Herr Pfiff! Wenn es Schnecken, Froschschenkel, Schildkröten und geräucherte Austern gibt, warum soll es dann nicht auch Buttermilch geben.«
»Dann«, verkündete Balduin Pfiff feierlich, »steht dem Unternehmen Fürstenloge nichts mehr im Wege! Versichern Sie Ihrem Direktor, ich werde pünktlich sein wie einer, der nie unpünktlich ist!«

Einzug im Ambassador

Es war ein komischer Aufbau.
Ganz zuunterst stand eine große gläserne Schüssel, darin aufgeschichtet vier Untertassen, um die herum ein Dutzend Kaffeelöffel garniert waren. Ganz obendrauf aber thronte ein bulliger, altmodischer Wecker, mit einem Weckwerk im Inneren, der selbst den müdesten Schläfer aus tiefsten Träumen in die rauhe Wirklichkeit bringen konnte.
8 Uhr!
Bei Balduin Pfiff dauerte es diesmal nur Sekunden, und er wußte, was das furchtbare Geschepper und Gerassel neben seinem Kopf zu bedeuten hatte: »Ambassador.« Mit einem müden Grunzlaut schob sich der kleine Detektiv aus dem Bett und begann sich mit der üblichen Morgengymnastik die Müdigkeit aus dem rundlichen Körper zu hüpfen, zu schütteln und zu strampeln.
8 Uhr 32 versenkte er Kunigunde, Lupe und Pinzette in den Taschen und packte ein Kistchen Zigarren in das »Köfferchen für Mini-Reisen«.
8 Uhr 35 ergriff er Köfferchen und Schirm und verließ seine Wohnung.
Links-zwo-drei-vier...
Links-zwo-drei-vier marschierte er mitten hinein in den Tag. »Ein Hausdetektiv war ich eigentlich noch nie!« ging es ihm durch den Kopf. Und als seine Gedanken bei »Essen, Trinken und Speisekarte« angelangt waren, erstrahlte sein Gesicht, als habe man irgendwo einen versteckten Schalter mit dem Schild »Achtung, fröhliche Weihnachten« betätigt.
»Morgen, Frau Reichlich, wünsche gute Geschäfte!« rief er im Vorbeigehen der Gemüsefrau zu, die ihren Stand wie immer Ecke Spatzen-/Amselstraße aufgebaut hatte.
Sie winkte ihm mit einer wohlbeleibten Salatgurke nach. Seine Schritte wurden schneller, und um ein Haar hätte er »Tante Antenne« übersehen. So nannte er insgeheim Frau

Kusselknapp aus der Theresienstraße 12. Edeltraud Kusselknapp erfreute sich unglaublicher Körperlänge und noch unglaublicherer Schlankheit. Mit einem Wort: Sie war ein Besenstiel. Früher hatte Balduin Pfiff sie »den Bleistift« genannt. Da sie in letzter Zeit beim Gehen jedoch so eigenartige Schaukelbewegungen machte, taufte er sie kurzerhand um in »Tante Antenne«.
»Guten Morgen, Frau Kusselknapp!« wünschte er höflich, beschleunigte seine Schritte und wollte an ihr vorbeimarschieren. Doch er hatte die Rechnung ohne »Tante Antenne« gemacht.
»Morgen, Herr Pfiff«, ertönte ihre kräftige Krähstimme zu ihm herunter. »Haben Sie schon gehört, was Frau Steckel widerfahren ist?« (Frau Steckel war die Zeitungsausträgerin!)
»Nein, Frau Kusselknapp, ich habe keine Ahnung, was Frau Steckel widerfahren ist«, erwiderte Balduin Pfiff freundlich, während er innerlich wütend mit dem Fuß aufstampfte.
»Ein Pinscher ist ihr heute früh nachgelaufen. Jetzt liegt er hinter ihrem Ofen!«
»Wer?«
»Na, der Pinscher! Eine ganz ulkige Promenadenmischung, sagt sie.«
»Ich hab's sehr eilig, Frau Kusselknapp!« sagte der kleine Detektiv und versuchte es mit einer höflichen Grimasse. »Hab' nämlich einen wichtigen Termin!«
»Tante Antenne« nickte verständnisvoll und versicherte ernsthaft: »Das habe ich der Frau Steckel auch gesagt!«
»Was haben Sie Frau Steckel gesagt?« So ein Blödsinn. Woher sollte »Tante Antenne« was von seinem Auftrag wissen!? Und überhaupt, warum stand er hier noch herum und starrte zu ihr hinauf. Warum ging er nicht einfach weiter?
»Ich habe ihr gesagt, daß Sie ein vielbeschäftigter Mann sind und daß es am besten sei, bis Sonntag zu warten.«

»Heiliges Kanonenröhrchen, Frau Kusselknapp, Sie reden in Rätseln! Was habe ich mit Frau Steckel zu tun?« Er brummte ärgerlich in sich hinein.
»Na, wo Sie doch so ein großer Tierfreund sind, Herr Pfiff!« Balduin Pfiff starrte verständnislos in die Knopfaugen der »Antenne«. Fürchterliches schwante ihm.
»Frau Steckel, habe ich gesagt«, krähte sie. »Der Herr Pfiff ist so ein großer Tierfreund, der nimmt Ihnen den Pinscher bestimmt ab!«
»Heiliger Bonifatius«, durchfuhr es den kleinen Detektiv. »Ich und einen Hund!« Er sah nach oben. Kein Zweifel: Das Gesicht über ihm mußte die Höhenkrankheit haben.
»Hahahahehehe«, er zwang sich zu einem fröhlichen Lachen und zwinkerte »Tante Antenne« zu. »Sie scheinen heut' wieder Ihren lustigen Tag zu haben, was, Frau Kusselknapp! Bis zum nächsten Mal...«
Er tippte sich mit dem Schirmknauf an den Mützenschirm und legte den Schnellgang ein.
Links-drei-vier... Halt, die Zwei hatte er vergessen. Also, links-zwo-drei-vier...
Diese schrullige, aufdringliche, geschwätzige, klatschsüchtige und aufhetzerische »Tante Antenne« konnte einem wirklich schon am frühen Morgen die gute Laune verderben!!
Links-zwo-drei-vier und...
links-zwo-drei-vier und...
Natürlich war er ein Tierfreund! Aber wo käme die Welt hin, wenn sich jeder Tierfreund gleich eine Promenadenmischung zulegen wollte!
Links-zwo-drei-vier und...
links-zwo-drei-vier und...
Zwei Minuten vor 9 Uhr hatte Balduin Pfiff »Tante Antenne« endlich vergessen!
Eine Minute vor 9 Uhr durchschritt er das marmorgefaßte Portal des Hotel Ambassador!
Und zwei Minuten nach 9 Uhr stand er bereits dem Direktor,

Herrn Waldemar Knix, gegenüber. Herr Knix war ein respekteinflößender Mann und einer Mischung aus Preisboxer und Mathematikprofessor ähnlich.
Er besaß eine eingewachsene, ernste Falte zwischen den flinken Augen und einen »Vielzimmerblick«. Das war so eine Art, mit »einmal Gucken« alles zu erhaschen.
Seine Rechte dagegen machte ständig Jagd nach kleinsten nicht vorhandenen Staubflöckchen auf dem makellosen dunkelblauen Anzug.
Herr Knix packte mit beiden Händen Balduins wohlgerundete Rechte und schüttelte sie mit solcher Herzlichkeit, als begrüße er einen seit zehn Jahren verschollenen und plötzlich wiederaufgetauchten Sohn.
»Wenn er jetzt auch noch Tränen vergießt, weine ich ebenfalls!« dachte der kleine Detektiv.
»Ich bin äußerst erfreut und beruhigt, Herr Pfiff, daß Sie den Auftrag angenommen haben!« versicherte Herr Knix mit raumfüllender Stimme und führte seinen Gast zu einem Sessel, der fast so groß war wie Balduin Pfiffs Badewanne.
Der Detektiv ließ sich in das Wunderwerk aus Spiralfedern, Gänsedaunen und Samt fallen, stupste mit der Schirmspitze dreimal auf den Teppich, beugte sich vor und erklärte: »Es ist mein Beruf, knifflige Aufträge zu übernehmen, lieber Herr Direktor!«
Herr Knix nickte zufrieden. »Haben Sie Wünsche in bezug auf Ihren Aufenthalt hier?« erkundigte er sich.
Balduin Pfiff lächelte verschmitzt.
»Ei der Daus, Herr Direktor«, sagte er augenzwinkernd, »und wie ich die habe! Ein Detektiv ohne Wünsche ist wie ein Haifisch ohne Flossen, ein Maikäfer ohne Mai oder ein Schwertschlucker ohne Schwert, hehehehe!«
»Hauhauhauhau ...«, lachte auch der Herr Direktor in einer äußerst komischen Art.
»Erstens halte ich es für sehr wichtig, daß sowenig Leute wie möglich erfahren, daß ich ein Detektiv bin!«

»Versteht sich!« warf Herr Knix ein.
»Und zweitens hätte ich gern täglich die neue Speisekarte auf mein Zimmer geliefert!«
»Das werde ich sofort veranlassen!« sagte der Direktor. Ohne die geringste Verwunderung zu zeigen, erhob er sich und wandte sich seinem Schreibtisch zu. Er drückte auf einen der zahllosen Knöpfe der Sprechanlage. »Hehe«, dachte Balduin, »sein Hoteldetektiv wird ihm verraten haben, daß ich ein alter Freßsack bin!«
Eine Stimme meldete sich im Lautsprecher.
»Sonderdienste, Kunze!« sagte die Stimme.
»Knix. Herr Kunze, sorgen Sie bitte dafür, daß sofort Speise- und Getränkekarte auf Zimmer G der Fürstensuite kommen!«
»Jawohl, Herr Direktor!« Man konnte förmlich hören, wie Herr Kunze bei der letzten Silbe bereits unterwegs war.
»Danke!« sagte Balduin Pfiff, machte einen winzigkleinen Diener im Sitzen und fuhr fort: »Und drittens wäre ich Ihnen dankbar, wenn Sie mir, nachdem wir das Finanzielle geregelt haben, mein Zimmer und die gesamte Fürstensuite vorführen würden!«
»Selbstverständlich, Herr Pfiff! Regeln wir also zunächst einmal das Finanzielle ...«
Und sie regelten!

Fürstlich, fürstlich, fürstlich ...

»Na, wie gefällt Ihnen das Zimmer?« fragte Herr Knix, nachdem sie Zimmer G der Fürstensuite betreten hatten.
»Fürstlich, reinweg fürstlich!« staunte Balduin Pfiff. Allein beim Anblick des kuscheligen, riesigen Bettes spürte er einen wohligen, müden Druck unter seinen Augendeckeln. Und das, wo es doch noch nicht einmal zehn Uhr war.

Alles untersuchte und bestaunte er genau. Den mit Seidendamast ausgeschlagenen 4-Meter-Schrank, in dem man eine ganze Fußballmannschaft hätte verstecken können, die Sessel, den Intarsientisch, den Schreibsekretär, die echten Brükken auf dem Fußboden und die schicken Bilder an den Wänden. Und groß war sein Entzücken, als er in zwei ledergefaßten Mappen die Speise- und die Getränkekarte entdeckte.

»Heiliges Kanonenröhrchen«, stöhnte Balduin Pfiff später, als er zusammen mit Herrn Knix die übrigen fürstlichen Gemächer durchwanderte. »Soviel Luxus für eine einzelne Figur.«

»Nun«, meinte Herr Knix, »in der Regel handelt es sich bei den Gästen dieser Etage um Herrschaften mit reichlichem Gefolge. Da gibt es meist Diener, Zofen, Masseure und Sekretärinnen.«

»Hm«, mutmaßte der kleine Detektiv, »dieser indische Fürst muß ein ziemliches Ruhebedürfnis haben.«

Der Direktor zuckte die Schultern.

»Vielleicht ist er menschenscheu?!«

»Oder magenkrank, hehehe...«

»Hauhauhau...«

»Wann soll er denn kommen?« wollte Balduin wissen.

»Seine Hoheit wurden für 11 Uhr angemeldet.«

»Na, da können wir ja noch ein bißchen rumschnüffeln, was?«

»Hauhauhau«, bellte Herr Knix erneut und folgte Balduin Pfiff in den goldenen Salon, der in seiner prachtvollen Ausstattung der pompöse Mittelpunkt der Fürstensuite war. Der kleine Detektiv wollte gerade einen goldbeschlagenen Schaukelstuhl ausprobieren, als es an der Tür klopfte und eine weibliche Stimme vom Gang her rief: »Hallo, Herr Direktor?!«

»Kommen Sie herein, Fräulein Anita!«

Das Fräulein Anita »kam« nicht herein, sie explodierte

sozusagen herein. Hochrot im Gesicht stürzte sie auf Direktor Knix zu, wobei sie Balduin Pfiff die Andeutung eines Lächelns schenkte.
»Brennt's irgendwo?« fragte Herr Knix, aufs äußerste besorgt.
Die Locken flogen von rechts nach links.
»Nein, Herr Direktor. Seine Hoheit sind soeben eingetroffen.«
»Was, schon?« staunte der Direktor und fixierte seine Uhr. Und Balduin Pfiff schnüffelte: »Da haben Sie den Salat. Nicht mal auf Fürsten ist heutzutage mehr Verlaß. Dann werden wir das Feld mal räumen, was?«
»Ja, ja«, nickte Herr Knix lebhaft, »ich muß natürlich sofort zur Begrüßung nach unten.«
Erneut fischte er mit beiden Händen nach Balduin Pfiffs Rechter und schüttelte sie voller Bewegung. Beschwörend rief er: »Haben Sie ein waches Auge auf alles, was sich tut, lieber Herr Pfiff!«
»Aber das ist doch klar wie Kloßbrühe!« tönte Balduin Pfiff zurück. Und er stieß einen schrillen Pfiff aus. »Pfuuiiiiiiit! Ein Pfiff im Haus ist besser als die Polizei im Garten, hehehehehihihihihahahaha...«
»Hauhauhauhau...«

Seine Hoheit, der Fürst

Während der Hotelchef nach unten zum Empfang eilte, schlenderte Balduin Pfiff in sein neues Reich zurück, das Zimmer G. Und da man ihn schließlich zum Aufpassen engagiert hatte, wollte er auch so neugierig wie nur irgend möglich sein. So zog er sich einen der brokatbezogenen Hocker heran, öffnete die Tür sechs Millimeter weit und schob sein rechtes Kullerauge an den Schlitz.

Zehn Minuten vergingen.
Der kleine, rundliche Detektiv rutschte schon ungeduldig auf seinem Hocker hin und her, als endlich geräuschlos die Tür des Fahrstuhls zurückglitt.
»Beim jammernden Schnurzel«, flüsterte Balduin Pfiff enttäuscht in sich hinein, denn statt der orientalischen Gäste erschienen ein Portier in Livree und drei Hausdiener, die schnaufend mit insgesamt neun Koffern in den hochherrschaftlichen Gemächern verschwanden.
Eine Minute später schwebten sie bereits wieder nach unten.
Wieder vergingen einige Minuten.
Und wieder öffnete sich die Fahrstuhltür mit jenem schmatzenden Zischlaut. Balduin Pfiff hielt die Luft an.
Zuerst betrat Direktor Knix den Gang. Ihm folgten ein eleganter, hochgewachsener Mann mit Turban und einer riesigen Sonnenbrille im dunkelgetönten Gesicht. Den Schluß bildete ein zweiter Turbanträger, der den beiden in respektvoller Entfernung folgte.
Der Fürst schien Deutsch zu verstehen, wie sonst wäre der Wortschwall zu erklären, mit dem Herr Knix den Maharadscha zudeckte.
Balduin Pfiff wartete, bis sich die Tür hinter der Dreiergruppe geschlossen hatte, dann klinkte auch er seine Tür leise zu.
Er rieb sich die Hände, summte eine fröhliche Melodie und eilte dorthin, wo die ledergebundenen Kostbarkeiten lagen.
»Baldi, am besten, du ziehst deine Asphaltrenner aus!« befahl er sich, tat es und hüpfte dann mit einem mächtigen Satz auf die fürstliche Liegestatt.
Oooohahahauuuuuui, war das ein Bett. Weich wie Watte und federnd wie ein Trampolin.
Der kleine Detektiv räkelte sich und begann mit einer seiner Lieblingsbeschäftigungen: dem Studium der Speisekarte.
Heiliges Kanonenröhrchen, was es da alles gab.
Balduin las die Speisekarte nicht nur einmal, nein, dreimal – fünfmal – zehnmal...

»Punkt 12 Uhr werd' ich bestellen!« sagte er mit einem leisen Unterton der Besorgnis in der Stimme. Grund: Weder in der Speise- noch in der Getränkekarte fand er Buttermilch. Aber konnte es sich ein solches Haus wie das »Ambassador« wirklich leisten, *keine* Buttermilch zu haben? Kaum! Es mußte ein Versehen sein.
Ein bedauerlicher Irrtum.
Ein Fehler!
Balduin Pfiff atmete erleichtert auf, legte die Speisekarte zur Seite, reckte und streckte sich und beschloß, sich ab sofort als Urlauber zu fühlen! Als fürstlicher Urlauber, versteht sich.

Rrrrrrrrr!!
Fünf Minuten vor 12 Uhr klingelte das Telefon auf dem Sekretär. Rrrrrrrrr!!
Balduin Pfiff wippte sich von seinem Lager und schaffte es gerade noch, vor dem dritten Klingeln am Apparat zu sein.
»Biiiiite?« meldete er sich breit und vornehm. Schließlich wußte er, was er als Bewohner (oder besser: als Mitbewohner) der Fürstensuite zu tun hatte.
Die Stimme des Direktors säuselte in sein Ohr. Erleichtert, wie es schien.
»Ich bin's, Herr Pfiff. Ich wollte Ihnen nur sagen, daß ich um einige Sorgen ärmer bin. Der Fürst hat mir soeben eine große lederne Kassette zur Aufbewahrung im Tresor übergeben.«
»Wie vorsorglich von ihm!« erwiderte Balduin Pfiff, und seine freie Hand streichelte die Speisekarte.
»Leider schleppt er noch immer eine Menge mit sich herum!« flüsterte Knix in sein Ohr.
»Vielleicht sind's Imitationen. Fragen Sie ihn doch einmal, hehehehe!«
»Aber Herr Pfiff«, entrüstete sich der Hotelchef. »So etwas würde ich mir niemals erlauben... Übrigens, es war mir zuerst äußerst unangenehm, daß mich der Fürst fragte, wer das letzte Zimmer der Etage bewohne!«

»Ei der Daus«, wunderte sich Balduin Pfiff. »Haben Sie ihm das Geheimnis verraten?«
»Was sollte ich tun? Ihn anlügen! Nein, nein. Ich habe ihm gesagt, daß wir im letzten Zimmer einen diskreten Beobachter untergebracht haben. Und das war gut so!«
»Aha...«, sagte Balduin Pfiff.
»Der Fürst ließ mir für die Aufmerksamkeit durch seinen Diener danken!« Unüberhörbarer Stolz schwang in der Stimme des Hoteldirektors mit.
»Na, dann kann ich mir ja jetzt in aller Ruhe das Mittagessen servieren lassen!«
»Ich wünsche Ihnen guten Appetit, Herr Pfiff!«
»Hehehehe, ist vorhanden, Direktorchen, vielen Dank!«
Balduin Pfiff ließ den Hörer in bester Laune auf die Gabel fallen, um ihn im gleichen Augenblick wieder abzuheben. Mit der Spitze seines rechten dicken Zeigefingers wählte er die Zahl 22. Tuuuuuuut, machte es nur einmal, dann meldete sich eine frische weibliche Stimme.
»Zimmerservice!«
»Herrlich, wie prompt Sie sind!« freute sich Balduin Pfiff. »Hier spricht ein Hungriger, hehehe!«
»Ihre Zimmernummer, bitte!« wollte die frische Stimme wissen.
»Zimmer G der Fürstensuite!«
Am anderen Ende der Leitung herrschte für einen Moment Funkstille, dann kam es schnell und aufgeregt aus der Leitung: »Bitte, Herr Pfiff, was kann ich für Sie tun?«
»Sie sind schon informiert, das ist gut.«
»Es ist das erste Mal, daß ich mit einem echten Detektiv spreche, ehrlich.«
Die frische Stimme klang direkt atemlos. Anscheinend hatte man ihr wahre Wunderdinge über den kleinen Detektiv berichtet.
»Und es wird sicher nicht das letzte Mal sein. Also, Fräulein, haben Sie Schreibzeug zur Hand?«

»Ich habe ein sehr gutes Gedächtnis!«
»Es wäre mir lieber, Sie würden sich Notizen machen. Ich bin nämlich ein hungriger Detektiv!«
Fünf Sekunden verstrichen.
»Ich bin schreibbereit!« sagte das Mädchen vom Zimmerservice.
»Also beginnen wir. Als Vorspeise nehme ich eine Artischokkencremesuppe!«
»... cremesuppe!« wiederholte die Stimme am anderen Ende.
»Ein Dutzend überbackene Austern, aber bitte nach dem französischen Rezept!«
»... Austern à la Art vier!«
»Dann hätt' ich gern zwei Scheiben Toast mit Kaviar!«
»... viar!«
»Und einen Liter eisgekühlte Buttermilch!!!« Balduin Pfiff preßte voller Spannung die Muschel an sein Ohr. Jetzt mußte es kommen ... Doch es kam nichts. Nicht einmal sonderliche Verwunderung.
»... Buttermilch! Das war alles?«
»Aber, hören Sie mal«, bremste Balduin diese völlig falsche Vorstellung. »Jetzt geht's doch erst richtig los. Als Hauptgericht habe ich mich für ein Roulette de veau à la crème entschieden!«
»... à la crème. Ist notiert!«
»Kommen wir zur Nachspeise. Hier möchte ich mit Schokoladeneis mit Himbeersauce beginnen!«
»Iiiiii, ist das Ihr Ernst, Herr Pfiff?«
»Bei Schokoladeneis mit Himbeersauce scherze ich nie!« kicherte Balduin Pfiff.
»Ich bitte um Entschuldigung, ich habe es aufgeschrieben!« Der »Zimmerservice« klang reichlich verwirrt.
»Dann können wir ja fortfahren. Zum Abschluß bitte geeiste Erdbeeren, ein Omelett mit Mirabellen und ein Kännchen Mokka!«

»... Mokka!« stöhnte es durch den Draht.
»Das wär's. Vielen Dank!«

Abendbrotzeit oder Die Kunst, keine Mahlzeit zu übergehen

Drei Kellner hatten Balduin Pfiff mit steinerner Miene das Gewünschte gebracht. Nur bei einem der Kellner hegte Balduin den Verdacht, als suchten dessen Augen im Zimmer nach einem versteckten zweiten Mann. Vielleicht hatten sie untereinander auch gewettet.
Es versteht sich, daß der kleine Detektiv mit dem großen Magen nicht ein einziges Häppchen übrigließ. »Uuuiii, Baldi«, stöhnte er nach dem Mokka und streichelte sein pralles Bäuchlein. »Hier halten wir es ein Weilchen aus, was, hehehe...«
Und die Buttermilch schwappte an seine Magenwände, als er mit vorsichtigem Links-zwo-drei-Vier zu seiner »Paradieswiese«, wie er das Bett inzwischen getauft hatte, marschierte, darauf umkippte und wenig später in tiefen Schlaf fiel.
Und es ist verbürgt: Balduin Pfiff schnarchte geschlagene fünf Stunden an einem Stück.
Als es von der Rathausuhr 18 Uhr läutete, zuckte Balduin Pfiff zusammen. Er öffnete überrascht erst das eine, dann das andere Auge, gähnte einen halben Kanon und schoß in Sitzstellung hoch.
»Heiliges Kanonenröhrchen, ich muß eingenickt sein!« Er rieb sich die Augen und beugte sich ein zweites Mal über das Zifferblatt seiner Armbanduhr.
»Was denn, was denn... 6 Uhr? Ich werde doch nichts verschlafen haben...«
Er schleuderte sich von der Matratze und sauste zum Fenster. Die Rathausuhr war von hier aus gut zu erkennen.

»Tatsächlich, 6 Uhr! Was denn... 6 Uhr ist ja auch 18 Uhr...« Ein zufriedenes Grinsen legte sich auf sein rundes Gesicht mit den Schlaffalten.
»Es ist Abendbrotzeit!« Er musterte kurz die Geschirransammlung auf dem Tisch und schüttelte dann entschieden den Kopf. Im Speisesaal würde es ihm heute abend sicher besser schmecken!
Rasieren,
Zähneputzen,
eine kalte Dusche und
ein anderer Anzug veränderten Balduin Pfiff, und Punkt 18 Uhr 30 schwenkte er frisch gekämmt mit links-zwo-drei-vier in den Speisesaal ein.
Hmmmmm, von irgendwoher duftete es verführerisch nach geschmorter Ente.
Ah, und da entdeckte er auch schon seinen Schützling.
Der Fürst saß in einer von Kerzen erleuchteten Nische und labte sich an etwas Fischernem.
Sein Diener stand bewegungslos drei Meter hinter ihm, hielt die Arme auf der Brust verschränkt und starrte seinem Herrn ein Loch in den Turban.
»Behangen wie ein Christbaum«, dachte Balduin Pfiff bei sich, als er die Schmuckkollektion sah, mit der sich der sonnenbrillenbewehrte indische Würdenträger ausgestattet hatte.
Ketten, Medaillons und glitzernde Steine, wohin man auch sah. Fast auf jedem Finger steckte ein Ring. Die übrigen Gäste im Speisesaal schienen sich mehr für den orientalischen Mitesser zu interessieren als für das, was auf ihren Tellern lag.
Der kleine Detektiv dagegen verband geschickt das eine mit dem anderen.
Als sich der Fürst nach etwa zwanzig Minuten erhob und wie ein Fürst den Speisesaal verließ, tat er es ohne den kleinsten Wortwechsel mit seinem Diener. Dieser wartete, bis sein

Herr und Gebieter verschwunden war, und ließ sich erst dann an der Tafel nieder.
»Sitten sind das«, murmelte Balduin Pfiff und schob sich eine Riesenportion Entenschlegel in den Mund.

So vergingen die Tage

Ganz recht. So vergingen sie, ohne daß etwas geschah.
Das Leben im Hotel nahm seinen gewohnten Gang. Und selbst im Speisesaal nahm kaum noch jemand Notiz von den Herren aus Indien.
Einmal am Tag huschte der Direktor zu Balduin Pfiff ins Zimmer und berichtete, was es zu berichten gab. Und er war glücklich darüber, daß es eigentlich nichts zu berichten gab, was dem Ruf des »Ambassador« Schaden hätte zufügen können.
So erfuhr Balduin Pfiff, daß der Fürst allerlei Telefongespräche führte und daß sein Diener Unmengen von Zeitungen in allen möglichen Sprachen herbeischleppen mußte.
Natürlich erzählte Herr Knix dem kleinen Detektiv auch, was ihm der Diener unter dem Siegel der Verschwiegenheit verraten hatte. Nämlich, daß Hoheit auf einen Boten mit einer ungemein wichtigen Nachricht aus seinem Land wartete.

Die dritte Nacht

Nrrrrchdidschpf... Narrrchdidschpf...
Es war 23 Uhr 25...
Nrrrrschdidschpf... Narrrrschdidschpf...
Balduin Pfiff lag angezogen auf seinem Bett und schnarchte.

Das Licht brannte, und seine Finger hielten noch immer das Buch umfaßt, in dem er gelesen hatte, bevor ihn der Schlaf übermannte.
Nrrrrchdidschpf...
Der Schnarchton riß ab.
Hatte es eben nicht geklopft?
Balduin Pfiff richtete sich lauschend in seinem Bett auf.
Heiliges Kanonenröhrchen – hatte es nun geklopft oder nicht?
Da...
Es hatte, und es klopfte wieder.
Leise und drängend.
Der kleine Detektiv schnellte vom Bett, strich sich die Haare aus dem schlafverknautschten Gesicht und pirschte zur Tür. Er drehte leise den Schlüssel herum, öffnete und – sah mitten in das Gesicht des Hoteldirektors, der den Finger über die Lippen gelegt hatte.
»Pssssst!« zischte er und schob sich ins Zimmer. Balduin Pfiff schloß die Tür hinter ihm.
»Was ist los?« fragte er. »Hatten Sie einen Alptraum? Sie sehen ja ganz gelb aus im Gesicht.«
Herr Knix ließ sich erschöpft in einen Sessel fallen. Seine Stimme bebte:
»Es ist etwas Schreckliches passiert, Herr Pfiff. Ich muß leider Ihre Dienste in Anspruch nehmen.«
»So schlimm?«
»Der Ruf des Hotels steht auf dem Spiel«, flüsterte Herr Knix. »Man hat der Gattin des französischen Konsuls eine wertvolle Perlenkette gestohlen.«
»Ei der Daus, so was Unschönes«, sagte Balduin Pfiff. »Warum ist sie auch nicht in ihrem Konsulat geblieben.«
Herr Knix schien diese Bemerkung jedoch überhört zu haben. Verzweifelt und zugleich beschwörend sah er den Detektiv an. Genauso, als könne der Wunder vollbringen.
»Seit wann logiert die Dame hier?« fragte Balduin Pfiff.

»Seit einer Woche. Es wäre eine Katastrophe, wenn sie ihre Perlenkette nicht zurückbekäme.«
Herr Knix legte die Hand über die Augen, als hielte er nach jemandem Ausschau, während sich Balduin Pfiff nachdenklich am Kinn kratzte.
Doch dann fuhren beide Köpfe in eine Richtung, nämlich zur Tür.
Es hatte wieder geklopft. Noch leiser und noch drängender.
»Heiliger Bonifatius, das ist ja wie auf der Post!« brummte Balduin Pfiff und rief »herein!«
Eine ältliche Dame mit strengem Haarknoten und einer Brille, so groß wie die von Rennfahrern, trat ein.
»Guten Abend!« hauchte sie.
»Noch 'n Glücksbringer, schätze ich, was?«
Frau Kohlmann, die Sekretärin des Direktors, lehnte sich zitternd an den Türpfosten und berichtete tonlos: »Herr Direktor, Herr Hübli von 32 hat soeben beim Nachtportier angerufen und verlangt, daß dieser die Polizei holt.«
»Die Po ... Po ... Polizei«, stotterte Herr Knix.
Frau Kohlmann nickte.
»Man hat ihm eine wertvolle Uhr gestohlen!«
»Oooh«, stöhnte Herr Knix lang anhaltend. Und noch einmal: »Oooh!«
Sein Blick wanderte zu Balduin Pfiff.
»'ne Uhr«, nickte dieser. »Eine Uhr und eine Perlenkette, wenn's weiter nichts ist.« Er wippte kurz auf den Zehenspitzen und rammte sich seinen dicken runden Daumen in die Brust. »Sie haben ja Balduin Pfiff!«
»Wenn der Fürst davon erfährt, zieht er sofort zur Konkurrenz«, Herr Knix malte sich die Folgen in den schwärzesten Farben aus.
Balduin Pfiff zog seine Jacke an, tastete sie ab, um festzustellen, ob auch alles am Platze war, und sagte: »Also, dann beginnen wir mal bei Herrn Hübli!«

Herr Hübli, ein kleiner, schmächtiger Mann aus der Nähe von Bern, empfing sie voller Ungeduld.
Er steckte in einem weinroten, viel zu langen Bademantel aus Plüsch und sprach mit sehr ausgeprägtem Schweizer Akzent. Und wie er sprach. Seine Stimme schien gar nicht zu dem fast zierlichen Körper zu gehören. Sie war volltönend, dunkel und tief.
»Wer ist der Direktor?« Mit diesen Worten stürzte er auf die beiden Männer zu. »Psssst! Ich, Herr Hübli!« flüsterte Herr Knix und hob beschwörend die Hände. »Psssst!«
»Ich verlange, daß Sie sofort die Polizei verständigen!« dröhnte es aus Herrn Hüblis magerem Brustkasten. »Oder haben Sie schon?«
Irgend jemand klopfte an irgendeine Wand. War es links oder rechts?
»Bitte, Herr Hübli, wir wollen doch unnötiges Aufsehen vermeiden!« versuchte der entsetzte Herr Knix den aufgebrachten Herrn Hübli zu besänftigen. »Ich habe Ihnen Herrn Pfiff mitgebracht. Er ist der beste Detektiv unserer Stadt!«
Aus den Augen des kleinen Schweizers schossen giftige Blicke, als er zum ersten Mal Balduin Pfiff näher in Augenschein nahm. Und obwohl höchstens einen einzigen Zentimeter größer als dieser, höhnte er: »Ein Detektiv? Sieht mir eher aus wie ein Briefbeschwerer!«
»Aber Herr Hübli!« rief der Direktor erschrocken und hätte sich am liebsten in seiner eigenen Hosentasche verkrochen.
Doch Balduin Pfiff strahlte Herrn Hübli ungerührt an. Ja, er lachte sogar: »Hehehehehe, Briefbeschwerer ist gut. Ich danke Ihnen, Herr Hübli, ich hab' schon lange nach einem neuen Spitznamen für mich gesucht. Briefbeschwerer, hehehehe . . .« Doch dann wurde Balduin Pfiff plötzlich ernst und sachlich. Er sah Herrn Hübli streng an und sprach nun ebenso: »Bitte, beschreiben Sie mir die Uhr, Herr Hübli!«
Als hätte man den kleinen Schweizer aufgezogen, so sprudelte es aus ihm hervor: »Ein Wecker war es. Ich habe ihn von

meinem Großvater geerbt, er begleitet mich seit zwanzig Jahren überallhin. Groß und rund wie ein Kuchenteller ist er. Großer Zeiger, kleiner Zeiger, Sekundenzeiger und Weckautomatik. Eine Schweizer Präzisionsarbeit aus massivem Gold und gute zehntausend Fränkli wert...« All das hatte er von sich gegeben, ohne ein einziges Mal Luft zu holen.

»Und wo hat dieses Wunderwerk gelegen?«

»Auf dem Tisch natürlich!«

»Natürlich...« Balduin Pfiff lächelte. Dann machte er mit beiden Händen eine aufmunternde Einladung. »Bitte, meine Herren, plazieren Sie sich jetzt einmal mit angezogenen Beinen auf dem Bett, wenn ich bitten darf!«

»Auf dem Bett?« wiederholte Herr Knix und tat, als habe Balduin Pfiff verlangt, er solle in Unterhosen und mit Lockenwicklern über den Marktplatz marschieren.

Auch Herr Hübli schien an Balduin Pfiffs Verstand zu zweifeln.

»Sie sind ein Witzbold, schätze ich«, sagte er, und es klang ein wenig ängstlich.

»Bitte aufs Bett und hoch die Beine!« befahl der kleine Detektiv und ging daran, sämtliche Lampen im Zimmer einzuschalten.

»So ist's gut«, sagte er und musterte zufrieden die beiden Männer, die jetzt nebeneinander auf dem Bett saßen.

Balduin Pfiff schritt mit halb geschlossenen Augen leise schnuppernd durch das Zimmer. Einmal... zweimal... dreimal...

Dann zog er seine Lupe aus der Tasche, ließ sich auf die Knie nieder und rutschte, mit dem Gesicht nur wenige Zentimeter über dem Boden, den gleichen Weg noch einmal hin und her. Schließlich sprang er auf und versenkte seine Nase schnuppernd in Herrn Hüblis gelichtetem Scheitel.

»Wollen Sie den Täter vielleicht auf meinem Kopf fangen?« schnaufte Herr Hübli wütend. »Theater, Zirkus... Ein Scharlatan ist er, sage ich Ihnen, Herr Direktor!«

Herr Knix wand sich verlegen. »Sie sind zu voreilig, Herr Hübli.«

Balduin Pfiffs Finger zeigte ungerührt auf den Eidgenossen aus der Berner Gegend.

»Wo haben Sie Ihre Marschierer stehen?«

»Meine was?«

»Ihre Schuhe, lieber Herr Hübli... Ihre Treterchen!«

Herr Hübli wies mit dem Kopf zum Schrank, doch Balduin Pfiff hatte sie bereits entdeckt. Er nickte zufrieden. »Dacht' ich mir's: Ledersohlen!«

»Hat das was zu bedeuten?« fragte Direktor Knix beunruhigt.

»Ja, was wollen Sie damit sagen?« brummte Hüblis Baßstimme. Er schien Pfiffs Feststellung für einen Angriff auf sich zu halten.

Balduin Pfiff richtete sich auf, trommelte ein Tamtaramtammtamm auf seinem Bäuchlein und zwinkerte den beiden Männern auf dem Bett fröhlich zu.

»Das bedeutet, daß ich dem Halunken dicht auf den Fersen bin.«

»Sie glauben, daß ich meine Uhr zurückkriege?«

»Ich bin sicher, daß das Prachtstück Sie bald wieder wecken wird. Übrigens, der Täter kam nicht von außen, er wohnt hier im Hotel und trug rötliche Filzschuhe.«

Balduin Pfiff streckte ihnen die Lupe entgegen, auf der er kleine rötliche Fasern gesammelt hatte. »Hier sehen Sie sie! Außerdem bevorzugt er ›Bel ami‹!«

Direktor Knix schluckte verschreckt.

»Der Täter wohnt im Hotel... Furchtbar, entsetzlich.«

»Ich bin beeindruckt!« sagte Herr Hübli und sah auch so aus.

»Haben Sie noch ein bißchen Geduld mit dem Briefbeschwerer, hehehehe!« Balduin Pfiff lachte und winkte Herrn Knix. »Kommen Sie, Herr Direktor. Wir wollen Madame nicht zu lange warten lassen!«

Im Zimmer von Madame Dupont wiederholte sich die Szene. Madame zeigte sich zwar gereizt, aber doch zurückhaltend. Dabei schien sie dem kleinen Detektiv nicht sonderlich viel zuzutrauen.
Balduin Pfiff unterzog die Örtlichkeit der gleichen Prozedur mit Nase und Lupe.
Ergebnis: *Ein* Täter! Und das ohne Zweifel!
Dabei gestaltete sich die Untersuchung wesentlich komplizierter. Madame Dupont benutzte ein stark riechendes Parfüm. Balduin Pfiffs Nase sah sich vor eine harte Aufgabe gestellt, bis sie auch hier das ›Bel ami‹ erschnuppert hatte. Schließlich vertröstete Balduin Pfiff Madame Dupont auf den kommenden Tag.
Es war inzwischen 1 Uhr nachts geworden.
Bevor sich der Detektiv von Herrn Knix trennte, erklärte er ihm: »Also, lieber Herr Direktor, damit wäre die erste lustige Nacht zu Ende, meine ich. Sollte der Dieb noch mehr gestohlen haben, so werden wir das wohl erst am Morgen erfahren.«
Herr Knix griff sich an die Brust.
»Um Himmels willen, mir reicht es ...«
»Ich werde den Rest der Nacht in wachem Zustand verbringen«, versicherte Balduin Pfiff. »Richten Sie den Herren am Empfang aus, man möge mich sofort verständigen, falls jemand plötzlich beabsichtigt abzureisen ... Tja, das wär's fürs erste.«
Direktor Knix schüttelte den Kopf, als müsse er einen bösen Traum verscheuchen.
»Sagen Sie, Herr Pfiff, aber bitte ehrlich, glauben Sie wirklich, daß wir Uhr und Perlenkette noch einmal wiedersehen?« Und flüsternd fragte er: »Oder sollten wir vielleicht doch die Polizei hinzuziehen?«
Balduin Pfiff beteuerte mit Nachdruck: »Wir werden beides wiedersehen. Und was die Polizei anbetrifft, auch die wird rechtzeitig zur Stelle sein, falls wir sie brauchen!«

Ungläubiges Staunen war auf dem müden Gesicht des Hoteldirektors zu erkennen.
»Wenn man Sie so hört«, sagte er, »könnte man direkt glauben, Sie hätten schon einen Verdacht.«
Balduin Pfiff grinste verschmitzt: »Balduin Pfiff sieht alles, merkt alles, riecht alles, findet alles und – ahnt eine Menge! Gute Nacht, Direktor!«

Der dritte Fall

Balduin Pfiff war trotz der späten Stunde mit munterem Links-zwo-drei-Vier in sein fürstliches Gemach zurückgekehrt und hatte sich mit Schwung auf das Bett geworfen. Es gab eine Menge nachzudenken.
So verstrich eine Stunde.
Danach erhob er sich, zündete sich eine Zigarre an und legte sich erneut hin.
Während er blaue Kringel zur Decke blies, versuchte er, sich noch einmal jedes Wort, das er heute nacht gehört hatte, in Erinnerung zu bringen.
Und, ei der Daus, das war doch eine ganze Menge.
Als es von der Rathausuhr 7 Uhr schlug, schlief Balduin Pfiff fast übergangslos ein.
Er träumte von einem riesigen Hund, der zähnefletschend vor seiner Wohnungstür saß und ihn nicht hineinlassen wollte.
Gerade als er begann, dem Hund laut und falsch ein Lied vorzusingen, wachte er wieder auf. Ein Blick auf die Uhr zeigte ihm an, daß sein Schlaf nur eine knappe Stunde gewährt hatte.
Balduin Pfiff absolvierte lustlos ein bißchen Morgengymnastik und bestellte sich per Telefon das Frühstück. Daß er dabei vergaß, seine geliebte Buttermilch zu erwähnen, war

ein deutliches Zeichen dafür, wie sehr ihn dieser Fall beschäftigte und wie er ihm sogar den Appetit verschlug. Es lag etwas in der Luft! Das war's!
Der kleine Detektiv spürte es ganz deutlich.
Es kribbelte ihm in Fingern und Zehen.
Mißmutig stopfte er einen Teil des Frühstücks in sich hinein.
Um 8 Uhr 35 klopfte es.
Balduin Pfiff ahnte, wer der Besucher war. »Kommen Sie herein, Herr Direktor!« rief er. »Die Tür ist offen!!«
Herr Knix trat ein. Kalkweiß im Gesicht blieb er an der Tür stehen.
»Sie haben mich erwartet?« fragte er ohne große Verwunderung in der Stimme.
Balduin Pfiff nickte. »Ich nehme an, Sie wollen mir von Fall Nummer drei berichten.«
»So ist es. Wo... wo... woher wi... wi... wissen Sie?« stammelte Herr Knix.
»Es war nicht schwer zu erraten.«
»Es ist aus. Dem Fürsten ist ein Diamant gestohlen worden!«
»Heiliges Kanonenröhrchen, heute nacht?« Balduin Pfiff fuhr verwundert auf.
Der Direktor schüttelte den Kopf.
»Heute früh. Gegen 8 Uhr ließ der Fürst durch seinen Diener die Schmuckkassette holen. Er wollte ihr einen Diamanten entnehmen, um ihn einem hiesigen Goldschmied zum Einfassen zu übergeben. Als der Fürst und sein Diener zum Frühstück gingen, brachten sie die Kassette zurück.«
Der kleine Detektiv hob die Hand.
»Und als die beiden vom Frühstück zurückkehrten, war der Diamant verschwunden!« vollendete er.
»So ist es!«
»Wie lange ist das her?«
»Eine halbe Stunde... *Sie* haben nichts gehört??«
Balduin Pfiff schnipste mit den Fingern. »Nicht das allerkleinste Gemurmel. Raffiniert, was? Sozusagen vor meiner

Nase und meinen Ohren klaut jemand einen fürstlichen Diamanten.«

Der Direktor schien ein gebrochener Mann zu sein, und der Detektiv war der Meinung, ein paar Worte des Trostes sagen zu müssen.

»Kopf hoch, Direktorchen. Wir finden die Uhr, die Perlenkette und auch den Diamanten wieder!«

»Wenn Sie nur recht behielten«, seufzte Herr Knix. »Seine Hoheit hat mir ausrichten lassen, daß er mich zu sprechen wünscht. Würden Sie mich bitte begleiten?«

»Aber gern... Wollte schon immer mal einem echten Fürsten Auge in Auge gegenüberstehen.«

Der Fürst erwartete sie im Salon.

Mit unbewegter Miene sah er ihnen entgegen, und Balduin Pfiff fragte sich, ob der hohe Herr wohl wenigstens im Bett und in der Badewanne die Sonnenbrille abnahm.

Der Direktor verbeugte sich, während Balduin Pfiff ein freundliches »Guten Morgen« in die teure Luft der Fürstensuite sprach. Noch bevor Herr Knix mit bewegten Worten sein Bedauern aussprechen konnte, winkte der hohe Herr herrisch ab. Und in hartem Deutsch sprach er: »Muß ich sagen, daß ich bin sehr enttäuscht!«

Der Direktor verbeugte sich erneut. »Die Sache wird sich aufklären lassen, Hoheit.«

Wieder jene herrische Geste.

»Ich werde bitten müssen, Polizei zu rufen. Ist Diamant kostbarer wie ganze Hotel!«

»Ich bin untröstlich, Hoheit«, versicherte Herr Knix. »Ich wäre Ihnen jedoch sehr dankbar, wenn Sie vorläufig von der Polizei absehen würden... Hier, Hoheit, das ist Herr Balduin Pfiff, ein Detektiv. Er wird uns helfen!«

Die Sonnenbrille wandte sich Balduin Pfiff zu.

»Du sein eine Detektiv?«

Balduin grinste von einem Ohr zum anderen und nickte: »Ja, Hoheit, ich sein eine Detektiv, hehehehe.«

Der Fürst machte eine abrupte Handbewegung. Seine Stimme klang zornig.
»Warum lachen Mann?«
»Ich bin eine lustige Detektiv, Hoheit. Sie brauchen sich keine Sorgen um Ihren Diamanten zu machen. Balduin Pfiff wird ihn finden.«
»Kleine Mann scheint Sache sicher?«
»Sehr sicher!«
»Kleine Mann haben Verdacht?«
»Kleine Mann haben große Verdacht, Hoheit!«
Der indische Fürst winkte einen huldvollen Schnörkel in die Luft. Wahrscheinlich was Indisches. Und in seiner Stimme schwang Wohlwollen, als er sagte: »Wenn finden, dann Orden!!«
Balduin Pfiff stieß Direktor Knix seinen dicken Ellenbogen in die Seite. »Haben Sie's gehört, ich krieg' einen Orden!«
»Ja, ja... nur – erst müssen Sie den Stein finden«, gab der Direktor leise und verlegen zu bedenken.
»Heiliges Kanonenröhrchen, das hätt' ich beinah vergessen...« Balduin Pfiff schlug sich vor die Stirn. »Bin ich vielleicht ein Dummerchen. Hoheit, erlauben Sie, daß ich mich zum Suchen zurückziehe!«
»Bitte...« Hoheit schienen sehr befremdet.
»Kommen Sie, Herr Direktor...«

Die Falle

»Die Weichen stellen« nannte Balduin Pfiff das, was er nun tat. Er telefonierte ein ums andere Mal, dazwischen stellte er Fragen.
»Ist Madame Dupont noch im Hotel?« fragte er den Empfangschef, und als dieser nickte: »Hat Herr Hübli das Hotel schon verlassen?«

Als auch diese Frage beantwortet war, ließ er sich erneut eine Amtsleitung in die Telefonzelle neben dem Empfang geben. Endlich schien alles nach seinen Wünschen eingefädelt zu sein.
»Die Weichen sind gestellt!« sagte er zu Direktor Knix.
»Hoffentlich ist der Fürst diskret. Es wäre nicht auszudenken, wenn diese Geschichte in seinen Kreisen die Runde machte.«
Balduin Pfiff sah immer wieder zur Tür.
»Man muß nur richtig mit den Leuten sprechen, lieber Herr Knix. Auf die Sprache kommt es an... Oh, Entschuldigung!«
Der kleine Detektiv ließ den Hotelchef stehen und strebte im Schnellgang links-zwo-drei-vier der Eingangstür zu, durch die soeben ein junger Mann mit dunklem Teint trat. Der Direktor sah, wie die beiden miteinander sprachen, und er fühlte eine fürchterliche Beklemmung, als der kleine Detektiv erneut auf ihn zutrat.
»Auf meiner Uhr ist es... 9 Uhr 44, Herr Direktor«, sagte Balduin, »und was zeigt Ihr Zifferblatt?«
»Ebenfalls 9 Uhr 44. Was hat das zu bedeuten?«
»Es geht los, Herr Knix. Ist Madame noch auf ihrem Zimmer?«
»Ja!«
»Und Herr Hübli?«
»Ebenfalls!«
»Auf dem Zettel hier steht genau, was Sie in den nächsten Minuten zu tun haben. Halten Sie sich genau an Zeiten und Fakten!«
»Furchtbar!« stöhnte Herr Knix, und seine Stimme klang heiser.
Balduin Pfiff klopfte ihm auf die Schulter und zwinkerte.
»Ich werde bei Seiner Hoheit ein gutes Wort für Sie einlegen, hehehe... Kopf hoch!«
Balduin Pfiff klopfte leise und vornehm. Richtig fürstlich.

»Come in!« rief eine Stimme englisch; es war die Stimme des Dieners.
Balduin Pfiff und sein Begleiter traten ein.
Der Fürst, der anscheinend zum Fenster hinausgesehen hatte, wandte sich ihnen zu.
»Gibt es Neuigkeiten in Angelegenheit?«
Balduin Pfiff nickte voller Eifer.
»Gewiß, Hoheit. Wir stehen kurz vor der Aufklärung des Falles. Darf ich Ihnen hier Herrn Hamajanti vorstellen, er wird mir behilflich sein, denn er spricht Ihre Sprache.«
Der Fürst sagte nichts. Herr Hamajanti dagegen vermerkte unterwürfig:
»Namaste, tum do badtamije!«
Der Fürst runzelte die Stirn, und seine Stimme grollte, als er feststellte:
»Bitte, ich mich sehr gern unterhalte in deutscher Sprache!«
»Janab Pfiff kahte hai ki tum dono badi khaternak kutteki aulad hai!« sagte Herr Hamajanti.
»Ja, das habe ich gesagt!« stimmte Balduin Pfiff zu. Und Hamajanti aus Kalkutta fuhr fort: »Jo dusereki haddiper chain karte hai!«
»Hab ich auch gesagt, hehehe...« Das war Balduin Pfiff.
Und Herr Hamajanti: »Tumhare lie to gandisi gandi kaydkhana bhi bahut atschi hai!«
»Hat er da recht, Hoheit?«
»Pfiff bolte hai ki vo jaise Nordpolse ate hai je tschuti bat hai waisehi tschuti bat hai ki tum Bharat se ate hai!«
Balduin Pfiff verbeugte sich.
»Nun, Hoheit, was meinen Sie dazu?«
Der Fürst rückte seine Sonnenbrille zurecht und versicherte dann: »Ich sehr erfreut, daß Herr Hamajanti uns helfen...«
Zaghaftes Klopfen an der Tür. Fast schien es, als sei der Fürst erleichtert.
»Herein!« rief er.
Direktor Knix trat ein. Man sah, daß ihm die ihm zugeteilte

Rolle überhaupt nicht behagte. Mit belegter Stimme sagte er: »Bitte, Hoheit, ich bringe die Kassette mit dem Schmuck.«
Der Fürst erhob sich. Auch sein Diener trat erstaunt näher.
»Kassette? Haben nicht verlangt!«
»Sie nicht, hehehehe«, meckerte Balduin Pfiff. »Aber ich. Kleines Detektiv hat Kassette verlangt. Ich bringe sozusagen Diebesgut zurück...«
Balduin Pfiff nahm Herrn Knix die Lederkassette aus der Hand, öffnete den Verschluß und klappte den Deckel zurück. Und dann tat er erstaunt, als sähe er zum erstenmal den Mond.
»Ei der Daus, heiliges Kanonenröhrchen, nun sehen Sie nur, Direktor...«
Herrn Knix fielen fast die Augen aus dem Kopf.
»Hüblis Uhr und die Perlenkette...«, brachte er mühsam hervor.
»Raffiniert, was?«
»Ich nicht verstehen!« rief der Fürst.
»Hehehe, genau das habe ich schon gemerkt. Wie war das gleich, was unser indischer Freund Sunil Hamajanti zu sagen hatte?«
Balduin Pfiff gab dem jungen Inder ein Zeichen, und der legte los:
»Namaste, tum do badtamije! Janab Pfiff kahte hai ki tum dono badi khaternak kutteki aulad hai, jo dusereki haddiper chain karte hai! Tumhare lie to gandisi gandi kaydkhana bhi bahut atschi hai! Pfiff bolte hai ki vo jaise Nordpolse ate hai je tschuti bat hai waisehi tschuti bat hai ki tum Bharat se ate hai!«
Balduin Pfiff kicherte. »Und was sagen Seine Hoheit zu diesen Freundlichkeiten?«
Er spitzte den Mund und ahmte die harte Sprechweise des falschen Fürsten nach: »Ich sehr erfreut, daß Herr Hamajanti uns helfen!«
Während Direktor Knix bewegungslos wie ein Denkmal

dastand, fühlte sich Balduin Pfiff gut wie lange nicht. Er klatschte in die Hände und forderte Herrn Hamajanti auf: »Bitte, Herr Hamajanti, damit diese beiden Gauner in ihrer Zelle noch etwas zum Ärgern haben, lassen Sie uns noch den deutschen Text hören!«

Der Inder nickte. Und er gab sich Mühe, die deutschen Vokabeln so gut wie möglich auszusprechen: »Guten Tag, ihr beiden Gauner. Herr Pfiff hat mir gesagt, daß ihr zwei stinkende Rattenfänger seid, zwei spitzmäulige Mäuse, die an fremdem Käse fressen. Das schlechteste Gefängnis ist gerade gut genug für euch. Herr Pfiff behauptet, daß ihr zwei Rübengesichter ebensowenig aus Indien kommt wie er vom Nordpol!«

»Na, was sagt ihr nun, he?«

Balduin Pfiff strahlte glücklich über seine prallen Backen, zog seine Kunigunde hervor und ließ sie um seinen Zeigefinger rotieren.

Der falsche Diener trat auf den falschen Fürsten zu und zischte diesem zu: »Hab' ich dir nicht gesagt, Ossi, daß es dieser vollgefressene Zwerg faustdick hinter den Ohren hat? Aber du wußtest es ja besser... Beschränkt ist er, hast du gesagt. Hat 'ne Macke... Und jetzt? Jetzt sitzen wir schön in der Tinte!«

Der falsche Fürst blieb dem falschen Diener nichts schuldig.

»Du alberner Lackaffe«, schimpfte er. »Wer wollte denn unbedingt Inder spielen, he? Du oder ich? Deine Idee war's...«

Balduin Pfiff winkte den beiden zu.

»Nur keinen Streit. Verraten haben euch *zwei* Dinge, ihr windigen Kakerlaken. Erstens die Filzlatschen, die Seine Hoheit noch immer über den Frostbeulen hat, und zweitens die Haarpomade mit dem schicken Namen ›Bel ami‹.«

Während sich die beiden Gauner betroffen anblickten, klopfte der kleine Detektiv mit der linken Hand von innen

gegen die Tür, die sich auch sofort öffnete. Es war Inspektor Schulze und ein Beamter, die sich hereinschoben.
Inspektor Schulze zog zwei Paar Handschellen aus der Tasche. Bevor er sie jedoch anlegte, wandte er sich kopfschüttelnd Direktor Knix zu.
»Herr Direktor, wie kann man nur auf zwei solche Typen hereinfallen...?«

Wenn man erwartet wird...

Tack-tack-tack machten Balduin Pfiffs mächtige Schuhe, als er die Stufen zu seiner Wohnung hochpolterte.
In der linken Hand den Schirm, in der rechten das Köfferchen für kleine Reisen und auf dem Gesicht Zufriedenheit mit sich, dem Fall und sogar ausnahmsweise auch mit der übrigen Welt. So bog er um den letzten Treppenabsatz.
Und dann blieb er wie angewurzelt stehen.
»Heiliges Kanonenröhrchen!« flüsterten seine Lippen. Er kniff die Augen zusammen. Träumte er schon wieder?
Vorsichtig, Millimeter für Millimeter, öffnete er sie wieder.
Es war also keine Erscheinung. Der Hund war echt!
»Hallo Hund!« rief Balduin Pfiff und erklomm die letzten Stufen. Der Vierbeiner, der kaum größer war als ein Hut und ein Zwischending von Filzpantoffel, Kaffeekannenwärmer und Mop zu sein schien, kam ihm schwanzwedelnd entgegen.
»Wau!« Es klang leise und zaghaft.
»Klingt ja arg kläglich«, meinte Balduin Pfiff.
»Wird Zeit, daß wir beide uns was Ordentliches zu futtern machen, was?«
»Wau!« Diesmal klang es schon ein bißchen kräftiger.
»Na also, ich sag's ja. Es kommt doch immer nur auf die richtigen Worte an...«

Stimmen aus dem Jenseits

Die Schwestern Colette Derval (47 Jahre) und Josephine Ludfrenne (49 Jahre) hatten eine Menge gemeinsam: Sie waren beide mit reichen Männern verheiratet gewesen und am gleichen Tag zu Witwen geworden. Das war, als Roger und Claude mit ihrer Cesna über Lothringen abstürzten und ums Leben kamen.

Zusammen bewohnten die Schwestern seitdem eine elegante Villa im vornehmen 16. Pariser Bezirk und lebten sehr zurückgezogen. Nur zweimal im Monat versammelte sich rund ein Dutzend Leute bei Colette und Josephine; es waren die Mitglieder eines spiritistischen Zirkels. Denn auch das gehörte zu den Gemeinsamkeiten: Sie waren überzeugte Anhänger der Schwarzen Kunst. Darüber hinaus sammelte Colette mit großem finanziellen Einsatz russische Ikonen, während sich Josephine mit Eifer und Leidenschaft dem Sammeln von seltenen und deshalb äußerst teuren Miniaturen aus dem 16. Jahrhundert hingab.

Jedes Jahr im August, wenn sich die Stadt an der Seine entvölkerte und die Pariser samt Hunden, Katzen und Vögeln in die Ferien fuhren, verreisten auch Colette und Josephine.

Vorher jedoch brachten sie ihre Kostbarkeiten in das Gewölbe der Rothschildschen Bank, schickten die Köchin Claire und das Mädchen Célia nach Hause, ließen die Eisengitter herunter und verschlossen alle Türen. Sechs Wochen lang wurde die Villa dann von den Streife gehenden Männern einer Bewachungsgesellschaft kontrolliert.

In diesem Jahr zog es die Witwen nach Ägypten. Am Morgen ihrer Abreise, man schrieb den 31. Juli, regnete es in Paris in Strömen. Eine Tatsache, die ihnen das Abschiednehmen erleichterte.
All diese bisher geschilderten Details waren auch Jean Caro bekannt.
Jean, 45 Jahre, gelernter Radiotechniker, übte bereits seit über zwanzig Jahren den Beruf eines Immobilienmaklers aus. Auch er gehörte dem spiritistischen Zirkel an, der sich zweimal im Monat in der Villa der Witwen versammelte. Niemand allerdings ahnte, daß ihn der Spiritismus in Wirklichkeit nicht im geringsten interessierte, daß sein ganzes Streben nur einem einzigen Ziel galt: sich in den Besitz der kostbaren Ikonen und Miniaturen zu bringen.
Er war es auch gewesen, der den Witwen vor Jahren die Villa, die vorher einem Textilgroßhändler gehörte hatte, vermittelte.
Später, als er zum erstenmal all der Schätze ansichtig wurde, hatte es ihn gepackt und nicht wieder losgelassen.
Aus seinem Auto heraus beobachtete er jetzt die Abreise der beiden Frauen, und er bebte bei dem Gedanken an sein Vorhaben. Es erfüllte ihn wie ein Fieber...

Drei Tage später.
Kurz nach 2 Uhr in der Nacht überstieg er das Gitter, das den Garten der Villa begrenzte.
Mit zwei schweren Taschen in den Händen schlich er auf die rückwärtige Tür zu. Den Schlüssel dazu trug er seit Monaten bei sich.
Die Tür führte zu einem kleinen Vorraum, von dem die Zimmer der Köchin und des Mädchens abzweigten.
Totenstille herrschte im Haus.
Jean Caro tat zunächst etwas äußerst Ungewöhnliches: Er legte sich auf Célias Bett und schlief auch sofort ein.
Für sein Vorhaben benötigte er Tageslicht!

Am nächsten Morgen begann er mit der Arbeit.
Zwei Tage lang brauchte er für seinen teuflischen Plan. Zwölf winzige Lautsprecher installierte er so gut getarnt, daß es schon großer Mühe oder eines Zufalls bedurft hätte, sie zu entdecken.
In der dritten Nacht schlich er wieder davon.
Die Weichen waren gestellt. Jetzt brauchte er nur noch auf die Rückkehr der Witwen zu warten.

Am 16. September, eine Woche später als beabsichtigt, kehrten Colette Derval und Josephine Ludfrenne braungegrillt aus dem Land der Pyramiden ins heimatliche Paris zurück.
Bereits einen Tag später brachte ein Tresorauto ihre Kostbarkeiten aus dem Bankgewölbe, und nach vielen Umarmungen nahmen auch Célia, das Mädchen, und Claire, die Köchin, ihren Dienst wieder auf.
Am Abend des 17. saßen sie zu viert im Salon und erzählten sich gegenseitig, was sie in den vergangenen Wochen erlebt hatten. Und seufzend gestanden die Witwen ein, daß sie am liebsten noch einmal sechs Tage länger am Nil geblieben wären.
Gegen 23 Uhr zogen sich die vier Frauen in ihre Schlafräume zurück.
Keine von ihnen konnte etwas von dem Mann ahnen, der seit einer Woche ungeduldig auf diesen Augenblick wartete und der sich jetzt in einer Nische zwischen Haustür und Veranda zu schaffen machte.
Der Gegenstand, mit dem er hantierte, hatte eine verblüffende Ähnlichkeit mit einem Mikrophon.

23 Uhr 11.
Colette Derval schaltete das Licht ihrer Nachttischlampe aus und streckte sich gleichermaßen müde und zufrieden. Gelöst gab sie sich einer herrlichen Bettschwere hin.

Ein Zimmer weiter, ebenfalls bereits im Dunkeln, lag Josephine Ludfrenne und rauchte eine letzte Zigarette. Eine Untugend, die sie sich seit Jahren versuchte abzugewöhnen.
»Hallo, Colette... hallo, Josephine, hört ihr uns...?« Es war nur der Hauch einer Stimme, trotzdem hatten beide Frauen jedes Wort verstanden.
Während Josephine starr und steif liegenblieb, war die Witwe Colette im Bett hochgefahren und wagte nicht mehr zu atmen.
»Hallo, Colette, hallo, Josephine, hier sind Claude und Roger... Wir haben für Augenblicke die unendliche Weite des Jenseits verlassen. Wir stehen am Arc de Triomphe und warten auf euch... Wir warten auf euch... wir warten auf euch...« Das gehauchte Flüstern erstarb.
Beide Witwen stürzten aus ihren Betten und trafen sich auf dem Gang. Jede wollte der anderen von der Stimme aus dem Jenseits erzählen, und es dauerte einige Sekunden, bis beide begriffen, daß sie das gleiche vernommen hatten.
Colette und Josephine weckten Célia und Claire und erzählten in atemloser Eile, daß ihre verunglückten Männer am Arc de Triomphe auf sie warteten, und sie baten die beiden um ihre Begleitung.
23 Uhr 38 verließ der dunkle Peugeot mit den vier Frauen das Grundstück.
Noch in der gleichen Minute drang Jean Caro in die Villa ein und begann, die mitgebrachten drei Koffer mit den Ikonen und Miniaturen zu füllen. Bereits zehn Minuten später beendete er sein frevelhaftes Tun.
Gegen 3 Uhr kehrten die vier Frauen ins Haus zurück, Colette und Josephine zutiefst enttäuscht.
Doch dann, urplötzlich, begriffen sie, was geschehen war. Daß sie auf einen raffinierten Trick hereingefallen waren...

Inspektor Jules Bertin und seine Leute trafen gegen 3 Uhr 50 ein. Eine halbe Stunde später hatten die Spezialisten das

Rätsel gelöst, und für Inspektor Bertin stand außer Zweifel, daß der oder die Täter im engeren Bekanntenkreis der Witwen zu suchen war. Nur einer aus dieser Umgebung konnte so gut die Gewohnheiten und Örtlichkeiten kennen. Und engerer Bekanntenkreis bedeutete in diesem Fall »spiritistischer Zirkel«.
Bertin mußte den beiden Witwen nicht lange zureden, um sie zu veranlassen, ihm die elf Namen und Adressen der Zirkelmitglieder zu geben, dazu eine kleine Biographie, soweit sie ihnen bekannt war. Er fertigte sich nach den Adressen einen Plan an, nach dessen Reihenfolge er die Spiritisten aufsuchen wollte.
Acht wohnten in Paris, einer in Versailles, und ein Ehepaar reiste jeweils aus Fontainebleau an.
Lediglich der Tatsache, daß die Rue de Rome die am nächsten liegende Adresse war, verdankte es Inspektor Bertin, daß der zuoberst auf seinem Plan stehende Name Jean Caro lautete.

6 Uhr 30 fuhren Bertin und sein Mitarbeiter Michel Poire vor dem Haus Rue de Rome Nr. 21 vor. Caro bewohnte die oberste Etage, die drei Stockwerke darunter gehörten einer Versicherung, in der heute, es war Sonntag, natürlich niemand arbeitete.
Das Tor zum Hof war weit geöffnet, im Hof selbst stand ein Ford mit hochgeklappter Kofferraumhaube. Als ebenfalls unverschlossen erwies sich die Tür, die vom Hof ins Treppenhaus führte.
Bertin und Poire fuhren mit dem Lift nach oben. Vier Koffer standen vor der nur angelehnten Wohnungstür. Sie klopften und traten ein.
Jean Caro sah ihnen entgegen – mehr verwundert als erschrocken.
»Wer sind Sie, was wollen Sie hier?«
»Wir hatten geklopft, Monsieur Caro!« sagte Inspektor

Bertin milde. »Ich bin Kriminalinspektor Bertin, das ist mein Kollege Poire.«
Caro schüttelte den Kopf. »Polizei? Und das in aller Herrgottsfrühe? Da muß ja was Tolles passiert sein.«
»Sie wollen verreisen?« fragte Bertin.
»Wieso verreisen?«
»Sind das nicht Ihre Koffer?«
»Und ob das meine Koffer sind«, lachte Caro. »Nur will ich nicht verreisen, sondern ich komme gerade von einer Reise zurück. Und zwar in dieser Stunde.«
»Ach, Sie waren gar nicht in Paris?«
»Nein, ich sagte doch eben, daß ich gerade zurückgekehrt bin. Wollen Sie mir nicht endlich sagen, was passiert ist?«
»Man hat Ihre Bekannten Derval und Ludfrenne bestohlen.«
»Nein, das ist ja schrecklich«, stieß Caro hervor und ließ sich auf einen Stuhl fallen. »Aber da fällt mir ein, die waren doch bis vorgestern verreist. Wann ist es denn passiert?«
»Heute nacht!« sagte Poire.
»Entsetzlich... Hat man schon einen Verdacht, ich meine, eine Spur vielleicht?«
»Die Spuren enden im spiritistischen Zirkel, dem Sie ja ebenfalls angehören.«
Caro sprang wieder auf. »Aber niemals«, rief er mit Abscheu in der Stimme, »keiner von uns könnte so was tun.«
»Leider, Monsieur Caro, sehen die Tatsachen anders aus. Wann haben Sie zuletzt von Ihren Bekannten Derval und Ludfrenne gehört?«
»Vor einer Ewigkeit...« Caro zuckte ein wenig ratlos mit den Schultern. »Irgendwann bevor sie nach Ägypten reisten.«
Bertin nickte. Dann fragte er: »Ich möchte Sie bitten, uns einen Blick in Ihr Gepäck werfen zu lassen.«
Jean Caro schüttelte verwundert den Kopf. »Sie verdächtigen mich?«
Statt auf die Frage zu antworten, sagte Bertin: »Da wir keinen

Hausdurchsuchungsbefehl haben, können Sie uns den Blick in Ihre Koffer natürlich verwehren. In diesem Fall würden wir Sie bitten, uns zur Präfektur zu begleiten.«
Caro machte eine beleidigte Miene und erwiderte kühl: »Bitte, bitte, ich habe nichts zu verbergen. Schnüffeln Sie in meinen Koffern herum, soviel Sie wollen.«
Um Jean Caros Lippen lag ein ironischer Zug, als er zusah, wie die beiden Beamten mit geübten Händen seine Koffer durchforschten.
Inspektor Bertin dagegen schien alles andere als enttäuscht darüber zu sein, daß der Inhalt nur aus gebügelten Hemden, Anzügen und frisch gewaschener Wäsche bestand. Von Miniaturen und Ikonen keine Spur.
Er lächelte Caro freundlich an. »Sie sollten sich ein paar Sachen einpacken, Monsieur Caro, es könnte sein, daß der Aufenthalt bei uns doch etwas länger ausfällt.«
»Was soll das heißen?« rief der Makler, jetzt kalkweiß. »Haben Sie vielleicht Diebesgut bei mir gefunden?«
»Das nicht, aber Sie werden uns sicher irgendwann zu dem Versteck hinführen. Es sind drei Dinge, die gegen Ihre Aussagen sprechen!«
»Da bin ich aber gespannt...«, sagte Caro heiser.
»Sagten Sie nicht, daß Sie gerade von der Reise zurückkämen?«
»Sie sehen doch, daß ich die Koffer hochgetragen habe.«
»Ich meine, daß Sie dabei waren, die Koffer hinunterzutragen.«
»Das müssen Sie beweisen können!« zischte Caro.
»Wir können es, Monsieur Caro. Wären Sie wirklich gerade zurückgekommen, würde sich der Motor Ihres Wagens heiß oder wenigstens warm anfassen. In der Regel bringen Reisende und Heimkehrende gebrauchte und schmutzige Wäsche mit. Sie dagegen bringen von der Reise nur Frischgebügeltes und Frischgewaschenes mit. Der größte Fehler allerdings war eine sehr unüberlegte Bemerkung, die, im Zusammenhang

mit den eben erwähnten Indizien, Sie zum Hauptverdächtigen macht. Ich bin überzeugt, Monsieur Caro, daß Sie der Dieb der Miniaturen und Ikonen sind. Bitte, wir wollen gehen ...«

Welches war die unüberlegte Bemerkung, auf die Inspektor Bertin anspielte?

Perry Clifton: Geheimnisvolle Schatten

Ein nächtliches Telefongespräch

Wer Joe Porter zum ersten Mal sah, hielt ihn zweifellos für einen fröhlichen, unbeschwerten jungen Mann, dem die Freßsucht oder die Drüsen ein paar Pfunde zuviel beschert hatten.

Joe zählte 25 Jahre, besaß rotblondes struppiges Haar, eine knollige Nase und kurze Beine. Er liebte Beatles-Musik, Schottenwitze, Billard, Hamburger in allen Variationen und das Schachspiel, das er während einer seiner Jugendstrafen erlernt hatte.

Sein Verhältnis zum Eigentum anderer konnte man in etwa so erklären: Was dir gehört, gehört auch mir, und was mir gehört, geht dich einen Dreck an.

Seine wenigen Versuche, sich in einem bürgerlichen Beruf zu bewähren, endeten alle kläglich. Die sich jeweils anschließenden Haftstrafen bestärkten ihn in der falschen Einsicht, daß er einfach nicht für ein langweiliges (er meinte ehrliches!) Leben geschaffen sei. Eine Auffassung, der sich sein wesentlich erfolgreicherer Bruder nur widerwillig anschloß. Luke Porter hätte sonstwas drum gegeben, wäre ihm das »An-die-Hand-Nehmen« seines um vier Jahre jüngeren Bruders erspart geblieben.

Es ging auf Mitternacht zu, als Joe den Lieferwagen vor einer erleuchteten Telefonzelle abstoppte, das Licht löschte und, nach einem sichernden Rundumblick, die Telefonzelle betrat. Er wählte und begann, eine alte Gewohnheit, die

Ruftöne des Freizeichens zu zählen. Neun, zehn, elf... Warum nahm Luke nicht ab? ... vierzehn, fünfzehn...

»Hallo?«

»Hallo, Luke, das dauert ja eine Ewigkeit!« spielte Joe den Ungeduldigen.

»Ich war auf dem Balkon!« gab Luke betont ruhig zurück. Im Hintergrund hörte Joe Radiomusik.

»Es ist alles okay!«

»Was ist es für einer, Joe?«

»Ein harmloser, grauer Lieferwagen. Firmenbezeichnung befindet sich nur an der Tür.«

Einige Sekunden blieb es still, dann sagte Luke: »Fahr zu Braxen, laß die Türen überspritzen und gleich neue Schilder anbringen.«

»Jetzt?«

»Ja, jetzt, wann sonst?«

»Aber es ist gleich Mitternacht, Luke!« gab Joe zu bedenken.

»Na und?«

»Du weißt doch, wie sich der alte Braxen anstellt, wenn man ihm die Nachtruhe stiehlt. Das letzte Mal wollte er mir sogar ein verrostetes Lenkrad an den Kopf werfen. Hast du das schon wieder vergessen? Und außerdem...«

»Dann leg zehn Pfund drauf, Joe!« Luke Porters Stimme klang kühl und nachdrücklich. So, als empfinde er seines Bruders Einwände als pure Zeitverschwendung.

»... und außerdem«, vollendete Joe seinen angefangenen Satz, »hat mich sein Schnauzer gebissen!«

Diesmal schien Luke zu lächeln, als er weniger energisch antwortete: »Sei nicht so zimperlich, Kleiner. Er hat dich höchstens gezwickt. Und nun sieh zu, daß du zu Braxen kommst.«

»Wo soll ich den Wagen abstellen, wenn ich zurück bin?« erkundigte sich Joe mürrisch. Er haßte die Selbstsicherheit und die Überlegenheit, mit der sein Bruder mit ihm umsprang.

»Park ihn auf einem der Parkplätze hinter dem Wembley Stadion.«
»Okay! Warst du heute wieder hinter ihm her, Luke?«
»Ja, den ganzen Tag.«
»Und?«
»Er ist pünktlich wie Big Ben. Er kommt und geht fast auf die Sekunde genau. Ein bemerkenswerter Mann.«
Joe ließ die Mundwinkel fallen und stellte voller Verachtung fest: »Ein Spießer. Er ist ein ganz mieser Spießer.«
»Diese Spießigkeit, wie du sie nennst, wird uns vieles erleichtern. Ich wollte, du wärst nur halb so zuverlässig, was die Zeit anbetrifft.«
»Ich bin ein freier Mensch, Luke, und kein ...« Luke erstickte den Protest seines Bruders mit einem lauten »Still!!«, und als Joe schwieg, fuhr er leise fort: »Schon gut, schon gut, mein Kleiner. Auch freie Menschen können pünktlich sein. Sei auf der Fahrt nach London vorsichtig und fahr nicht so schnell. Denk immer daran, daß schon die größten Unternehmungen an kleinen Unachtsamkeiten gescheitert sind. Zu schnelles Fahren gehört dazu.«
»Wann endlich wirst du aufhören, mich wie einen Schulanfänger zu behandeln?« giftete Joe ins Telefon.
»Wenn du erwachsen bist, mein Kleiner!«
Joe Porter blieb der Kommentar im Halse stecken, denn am anderen Ende des Drahtes war aufgelegt worden.
Wütend hängte auch er ein, versetzte der Tür einen Tritt und kehrte zu dem gestohlenen Lieferwagen zurück. Was er in diesen Augenblicken über seinen Bruder dachte, war weder schmeichelhaft, noch zeugte es von Geschwisterliebe.

Markhams Beobachtungen

Es gibt Menschen, die aufkommende Gefahren förmlich riechen, die einen sechsten Sinn haben für Bedrohungen und Bedrohlichkeiten jeder Art. Die zum Beispiel schon früh beim Aufstehen genau wissen, daß ihnen die Post einen unangenehmen Brief bringen wird oder daß ihnen irgendwann am Tag eine unangenehme Begegnung bevorsteht.

Albert Markham gehörte, um der Wahrheit die Ehre zu geben, nicht zu dieser Sorte von Feinnervigen und Übersensiblen. Wenn ihn trotzdem seit Tagen ein immer stärker werdendes Gefühl der Beklemmung umfangen hielt, so lag das in erster Linie an einer gewissen Beobachtung.

Und obwohl er sich immer wieder einzureden versuchte, daß es ein Zufall sein könnte, verließ ihn dieses Gefühl nicht.

Es beeinträchtigte ihn während seiner Arbeit.

Es machte ihn nervös und reizbar. Er verschrieb sich, er verschätzte sich, er verwechselte Länder und Motive, und er legte Randstücke zu Viererblocks. Und er ertappte sich dabei, wie er Briefumschläge in den Papierkorb warf, obwohl es sich dabei um wertvolle Ersttagsbriefe handelte. Sein Magen rebellierte.

Sah er sonst vielleicht drei- bis viermal aus dem Fenster seines Büros, so geschah dies in den letzten Tagen dreißigmal oder noch öfter.

Albert Markham war Briefmarkenhändler. Kein kleiner, unbedeutender Straßenhändler, nein, er war ein großer. Einer ohne Laden, dafür aber mit hundertfachem Umsatz. Dazu galt sein Wort als Experte unter seinesgleichen als unantastbar.

Albert Markham handelte nur mit kompletten Sammlungen. In seinem mit allen erdenklichen elektronischen Raffinessen gesicherten Büro Ecke Alton Road und Salworth Street waren sieben Mitarbeiter beschäftigt. Jeder von ihnen konn-

te für sich in Anspruch nehmen, ein Experte auf dem Gebiet der Philatelie zu sein.
An jenem späten Vormittag nun, es war 11 Uhr 10, faßte Mister Markham nach langem Zögern einen für ihn ungewöhnlichen Entschluß: Er entnahm seiner Brieftasche eine Visitenkarte, ergriff das Telefon und begann zu wählen.
Eine frische, sehr jung klingende Mädchenstimme ließ ihn zusammenzucken. Es lag wohl daran, daß sich seine Gedanken schon wieder selbstständig gemacht hatten.
»Hier ist Johnson & Johnson!«
Markham räusperte sich und versuchte möglichst normal zu klingen: »Hier spricht Markham, Miß. Würden Sie mich bitte mit Mister Clifton von der Detektivabteilung verbinden?!«
»Einen Augenblick, bitte, Sir!«
Es dauerte wirklich nur einen Augenblick.
»Ja, bitte?«
Der Briefmarkenhändler erkannte die Stimme sofort wieder und spürte, wie eine gewisse Erleichterung von ihm Besitz ergriff. Trotzdem versicherte er sich:
»Spreche ich mit Mister Clifton?«
»Das tun Sie!«
»Ich bin Albert Markham, Mister Clifton. Vielleicht erinnern Sie sich noch an mich. Wir unterhielten uns neulich auf der Geburtstagsparty von Sir Archibald Attenhath längere Zeit über Warenhausdiebe.«
»Natürlich erinnere ich mich, Mister Markham. Sie betreiben einen Briefmarkenhandel in Holborn.«
Markham nickte. Die Beklemmung von eben war wie weggewischt. »Stimmt. Sie haben ein gutes Gedächtnis. Sie gaben mir Ihre Visitenkarte für den Fall, daß ich mal Probleme hätte. Nun, Mister Clifton, diese Probleme scheinen sich schneller eingestellt zu haben, als ich dachte.«
Perry Clifton hielt sich nicht mit langen Vorreden auf.
»Was ist geschehen, Mister Markham? Wie kann ich Ihnen helfen?«

Albert Markham tupfte sich mit dem Taschentuch Stirn und Kinn ab, jene Stellen, die bei ihm immer zuerst Schweiß absonderten.
»Ich wäre Ihnen aufrichtig dankbar, wenn Sie mir einen Tip geben könnten. Ich weiß nämlich nicht genau, wie ich mich verhalten soll. Eine Zeitlang habe ich mit dem Gedanken gespielt, die Polizei einzuschalten, aber dann kamen mir wieder Bedenken. Bedenken deshalb, weil ich mir gar keinen Reim auf meine Beobachtungen machen kann.« Markham hob ratlos die Schultern und fuhr hastig und wie um Entschuldigung für seine Störung bittend fort: »Vielleicht sehe ich auch nur Gespenster und geheimnisse etwas in ganz alltägliche Ereignisse hinein. Es wäre mir schon eine Erleichterung, wenn ich mit Ihnen darüber sprechen könnte.«
»Bitte reden Sie frei von der Leber weg, Mister Markham. Was beunruhigt Sie?«
»Ich glaube, seit einigen Tagen geheimnisvolle Schatten zu sehen, Mister Clifton.«
»Sie wollen damit andeuten, daß man Sie verfolgt. Seit wann genau?« Perry Cliftons Stimme klang von einer Sekunde zur anderen geschäftsmäßig. Markham fröstelte.
»Seit vorigen Donnerstag sehe ich immer wieder einen grauen Lieferwagen hinter mir herfahren. Und nun bilde ich mir ein, daß er mich verfolgt.«
»Ein Fahrzeug mit Londoner Kennzeichen?« klang es fragend durch die Leitung. Markham nickte stumm, vergessend, daß Perry Clifton kein Hellseher war.
»Mister Markham, besitzt das Fahrzeug Londoner Kennzeichen?« wiederholte der Detektiv.
»Ja, ja, Londoner Kennzeichen!«
»Mit nur einem Fahrer?«
»Ja, ganz recht. Ich habe nie einen zweiten Mann gesehen.«
»Handelt es sich bei dem Fahrer immer um dieselbe Person?« Frage um Frage. Markhams Unbehagen steigerte sich, obwohl er wußte, daß jede Frage ihre Berechtigung hatte.

»Keine Ahnung, Mister Clifton. Der Fahrer trägt ständig eine tief ins Gesicht gezogene Mütze und eine ziemlich große Sonnenbrille, sogar bei Regen. Natürlich könnte das alles Zufall sein, aber wie soll ich das herausfinden!«
»Steigt der Verfolger nie aus?«
»Nein, nie!«
»Er fährt Ihnen also nur hinterher.«
»Ja. Gibt es dafür eine Erklärung?«
Pause, dann: »Es könnte sein, daß er damit Ihren genauen Tagesablauf ermitteln möchte. Um welche Art von Lieferwagen handelt es sich? Offen oder geschlossen?«
Markham mußte nicht überlegen.
»Geschlossen, Farbe, wie gesagt, grau.«
»Mit oder ohne Firmenbeschriftung?«
»Ohne jeglichen Hinweis.«
»Können Sie mir die Nummer nennen?«
Albert Markham schwitzte stärker, dagegen wurde sein Mund von Minute zu Minute trockener. Er mußte sich räuspern, bevor er antworten konnte. Und es klang verlegen:
»Tut mir leid, Mister Clifton. Ich habe nur festgestellt, daß es sich um ein Londoner Kennzeichen handelt. Aber das kann ich ja nachholen. Er steht auch jetzt wieder unten in der Salworth Street. Ich könnte die Nummer notieren. Soll ich hinuntergehen?«
Markham atmete auf, als er Cliftons Antwort hörte:
»Beobachtet er Sie wirklich, ist anzunehmen, daß der Wagen gestohlen und die Nummer gefälscht ist. Ich möchte Ihnen einen anderen Vorschlag machen, Mister Markham. Wann verlassen Sie das nächste Mal Ihre Firma?«
»Ich fahre wie üblich um halb zwei zum Lunch, warum?«
»Und wohin?« Perry Clifton schien das Warum überhört zu haben.
»In mein Haus nach Hampstead. Seit dem Tode meiner Frau führt mir meine Schwester den Haushalt.«
»Okay, dann fahren Sie diesmal einen Umweg über Johnson

& Johnson. Ich stehe mit meinem Wagen in der Einfahrt des KLM-Hauses. Blinken Sie bitte kurz auf, damit ich Bescheid weiß. Welchen Wagentyp fahren Sie?«
»Ich fahre einen silbergrauen Bentley!« erwiderte Markham heiser.
»Okay, ich werde Ihnen und Ihrem Schatten nach Hampstead folgen.«
Obwohl Markhams Gedanken schwer waren, gab er sich Mühe, seine Stimme nach Hoffnung und Erleichterung klingen zu lassen.
»Ich bin Ihnen sehr dankbar, Mister Clifton, und ich fühle mich schon wesentlich wohler. Ich werde pünktlich wie immer hier wegfahren und etwa zwanzig Minuten später bei Ihnen sein.«
»Versuchen Sie sich von Ihren Sorgen nicht überwältigen zu lassen, Mister Markham. Das macht Sie unnötig unsicher.«
Der Detektiv schien zu ahnen, was in Albert Markham vorging. Und noch etwas sagte er: »Ab jetzt kann Ihnen nichts mehr geschehen. Ich werde Sie nicht aus den Augen lassen!«
»Danke, Mister Clifton. Bis später!«
»Bis später, Sir!«

Perry Cliftons großer Irrtum

13 Uhr 15
Das Autoradio spielte leise, von draußen drangen gedämpft die Geräusche des Straßenverkehrs herein.
»Verdammt, Joe, kannst du nicht mal ruhig sitzen?« schnauzte Luke seinen Bruder an.
»Nein, kann ich nicht«, gab Joe lauter als gewollt zurück. »Vor einem Coup bin ich nun mal nervös.« Zum hundertsten Mal sah er auf seine Armbanduhr.

»Jammerlappen!« stellte Luke bissig fest.
»Kann nicht jeder so ein eiskalter Hund sein wie du.«
»Eiskalte Hunde machen weniger Fehler!«
Joe schlug sich auf die Knie. Seiner Stimme haftete etwas Weinerliches an: »Bei mir war es immer Pech!«
»Nein«, widersprach Luke eisig, »bei dir waren es immer die Oberflächlichkeit, die Ungeduld, das Ungenaue, schlechthin: deine Dummheit!«
»Eines Tages wird's dich auch erwischen!« quetschte Joe böse zwischen den Zähnen hervor.
»Dann wird es sicher nicht an meiner Dummheit gelegen haben!«
»Es wird Zeit!« Luke traf ein wütender Seitenblick.
Ohne auf die Uhr zu sehen, erwiderte er: »Es ist erst 13 Uhr 15.«
»Und was machen wir, wenn er nicht um halb zwei kommt? Spielen wir weiter die wartenden Glaser?«
Luke grinste siegessicher: »Das, Kleiner, ist keine Frage zum Kopfzerbrechen. Wenn ihn kein Herzschlag ereilt hat, wird er kommen. Pünktlich wie immer. Ja, mein Kleiner, Pünktlichkeit ist etwas wert.«
Joe sah erneut auf seine Uhr. Auf der einen Seite beruhigte ihn die Sicherheit, mit der sein Bruder den kommenden Ereignissen entgegensah, auf der anderen Seite machte sie ihn bange. Dagegen waren seine sonstigen Taschendiebereien reine Erholung. Ihm fiel noch eine wichtige Frage ein: »Sag mal Luke, hast du auch schon mal daran gedacht, daß er unsere Beschattung bemerkt haben könnte?«
Luke Porter verzog seine Lippen zu einem geringschätzigen Lächeln. »Leute wie Markham sind so mit sich beschäftigt, daß sie von ihrer Umwelt selten etwas hören oder sehen.«
»Hoffentlich hast du recht!«
Luke gab seinem Bruder eine leichte Kopfnuß. »Erzähl' mir den neuesten Schottenwitz, Kleiner.«
Joe schüttelte den Kopf. »Keine Nerven dafür!«

»Dann eben nicht...«

13 Uhr 18
Albert Markham warf einen Blick auf die Salworth Street. Ja, der graue Lieferwagen stand nach wie vor an der gleichen Stelle. Der Briefmarkenhändler spürte, wie seine Hände zitterten, als er einige Papiere vom Schreibtisch nahm und zum Tresor hinübertrug. Er war froh, daß ihn seine Mitarbeiter in den letzten Stunden in Ruhe gelassen hatten. Ob sie etwas von seiner Beklemmung ahnten?
Albert Markham glaubte zu spüren, daß etwas Unaussprechliches auf ihn zukam. Am liebsten hätte er sich bis zur nächsten Sintflut hinter seinem Schreibtisch vergraben, dem einzigen Ort, der ihm Sicherheit vermittelte. Die Gedanken an Perry Clifton, die bevorstehende Autofahrt und den grauen Lieferwagen unten auf der Straße ließen ihm erneut den Schweiß an Stirn und Kinn austreten.
Oder war vielleicht alles doch nur Einbildung? War er etwa krank? Hatte er in den letzten Monaten zuviel gearbeitet? Immerhin hatte er sich seit über einem Jahr keinen freien Tag gegönnt. Er sollte doch mal Doktor Harriet aufsuchen...
Albert Markham sah zur Uhr: 13 Uhr 22. Es wurde Zeit für ihn. Er durfte Perry Clifton auf keinen Fall warten lassen...

13 Uhr 24
Luke Porter öffnete das Handschuhfach und entnahm ihm zwei Paar dünne Lederhandschuhe. Joe wischte seine Hände am Arbeitsmantel ab, bevor er sie überstreifte.
»Solange wir an dem Fall basteln, bleiben die Handschuhe an den Händen, verstanden?« befahl Luke leise und winkte mit dem Kopf. »Komm!«
Ein zufälliger Beobachter könnte später aussagen: »Zwei Männer in blauen Arbeitsmänteln verließen das Führerhaus des Lieferwagens. Sie öffneten die Ladefläche, und jeder entnahm ihr eine quadratische Glasscheibe von zirka 3 feet

Durchmesser. Sie überquerten die Salworth Street und strebten der Tiefgarage unter dem Markham-Haus zu.«

13 Uhr 25
Albert Markham, bereits im Mantel, setzte seinen Hut auf, ergriff Aktenkoffer und Schirm und schritt Richtung Tür. Die Hand schon am Drücker, wandte er sich noch einmal zurück. Es sollte ein letzter Blick sein, doch es traf ihn wie ein Schlag. Von einer Sekunde zur anderen fühlte er sich wie ein Reifen, aus dem die Luft entwich und der daraufhin schlapp und kraftlos wurde. Nur war es bei Markham nicht die Luft, die entwich, sondern der Überdruck von Angst und Anspannung. Er sah, wie zwei Handwerker zwei Glasscheiben aus dem grauen Lieferwagen nahmen.
Der Briefmarkenhändler ließ sich auf einen der Besucherstühle fallen. »Mein Gott, wie konnte ich mich nur selbst so ins Bockshorn jagen...«, murmelte er und dann: »Ich muß Mister Clifton anrufen, muß ihm Bescheid sagen, daß sich alles aufgeklärt hat. Vor Glasern habe ich mich gefürchtet...«
Doch er hatte Pech, Perry Clifton meldete sich nicht mehr. Sicher war er bereits auf dem Weg zum Treffpunkt... »Dann werde ich es ihm an Ort und Stelle sagen...«

13 Uhr 28 hielt der Lift zischend im zweiten Untergeschoß. Trotz der guten Entlüftung roch es nach Abgasen, Staub und Benzin.
Albert Markham summte leise auf dem Weg zu seinem Stellplatz vor sich hin. Eine Zentnerlast war von ihm gewichen. Im Augenblick schien sich niemand auf der Parketage zu befinden. »Ich sollte mal Juhuu!! rufen«, dachte er und mußte im gleichen Augenblick über seine Anwandlung lächeln.
Er fischte den Autoschlüssel aus der Tasche und öffnete den Kofferraum. Er legte Schirm und Köfferchen hinein und

wollte gerade den Deckel zuschlagen, als er erstarrte. Jeder noch so kleine Muskel in seinem Körper schien gelähmt zu sein, selbst der Schluckmuskel versagte ihm den Dienst. Doch ganz plötzlich setzte das Gegenteil ein: Alles an und in ihm begann zu beben und zu zittern.
Albert Markham stand zum ersten Mal in seinem 62jährigen Leben echter Gewalt gegenüber. Mit brennenden Augen sah er auf die beiden Männer vor ihm. Strumpfmasken machten ihre Gesichter unkenntlich, verliehen ihnen Ähnlichkeit mit höhnischen Fratzen. Sein Unterbewußtsein registrierte zwei Pistolen, blaue Mäntel, Handschuhe und ein Paar weiße Turnschuhe.
»Nimm die Schlüssel, Kleiner!«
Joe wechselte seine Waffe von der rechten in die linke Hand und streckte mit einer herrisch sein sollenden Geste Markham seine offene Rechte entgegen.
»Die Schlüssel, Sir!«
Albert Markham versuchte zu sprechen, und es gelang ihm sogar. Er sprach dreimal so schnell wie üblich: »Bitte nehmen Sie die Pistole weg. Sie können alles Geld haben, was ich bei mir trage. Viel ist es nicht. Aber ich kann Ihnen auch einen Scheck geben.«
»Den Schlüssel, Sir!!« zischte Joe ungeduldig. Wie mechanisch hielt ihm Markham die Wagenschlüssel hin.
»Meine Brieftasche...« Luke Porter schnitt ihm fauchend das Wort ab: »Halten Sie endlich die Klappe, Mister. Tun Sie, was ich Ihnen sage, und ich verspreche Ihnen, daß Sie mit heiler Haut davonkommen. Los, legen Sie sich in den Kofferraum!«
Markham griff sich an den Hals. Das Entsetzen schüttelte ihn, und er war kaum noch in der Lage, logisch zu denken.
»In... in... in den Kofferraum... um Gottes willen, was haben Sie mit mir vor?«
»In den Kofferraum, Mister, habe ich gesagt. Zwingen Sie uns nicht, unfreundlich zu werden!« Lukes Stimme klang so

kalt und unpersönlich, daß Markham fröstelte. Mit dem Allerschlimmsten rechnend, kam er resigniert der Aufforderung nach.
13 Uhr 32 ließ Luke Porter den Motor des silbergrauen Bentley an und rollte langsam über die mit gelben Pfeilen markierte Route nach oben. Vorbei an Mrs. Abigail Southly, einer Immobilienmaklerin aus dem 6. Stock, die erstaunt dem ihr bekannten Wagen mit den ihr unbekannten Männern nachsah.
Um 13 Uhr 34 passierte der Bentley die Ausfahrt. In der Tiefgarage zurück blieben zwei blaue Arbeitsmäntel sowie zwei quadratische Glasscheiben.
Um 13 Uhr 38 erreichten sie die Alvis Road...

Wie kostbare Zeit verrinnt

14 Uhr 15
Perry Clifton glaubte sicher zu sein, daß Mister Markham etwas dazwischengekommen war. Trotzdem hängte er noch zehn Minuten dran. Er empfand keinerlei Unmut, denn aus eigener Erfahrung wußte er, wie drei Ereignisse einen solchen Zeitplan zu Fall bringen konnten: Pannen, Staus und Unfälle.
14 Uhr 25 betrat er die Pförtnerloge in der Einfahrt des KLM-Hauses. Tom Hatters winkte ihm freundlich entgegen. Sie kannten sich schon seit vielen Jahren und hatten so manches Glas Ale zusammen geleert.
»Hallo, Tom, könnten Sie mal für mich telefonieren?«
Perry Clifton versuchte wenigstens mit einem Auge die Straße nicht aus dem Blickfeld zu verlieren.
»Aber natürlich... gibt's was Besonderes draußen?«
»Ich warte vergeblich auf einen silbergrauen Bentley.«
Tom Hatters nickte: »Okay, bleiben Sie mit den Augen auf der Straße, Perry, ich wähle inzwischen die Nummer!«

»Vielen Dank, aber ich weiß sie leider nicht auswendig. Wenn Sie bitte mal ins Telefonbuch sehen würden. Markham, Albert, Briefmarken.«

Drei Minuten später hatte Tom die Telefonnummer gefunden.

»Bitte rufen Sie an und fragen Sie, ob Mister Markham sein Büro bereits verlassen hat, und wenn ja, wann!«

Tom begann zu wählen und sagte anschließend seinen Spruch auf. Mit gewichtiger Miene legte er wenig später den Hörer wieder auf. »Also, Ihr Mister Markham ist wie immer pünktlich kurz vor 13 Uhr 30 weggegangen.«

»Danke, Tom. Jetzt lautet die Preisfrage: Stau oder Panne?«

»Aus welcher Richtung kommt Ihr Markham denn?«

»Salworth Street.«

»Hm, könnte tatsächlich ein bißchen zähflüssig sein. Seit heute vormittag ist die Buckle Street wegen irgendwelcher Kanalarbeiten gesperrt.«

»Dann werde ich mich noch etwas gedulden...« Perry Clifton zwang sich, nicht an die dritte Möglichkeit zu denken...

14 Uhr 45

Luke hielt, Joe stieg aus und schloß das Garagentor auf. Luke fuhr hinein, Joe verschloß das Tor von innen und schaltete das Licht in dem fensterlosen Raum ein. Sie boxten sich gegenseitig vor die Brust und zogen sich die Strumpfmasken wieder übers Gesicht.

Luke öffnete den Kofferraumdeckel.

»Wir sind da, Mister! Aussteigen, die Fahrt ist zu Ende. Ich hoffe, Sie haben bequem gelegen, oder sollte ich sagen: Sie sind bequem gereist?«

In die angstgeweiteten Augen Albert Markhams trat ein Ausdruck von Überraschung. »Aber... aber das ist ja meine Garage...«, stammelte er und stieg ächzend aus seinem unbequemen Gefängnis. »Wie kommen Sie hierher...?«

»Ganz einfach, mit Ihrem Auto!« Luke zeigte die Andeutung eines Grinsens, das man mehr hörte als sah.
»Wollen ... wollen Sie mir nicht endlich sagen, was das alles zu bedeuten hat?«
Lukes unsichtbares Grinsen verschwand schlagartig. Aufgebracht fuhr er Markham an: »Mann, tun Sie doch nicht so dumm, oder sind Sie es wirklich? Ist doch ganz einfach: Wir möchten ein bißchen von Ihrem Reichtum abhaben.« Eine heftige Handbewegung zur Tür schloß sich an: »Gehen Sie vor, Mister. Und tun Sie nichts Falsches. Wir sind, was das anbetrifft, sehr empfindlich.«
Albert Markham, dem die heimische Umgebung half, seine Fassung wiederzugewinnen, machte den schüchternen Versuch zu bluffen:
»Die Leute im Haus werd ...«
Lukes Hand fuhr durch die Luft. »Geben Sie sich keine Mühe, wir wissen, daß es außer Ihrer Schwester keine Leute mehr im Haus gibt. Der größte Fehler, den Sie machen könnten, wäre, uns für Anfänger zu halten, kapiert? Gehen wir!«
Joe Porter, der sich bis jetzt zurückgehalten hatte, genoß die Rolle des vermeintlichen Siegers. Daß bis jetzt alles so programmgemäß ohne alle Schwierigkeiten abgelaufen war, erfüllte ihn mit Triumph und einer Art von Stolz. Er stieß Markham den Pistolenlauf in den Rücken und wiederholte die Worte seines Bruders: »Gehen wir!«
Sie verließen die Garage und kamen in eine große, mit kostbaren Brücken ausgelegte Diele.
Eine Tür öffnete sich, und Missis Esther Williams, Markhams verwitwete Schwester, verhielt mit offenem Mund und schreckgeweiteten Augen. Luke machte eine Verbeugung, während sich Joe mit seinem Schießeisen an die Stirn tippte.
»Albert ...«, würgte die sechzigjährige Frau endlich hervor.
»Tut mir leid, Esther, ich konnte nichts dagegen tun. Sie sind bewaffnet.«

»Ganz recht, Mylady«, bemühte sich Luke um einen freundlichen Tonfall. »Trotzdem brauchen Sie keine Angst haben, wir sind anständige Gangster. Gehen wir in den Salon!«
Er packte die unter einer Art Schock stehende Mrs. Williams behutsam an den Schultern, drehte sie um und schob sie in den Raum zurück, aus dem sie gerade gekommen war. Markham und Joe folgten. Es war ein großes geräumiges Wohnzimmer mit anschließendem Eßzimmer, in dem bereits der Tisch gedeckt war.
»Joe, zwei Stühle!« kommandierte Luke und zog eine Rolle Perlonschnur hervor.
Das abhanden gekommene Leben kehrte explosionsartig in die kleine Esther Williams zurück. Aus ihren Augen schossen Blitze, als sie im höchsten Diskant rief:
»Waaas, Sie wollen uns fesseln?«
»Nur ein wenig, Mylady!«
»Ich werde schreien!«
»Aber bitte, Mylady, wenn es Ihnen Erleichterung verschafft!« Der Spott in Lukes Stimme war unüberhörbar. »Nur schreien Sie nicht so laut, sonst müßten wir Ihnen leider den Mund verkleben.« Zu Joe, der mit den Stühlen kam: »An die Heizkörper, Kleiner!« Joe schob sie an die angegebene Stelle.
»Bitte nehmen Sie Platz, Mylady ... Mister Markham!«
Markham und seine Schwester setzten sich. »Ist die Fesselei wirklich nötig?« fragte der Briefmarkenhändler bedrückt.
»Wir gehen ungern Risiken ein, Sir!« erwiderte Luke kühl und sachlich und begann Markhams Taschen abzutasten. »Sie erlauben, daß ich mir Ihren Schlüsselbund ausleihe...«
»Wir werden alles tun, damit man Sie faßt!« keuchte Markham haßerfüllt.
Luke Porter nickte. »Das ist Ihr gutes Recht, Sir. Würde ich an Ihrer Stelle auch tun.«
Joe fesselte die beiden Leute so, daß sie nicht nur an den Stuhl gebunden waren, sondern auch noch an den Heizkörper. So

war es ihnen unmöglich, sich mit den Stühlen zu bewegen. Als Joe Klebeband aus der Tasche zog, stieß Markham heftig hervor: »Lassen Sie das, wir schreien nicht!«
»Okay, was ein echter Gentleman ist, der hält Wort!«
»Du willst ihm glauben?« rief Joe ungläubig.
»Wenn nicht ihm, wem soll ich dann noch trauen, Kleiner? Komm, machen wir uns an die Arbeit. Du übernimmst das Erdgeschoß, ich nehme mir den Oberstock vor!«

Perry Clifton holt Verstärkung

15 Uhr 12
Perry Clifton nahm die vier Stufen zu Toms Pförtnerloge mit einem Satz.
»Hallo, Perry, warten Sie noch immer auf Ihren Briefmarkenhändler?«
»Ja, Tom, nur glaube ich jetzt an keinen Stau mehr, trotz gesperrter Buckle Street. Haben Sie noch die Nummer von seiner Firma?«
Tom Hatters riß ein Stück von einer Zeitung ab und reichte Clifton den Streifen. Dazu sagte er: »Sie können den Apparat dort im Regal nehmen, ich gebe Ihnen eine Freileitung drauf!«
»Vielen Dank, Tom!«
Eine weibliche Stimme meldete sich.
»Guten Tag, Miß, mein Name ist Clifton, ich hatte vorhin schon einmal anrufen lassen. Eine Frage noch: Sind Sie genauestens über Kommen und Gehen von Mister Markham informiert?«
»Aber selbstverständlich, ich bin Amely Stockidge, seine Sekretärin.« Es klang beleidigt und hochnäsig zugleich.
Perry Clifton überhörte diese Zwischentöne und kam gleich zur Sache: »Miß Stockidge, ich war mit Mister Markham

verabredet, haben Sie, seitdem er sein Büro verlassen hat, etwas von ihm gehört?«
Jetzt klang Amely Stockidges Stimme nur noch ängstlich. »Nein! Verzeihung, Sir, Sie glauben, daß Mister Markham etwas zugestoßen ist?«
»Ich bin leider noch nicht in der Lage, diese Frage richtig zu beantworten. Alles, was ich bisher weiß, ist, daß ich mit ihm verabredet war und daß er bis jetzt nicht erschienen ist.«
»Aber ich dachte, daß er wie üblich in seine Wohnung nach Hampstead gefahren ist.«
»So war es auch beabsichtigt. Hören Sie, Miß Stockidge, können Sie von der Stelle aus, an der Sie sich jetzt befinden, hinunter in die Salworth Street sehen?«
»Nein, mein Fenster geht zur Alton Road hinaus...« Und sehr beunruhigt fragte sie: »Ich verstehe kein Wort, Sir, wer sind Sie überhaupt?«
»Ich bin Detektiv. Bitte behalten Sie das für sich. Ich arbeite für Mister Markham, er wird Ihnen die Einzelheiten zu gegebener Zeit sicher selbst erzählen. Ist es möglich, daß Sie dieses Gespräch in Markhams Zimmer umlegen und sich von dort aus wieder melden?«
»Ja, Sir, das ist möglich!«
»Bitte, dann tun Sie es.«
Wenig später meldete sie sich schwer atmend wieder: »Hallo...«
»Ja, Miß Stockidge, können Sie, ohne den Hörer abzulegen, jetzt hinunter in die Salworth Street blicken?«
»Ja, das kann ich.«
»Sehen Sie dort einen hellgrauen Lieferwagen parken?«
»Einen hellgrauen Lieferwagen...«
»Er hat keinerlei Firmenbezeichnung. Es handelt sich um ein geschlossenes Fahrzeug.«
»Ja, ein solcher Wagen steht da. Direkt vor dem Sportgeschäft von Mortimer.«

»Okay, Miß Stockidge, sagen Sie mir jetzt bitte noch die Privatnummer von Mister Markham.«
»Hampstead 9-1-7-1-4-6...« Sie schluchzte es mehr, als daß sie es sagte.
»Vielen Dank, Miß Stockidge. Sie haben mir sehr geholfen.« Perry Clifton drückte auf die Gabel und wählte die Nummer, die ihm Amely Stockidge durchgegeben hatte. Was er hörte, war das Besetztzeichen. Er wiederholte den Vorgang genau elfmal, dann gab er auf. Ohne den Hörer vom Ohr zu nehmen, rief er bei Scotland Yard an. Sechzig Sekunden später war er mit Detektivinspektor Scott Skiffer verbunden.
Es war 15 Uhr 17.
»Scotty, hier spricht Perry! Ich komme ohne alle Umschweife zur Sache: Würdest du bitte veranlassen, daß die Polizeistation Hampstead sofort einen Streifenwagen zum Haus des Briefmarkenhändlers Albert Markham schickt!«
»Adresse?«
»Die weiß ich nicht. Da Markham jedoch ein überdurchschnittlich guter Steuerzahler ist, nehme ich an, daß man ihn kennt.«
»Hast du einen besonderen Verdacht, Perry?«
»Markham rief mich heute an und ließ mich wissen, daß er sich verfolgt glaube. Daß er nicht sofort die Polizei einschaltete, lag daran, daß er wohl noch Zweifel an der Richtigkeit seiner Beobachtungen hegte.«
»Was hat er dir über seine Verfolger erzählt?«
»Sie benutzten bisher einen grauen Lieferwagen, der augenblicklich in der Salworth Street gegenüber seiner Firma vor einem Sportgeschäft steht. Markham und ich verabredeten uns vor dem KLM-Haus. Er wollte um 13 Uhr 30 sein Büro verlassen, und es war abgemacht, daß ich ihm und seinem eventuellen Schatten folgen sollte.«
»Und er ist nicht gekommen!«
»Nein. Ich fürchte, ihm ist etwas zugestoßen, denn auch in

seinem Haus meldet sich niemand, das heißt, seine Nummer ist ständig besetzt.«
»Du glaubst also, daß er in seinem eigenen Wagen entführt wurde.«
»Genauso sieht es aus, Scotty.«
»In Ordnung, ich werde Hampstead verständigen und auch dafür sorgen, daß man sich des Lieferwagens in der Salworth Street annimmt.«
»Danke! Ich mache mich jetzt ebenfalls auf den Weg nach Hampstead. Du kannst mich dort gleich mit avisieren.«
»Okay. Bis später!«
Das Gespräch, das eher einem rasanten Frage-und-Antwort-Spiel glich, war zu Ende. Clifton legte den Hörer auf, lächelte Tom Hatters, der sehr beeindruckt schien, freundlich zu und bat: »Ich darf wohl damit rechnen, Tom, daß Sie von dem, was Sie eben gehört haben, zu niemandem sprechen.«
»Kein Wort wird über meine Lippen kommen. Verraten Sie mir später, wie die Sache ausgegangen ist?«
»Mache ich! Versprochen!«
»Fahren Sie vorsichtig, Perry. Die Straße nach Hampstead hat es in sich.«
Ein letztes Nicken, dann sprintete der Detektiv zu seinem Wagen.

Das Geheimnis der Hutschachtel

Zur gleichen Zeit, als Perry Clifton Amely Stockidge anrief, also 15 Uhr 12, stampfte Joe Porter enttäuscht und wütend auf den gefesselten Albert Markham zu. »Los, raus mit der Sprache, Mister, wo haben Sie Ihr Geld versteckt?« schnauzte er den Briefmarkenhändler laut an. Markham schluckte und erwiderte trotzig: »Ich pflege mein Geld nicht zu verstekken!« Joes Hand fuhr in die Tasche und kam mit einem

Bündel Geldscheine wieder zum Vorschein. Er fuchtelte damit wild vor Markhams Gesicht herum und fauchte: »In Ihrem Tresor, Gentleman, befanden sich außer einigen mistigen Briefmarken ganze 2600 Pfund ...«
Markham schwieg, während Esther Williams, seine Schwester, nur verächtlich die Augenbrauen hochzog.
»Verdammt noch mal, wenn ich schon mein empfindsames Fell riskiere, dann will ich doch nicht mit einem Taschengeld abgespeist werden. Also??«
»Tut mir leid, mehr habe ich nicht im Haus. Gott sei Dank, wenn Sie erlauben.«
»Ersparen Sie sich und uns unnötige Zeitverschwendung. Wir haben keine Lust, bei Ihnen ein verlängertes Wochenende zu verbringen. Raus mit der Sprache!« Joe trat mit einer drohenden Gebärde dicht vor Markham hin.
»Schreien Sie uns gefälligst nicht so an!« fuhr ihn Missis Williams lauthals an.
»Ich schreie, solange ich Lust dazu habe, Madam!«
»Genau das wirst du nicht tun, Kleiner!« Von seinem Bruder unbemerkt, hatte Luke Porter den Raum betreten. »Was hat der Krach zu bedeuten?« wollte er wissen.
»Seine Lordschaft will mir weismachen, daß er nicht mehr als 2600 Pfund im Haus hat. Ich glaube, wir sollten ihn ein bißchen durch den Wolf drehen.«
»Ich habe nie Bargeld zu Hause!« verteidigte sich Markham.
»Dann werden wir also doch von Ihrem Angebot Gebrauch machen, Väterchen.«
»Von welchem Angebot?« Markham spürte, wie ihm das Unbehagen an den Beinen hochzukriechen begann.
»Sie werden uns einen Scheck ausschreiben. Sagen wir, über zehntausend Pfund! ... oder noch besser: über fünfzehntausend Pfund!«
»Soviel Geld besitze ich nicht. Mein Bargeld steckt in der Firma!« Albert Markham sagte es eine Spur zu schnell.

»Aber Sie werden doch Kredit haben, Väterchen, Lordschaft.«
»Laut Kontoauszug, Sir, verfügen Sie über ein Guthaben von 112000 Pfund!« bemerkte Luke ironisch.
Sein Bruder fuhr herum. »Was, so ein reicher Knabe ist unser Gönner...«
Albert Markham versuchte die Heiserkeit wegzuräuspern, bevor er versicherte: »Es handelt sich um Fremdkapital.«
»Aber das ist uns doch völlig piepe, Euer Lordschaft. Außerdem werden wir Sie nicht arm machen. Wir geben uns mit fünfzigtausend zufrieden...«
Joe ließ sein blitzschnell hervorgezaubertes Messer aufschnappen und beugte sich zu Markham hinab. Sein Bruder konnte ihn gerade noch im letzten Augenblick zurückreißen.
»Was soll das nun wieder, Kleiner?« schnauzte er wütend seinen Bruder an.
»Ich will ihn losbinden, damit er uns einen hübschen Scheck ausstellt...«
»Ein Gibraltaraffe hat mehr im Kopf!« wütete Luke.
»Was hast du dagegen einzuwenden?« Joe schien noch darüber nachzudenken, wie »ernst« er den Gibraltaraffen zu nehmen hatte.
»Die Sache mit dem Scheck hat wenig Sinn. Die Bank würde bei einer so großen Summe zurückrufen, also müßte einer von uns hierbleiben und aufpassen, daß der Gentleman auch die richtigen Antworten gibt. Soviel Zeit haben wir nicht. Sehen wir uns lieber noch mal nach dem Schmuck um. Es ist jetzt...«, Luke sah zur Uhr, »zwanzig Minuten nach drei. Punkt halb verschwinden wir!!«

Als Detektivinspektor Morris McGuier von einem dienstlichen Ausflug kommend, es ging um Ladendiebstahl größeren Ausmaßes, wieder in der Polizeistation Hampstead eintraf, stürzte Sergeant Graham auf ihn zu.

»Ein Anruf vom Yard. Wir sollen uns sofort um Albert Markham kümmern.«
»Den Briefmarkenhändler?«
»Ja. Man nimmt an, daß er in seinem eigenen Auto entführt wurde, und man schließt die Möglichkeit nicht aus, daß die Entführung in Markhams Wohnung endete.«
»Wo wohnt Markham?«
»Kings Lane 12.«
»Haben Sie schon versucht, ihn telefonisch zu erreichen, Bob?«
»Die Nummer ist ständig besetzt.«
»Okay, schicken Sie mir Backlet und Burman heraus, ich gehe inzwischen tanken!«
»Okay, Sir!« McGuier war schon wieder zur Tür hinaus, als Graham noch etwas einfiel. Er riß das Fenster auf. »Hallo, Sir, da ist noch etwas: Ein Privatdetektiv namens Perry Clifton wird zu Ihnen stoßen!«
Der Inspektor verzog die Mundwinkel. »Mir bleibt auch nichts erspart.«
»Dieser Clifton soll die ganze Sache ins Rollen gebracht haben!« rief Bob Graham McGuier hinterher...
Es war 15 Uhr 24.

Luke und Joe Porter kehrten gemeinsam zu Markham und seiner Schwester zurück. Man merkte ihnen den Triumph schon von weitem an. Luke trat mit ausgestreckten Händen auf die beiden Gefesselten zu.
Esther Williams stieß schreckensbleich einen leisen Schrei aus. Dann zerrte sie wie wild an der Perlonschnur, die sie an den Stuhl band. »Albert, sie haben meinen ganzen Schmuck gefunden...« Ein Schluchzen der Enttäuschung und des grenzenlosen Zorns ließ sie erbeben.
»Keine schlechte Idee, die Schmuckstücke in der Hutschachtel aufzubewahren. Um ein Haar hätten wir sie übersehen.«
Albert sah Luke beschwörend an. »Bitte, Mister, ich gebe

Ihnen einen Scheck in gewünschter Höhe, aber lassen Sie meiner Schwester den Schmuck. Es sind unersetzbare Erbstücke.«
Luke winkte ab. »Geschenkt!« rief er eisig, und an Missis Williams gewandt fragte er: »Verraten Sie mir, warum Sie die Klunker in einer Hutschachtel aufbewahren, wenn es im Haus einen Tresor gibt, Mylady!«
Markhams Schwester, die sich bereits wieder gefaßt hatte, stieß voller Wut und Abscheu ein »Sie Ungeheuer!!« hervor und fügte hinzu: »Das geht Sie überhaupt nichts an!«
Während Joe ein breites Lachen hören ließ, machte Luke eine Verbeugung und versicherte:
»Wir werden die Stücke nicht verschleudern!«
Und Joe: »Wir werden sagen, daß es sich um kostbare Erbstücke handelt!«
Und Luke: »Wir werden herausholen, was geht...«
Und Joe: »Wieviel könnte das sein?«
Und Luke: »Wenn wir uns Zeit lassen und nichts überstürzen – zehntausend Pfund könnten dabei herausspringen.«
Missis Williams fuhr hoch, so gut es ging. Voller Entrüstung rief sie: »Der Schmuck ist mindestens das Sechs- bis Siebenfache wert.«
»Das mag schon sein, Mylady, nur zahlen Hehler wesentlich schlechter als ehrliche und anständige Käufer. Trotzdem, vielen Dank für den Tip. Er wird uns bei den Verkaufsverhandlungen sicher helfen. Ja, nun ist es an der Zeit, Abschied zu nehmen...«
»Ich hoffe, daß Sie nicht weit kommen!« zischte Albert Markham.
Luke nickte: »Ja, ja, so hofft eben jeder was anderes. Ich dagegen hoffe, daß Sie nichts dagegen haben, wenn wir uns noch einmal Ihren schicken Bentley ausleihen.«
»Wir werden ihn schonend behandeln!« fiel Joe fröhlich ein.
»Und ihn irgendwo in Groß-London abstellen. Komm, Kleiner, kleb' ihnen einen Streifen drüber!«
Aller Protest Markhams half nichts. Und Joe gab sich nicht

viel Mühe mit der Behutsamkeit. Sehr zu seinem Pech, denn Missis Williams verabreichte ihm einen schmerzhaften Biß in den Zeigefinger...

Im gleichen Augenblick, als Luke den Bentley an der Kreuzung Bercers Street und Greenland Road stoppte, entdeckte er im Rückspiegel den schwarzen Wagen. Er stieß einen lästerlichen Fluch aus, der selbst Joe zusammenfahren ließ.
»Was ist los, Luke?« fragte er erschrocken.
»Nicht umdrehen, hinter uns sind die Cops!«
»Wieso Polizei?« würgte Joe entsetzt hervor. »Die können doch noch gar nichts von uns wissen. Es ist doch alles glattgegangen...«
»Vielleicht beschäftigen sie einen Hellseher...«
Joe schwieg. Es kostete ihn allergrößte Beherrschung, sich nicht umzudrehen.
»Sie sind abgebogen...«
»Gott sei Dank...« Joe streckte sich, ließ die angestaute Luft entweichen und versuchte, das Gefühl der grenzenlosen Bedrohung abzuschütteln.
»Wir werden den Wagen abstoßen, Joe!« Luke bog nach links ein, hielt vor einer Telefonzelle.
»Was, hier?«
»Ich will den Doktor anrufen. Er soll in zwei Stunden bei uns sein und die Ware übernehmen.«
»Sag ihm, daß er sein Geld nicht vergessen soll...«

Perry Clifton traf erst eine halbe Stunde nach Detektivinspektor McGuier ein. Zu diesem Zeitpunkt hatte der Inspektor bereits eine Großfahndung nach dem silbergrauen Bentley und den beiden Männern veranlaßt.
So groß Missis Williams Gram über den Verlust ihres Schmuckes war, so groß war Albert Markhams Erleichterung darüber, daß die Diebe Briefmarken im Wert von über 100000 Pfund als »mistig« verschmäht hatten.

Von Markhams Telefon – der Hörer lag neben dem Apparat – rief Perry Clifton Scott Skiffer an und berichtete ihm, was geschehen war. Auch Inspektor McGuier führte noch ein längeres Gespräch mit dem Yardbeamten.
Um 16 Uhr 15, Polizei und Clifton waren gerade dabei, sich von den Opfern zu verabschieden, kam die Mitteilung vom Auffinden des Bentley. Er stand unversehrt auf einem Parkplatz vor dem Bahnhof.
Gegen 17 Uhr, Perry Clifton saß bereits wieder an seinem Schreibtisch bei Johnson & Johnson, erreichte ihn ein Anruf Skiffers. So, wie es aussah, war man auf eine heiße Spur gestoßen. Die Frage: Würde es ihnen gelingen, das Ende der Spur rechtzeitig zu erreichen?
Perry Clifton nahm die Einladung an, Gast bei der erhofften Schlußvorstellung zu sein...

Vom »Ende« einer Pechsträhne

»Ich hätte nie geglaubt, daß die Polizei auch mal verlieren kann«, strahlte Joe Porter und gab sich ganz der Betrachtung der Schmuckstücke hin, die Luke auf dem Tisch ausgebreitet hatte.
»Jede Pechsträhne geht mal zu Ende, Kleiner«, erwiderte Luke und streichelte zärtlich einen Smaragd, der den Mittelpunkt eines wunderschönen Anhängers bildete. Dann nickte er seinem Bruder zu und deutete auf die drei gepackten Koffer im Hintergrund.
»Hast du wirklich nichts vergessen?«
»Es ist alles drin, was du gesagt hast...« Joes Miene zeigte eine Spur Mißmut, als er meinte: »Ich gebe ja zu, daß du alles ganz toll organisiert hast und daß die Sache first class abgelaufen ist...«
»Aber?« grinste Luke.

»Müssen es gleich drei Monate sein, Luke? Was soll ich drei Monate lang in Irland machen?«
»Du wirst dich schon einleben. Wir müssen ganz einfach weg hier.«
»Einleben«, murmelte Joe, »ich kann es nicht erklären, aber irgendwie werde ich mich nie in Irland einleben.«
»Probieren wir es!«
Sie zuckten beide zusammen. Von der Tür her war ein Geräusch zu ihnen geklungen. Für Sekunden herrschte Totenstille im Raum. Dann klopfte es an die Tür. Zweimal kurz, dreimal lang, einmal kurz. Das verabredete Zeichen.
»Laß den Doktor rein!« befahl Luke und warf ein Tuch über die Pretiosen.
Der Eintretende, ein kleiner, sehr korpulenter Mann, ließ sich keuchend auf einen Stuhl fallen und begann sich den Schweiß von der Stirn zu wischen. »Wie kann man nur im vierten Stock wohnen und keinen Fahrstuhl haben...«
»Nicht mehr lange, Doktor. Morgen um die Zeit sind...«
Ein scharfer Blick Lukes ließ Joe verstummen. Er hätte sich am liebsten selbst geohrfeigt. Um ein Haar wäre ihm das Geheimnis Irland entschlüpft.
Luke runzelte die Stirn. Irgendwas an dem Hehler Stan Holby, in der Branche »der Doktor« genannt, kam ihm eigenartig vor. Sonst stürzte er sich immer nachgerade auf das angebotene Diebesgut. Diesmal verschwendete er kaum einen Blick auf das Tuch, unter dem ein Vermögen lag.
Langsam zog Luke das rotkarierte Geschirrtuch von den Schmuckstücken.
Der Doktor sah sie, doch kein Aufblitzen in seinen Augen verriet etwas von der üblichen Begeisterung für seltene Stücke.
Teilnahmslos starrte er auf den Tisch.
Plötzlich hob er den Kopf. Fast gequält klang seine Stimme, als er mit einem resignierten Schulterzucken leise sprach: »Sie haben eure Fingerabdrücke in einem grauen Lieferwagen in

der Salworth Street gefunden.« Während Luke sofort wußte, was das bedeutete, starrte Joe den dicken Mann, der zusammengesunken auf seinem Stuhl hockte, verständnislos an.
»Was soll das?« Als Stan Holby nicht antwortete, wanderte sein Blick zu seinem Bruder hin.
»Luke, was meint der Doktor?«
Luke nickte Joe zu, leise und bedächtig gab er Auskunft: »Das, Kleiner, bedeutet, daß draußen vor der Tür die Polizei auf uns wartet. Der Doktor ist eine Art Parlamentär...«
»Die Polizei??« Joe fixierte die Tür. Ungläubig und bar jeden Verständnisses.
Luke klopfte ihm auf die Schulter. »Diesmal war ich der Gibraltaraffe, Kleiner. Die Fingerabdrücke im Lieferwagen waren so unnötig wie eine Lungenentzündung drei Tage vor der Hochzeit. Machs Beste draus und denke dran, daß du nun nicht nach Irland mußt.«
Joe sank auf einen Stuhl, sah die Koffer an und hätte am liebsten losgeheult.
Luke ging zur Tür und ließ die Beamten eintreten. Es würde wohl lange dauern, bis sie wieder einmal Schatten spielen konnten...

Das Schiff der Weihnachtsmänner

Die Personen:

Sir Henry Coltman, Polizeichef
Balgreen, sein Mitarbeiter
Jennifer Ball, Spezialbeamtin
Peggy Belford, Wirtin der Hafenkneipe »Leuchtturm«
Amos Pinkerton, Gaunerkapitän
Patrick O'Brien, Matrose
Arnie Green, Matrose
Bob Miller, Matrose
Jimmy Hayns, Matrose
Alf Cormick, Matrose
Männerstimme
Männerstimme aus dem Hintergrund

Die Schauplätze:

Das Polizeihauptquartier – Hafenkneipe –
Auf der Straße nach Gloucester – An Bord

Der 8. Oktober 1970 war ein Donnerstag. Ein Datum, dem noch so etwas wie historische Bedeutung zukommen sollte, denn an diesem Tag wurde auf höchster Ebene ein Plan ausgetüftelt, über den man in internen Kreisen noch lange sprechen würde.

Nach 16 Jahren hatten sich wieder einmal Beamte der Kriminal- und Wasserschutzpolizei, des Rauschgiftdezernats und der Einwanderungsbehörde sowie führende Männer des Zolls aus England und dem Freistaat Irland zusammengesetzt.
Ort dieser Sitzung war das walisische Polizeihauptquartier in Newport. Auf der Tagesordnung stand nur ein einziger Punkt, nämlich der Name eines Mannes: Amos Pinkerton.
Noch hatte die eigentliche Sitzung nicht begonnen.
Noch schien man auf jemanden zu warten...
9 Uhr 20 war es soweit. Die Tür öffnete sich, und herein traten zwei Personen. Eine davon, ein älterer Mann, war Sir Henry Coltman, der Polizeichef persönlich. Neben ihm eine junge Dame. Und Sir Henry hielt sich nicht mit langen Vorreden auf...

Coltman: Außerordentliche Ereignisse erfordern außerordentliche Maßnahmen... (räuspert sich) Gentlemen, ich danke Ihnen, daß Sie alle gekommen sind. Mein Gruß richtet sich in erster Linie an die irischen Kollegen... Kommen wir gleich zum unerfreulichen Thema. Balgreen, lassen Sie uns Zahlen und Fakten hören!

Balgreen: Ja, Sir... (Papierrascheln) Im Laufe der letzten zwölf Monate wurden von den Beamten der Einwanderungsbehörde insgesamt 129 illegal eingewanderte Männer aus Pakistan festgenommen und in ihr Heimatland abgeschoben. Die Verhöre dieser Illegalen ergaben durchweg das gleiche Resultat: Sie waren ausnahmslos mit einem schnellen Schiff von der Küste Irlands nach England geschleust worden. Es gibt für uns nicht den geringsten Zweifel daran, daß es sich um das Schiff Amos Pinkertons handelt.

Männerstimme: Hätte die Gegenüberstellung eines oder mehrerer dieser Pakistani nicht genügend Beweiskraft für eine Verhaftung Pinkertons erbracht?

Coltman: Pinkerton und seine Mannschaft tragen bei solchen Unternehmen grundsätzlich Gesichtsmasken. Dieser Pinkerton ist ein gerissener Fuchs. Und da alle Transporte bei Nacht erfolgt sind, scheidet leider auch eine Identifizierung des Schiffes aus. Fahren Sie fort, Balgreen!

Balgreen: Das Rauschgiftdezernat hat in monatelanger Arbeit den Weg großer Mengen von Rauschgift zurückverfolgt. Alle Spuren endeten an der walisischen Küste, was den Schluß nahelegt, daß Amos Pinkerton auch hier eine entscheidende Rolle zukommt.

Am 2. April dieses Jahres konnte in Oswestry ein Lastwagenfahrer festgenommen werden, der eine ganze Ladung unverzollten Whisky nach Birmingham schaffen wollte. Im ersten Verhör gab er zu, daß die Kisten von einem Schiff namens »Mary M.« stammten.

Coltman: Die »Mary M.« ist Pinkertons Schiff.

Balgreen: Eine halbe Stunde später jedoch widerrief er diese Aussage und behauptete, den bereits beladenen Lkw von einem gewissen Charles Overgaty übernommen zu haben.

Coltman: Alle Nachforschungen nach jenem geheimnisvollen Overgaty verliefen natürlich im Sande.

Balgreen: Es kann ferner mit Sicherheit davon ausgegangen werden, daß Pinkerton illegal große Mengen gestohlener Waffen von England aus an gewisse Untergrundgruppen in Nordirland transportiert hat.

Männerstimme: Bei soviel Belastungsmaterial muß es doch möglich sein, diesem Mann das Handwerk zu legen, Sir.

Coltman: Leichter gesagt als getan. Wir konnten ihn noch nie auf frischer Tat ertappen. Alle Razzien auf der »Mary M.« waren bisher ein Schlag ins Wasser... Dazu kommt, daß er drei der gewiegtesten Anwälte mit seiner Vertretung beauftragt hat. Und diese drei Herren tun eine ganze Menge für ihr Geld.

Männerstimme: Womit verdient dieser Pinkerton denn offiziell sein Brot?

Balgreen: Er veranstaltet harmlose Tagesreisen mit Touristen und betreibt so eine Art Stückgutverkehr zwischen Irland und England.

Coltman: Nach unseren letzten Informationen befaßt er sich neuerdings auch mit der Einfuhr von Gold. Die geheimen Quellen sind uns leider unbekannt. Sie sehen, Gentlemen, es wird höchste Zeit, daß wir ihm das Handwerk legen... (holt tief Luft) Darf ich Ihnen hier Miß Jennifer Ball vorstellen. Sie gehört Scotland Yard an und wurde uns sozusagen von London ausgeliehen. Seit zwei Monaten arbeitet sie als Bedienung im »Leuchtturm«, das ist eine Hafenschenke in Swansea. Bitte, Miß Jennifer, wenn Sie den Gentlemen jetzt Ihren Bericht geben würden...

Jennifer: Gern, Sir... Der »Leuchtturm« ist sozusagen das Hauptquartier von Amos Pinkerton und seiner Mannschaft.

Meine Aufgabe bestand bisher darin, soviel wie möglich über sie herauszufinden, ihre Angewohnheiten zu studieren und eventuelle Schwächen festzustellen.

Pinkertons Mannschaft besteht aus vier Männern. Sie fahren seit sieben Jahren zusammen und bilden, wie man so schön sagt, eine verschworene Gemeinschaft... Jeder hat eine feste Aufgabe an Bord. Und ist einer krank, läuft Pinkerton nicht aus!

Alle: (erstauntes Gemurmel)

Männerstimme: Und warum nicht?

Jennifer: Pinkerton behauptet, sein Schiff benötige vier Mann Besatzung, also könne er mit dreien nicht auslaufen.

Männerstimme: Fallen diese Männer oft durch große Zechen oder Trinkgelage auf?

Jennifer: Niemals. Und es macht ganz den Eindruck, als sei diese ungewöhnliche Zurückhaltung eine strenge Anordnung Pinkertons, der selbst keine Gelegenheit ausläßt, um über die schlechten Geschäfte und Zeiten zu jammern und lamentieren.

Männerstimme: Konnten Sie bisher von Ihrem Standort als Bedienung eine Tatsache registrieren, die man als kriminell oder zumindest an der Grenze der Kriminalität befindlich bezeichnen könnte?

Jennifer: (lächelt) Wenn Sie ein Treffen von Amos Pinkerton mit Jack Bolonsky, dem Londoner Rauschgiftkönig, dazurechnen, dann muß ich diese Frage mit ja beantworten.

Alle: (Gemurmel)

Coltman: Es ist nun ein Ereignis eingetreten, das uns in die Lage versetzt, einen Plan zu schmieden. Miß Jennifer spielt darin eine nicht zu unterschätzende Rolle ... Wollen Sie es selbst erklären, Jennifer?

Jennifer: Ja, Sir, gern ... (Atempause) Einer von Pinkertons Männern, ein gewisser Alf Cormick, bemüht sich sehr um mich. Immer, wenn er an Land ist, lädt er mich zum Essen und Tanzen ein. Bisher habe ich abgelehnt ...

Unser Plan sieht nun vor, daß ich Cormick zu einer Reise nach Gloucester überrede. Auf der Fahrt dorthin wird man uns kontrollieren und dabei in meinen und seinen Taschen Rauschgift finden. Ein Grund, um uns festzunehmen. Sobald das geschehen ist, werde ich in einem Brief Missis Belford, die Wirtin des »Leuchtturm«, verständigen, daß ich zusammen mit Alf Cormick für immer nach Schottland gehe ...

Männerstimme: Ein gefährliches Spiel ...

Balgreen: Das ist der Augenblick, wo sich Pinkerton nach einem neuen vierten Mann umsehen muß ...

Coltman: Und dieser vierte Mann sitzt bereits in den Startlöchern. Seit Wochen ist er Stammgast im »Leuchtturm« und hat sich mit Pinkertons Leuten angefreundet.

Männerstimme: Heißt das, daß es sich dabei um einen Ihrer Leute handelt, Sir?

Coltman: Ja, um den Spezialagenten Dick Mason ... Er hat sich im »Leuchtturm« als vorbestrafter und zur Zeit stellungsloser Seemann eingeführt, der auf eine neue Heuer wartet … Alles hängt also von zwei Dingen ab: Gelingt es Jennifer, Cormick zu jenem Ausflug nach Gloucester zu überreden? Und wird es Mason schaffen, der vierte Mann zu werden?

Männerstimme: Und wenn das gelingt?

Coltman: Dann tritt Phase zwei unseres Planes in Kraft. Hören Sie bitte, was Ihnen Inspektor Balgreen dazu zu sagen hat …

Balgreen: Im Falle des Gelingens ist es erforderlich, daß …

Tage später …

Im »Leuchtturm« herrschte trotz der Vormittagsstunde schon Hochbetrieb. Fast alle Tische waren besetzt, und die Bedienung Jennifer hatte alle Hände voll zu tun …

Cormick: (vertraulich) Hallo, Jennifer, da bin ich wieder … Lange nicht gesehen, was?

Jennifer: (spöttisch) Genau vierzehn Stunden, Alf Cormick … Bald hätt' ich vergessen, wie du aussiehst.

Cormick: (erfreut) Wenn du so genau weißt, wie lange wir uns nicht gesehen haben, dann mußt du ja an mich gedacht haben …

Jennifer: Pausenlos … Nur an dich und nichts anderes …

Stimme aus dem Hintergrund: He, Jennifer, fünf Whisky!!

Jennifer: (ruft zurück) Sofort, Joe …

Cormick: Mir kannst du auch noch einen einschenken.

Jennifer: (hantiert) Bin gleich wieder da.

Aus dem Hafen dröhnte das Heulen der Schiffssirenen herüber. Alf Cormick drehte gedankenverloren sein leeres Glas in der Hand und beobachtete, wie Jennifer die fünf Gläser an Joe Heatherlands Tisch nachfüllte. Und es ärgerte ihn, daß sie sich so freundschaftlich mit Joe unterhielt, während er am Tresen stand und auf sie wartete …

Cormick: Du, Jennifer, ich muß dir was gestehen!

Jennifer: (hantiert mit Gläsern) Hast du von mir geträumt?

Cormick: Dazu hatte ich keine Zeit... (erschrocken) Ich meine... zur Zeit schlafe ich schlecht... also kann ich auch nicht träumen... aber ich habe mir vorgestellt...

Jennifer: (ablehnend) Stell dir nichts vor, Alf Cormick. Erzähl mir lieber, wo ihr herumgeschippert seid!

Cormick: (schluckt) Oh, wir haben nur eine Ladung Maschinenteile von Cardiff nach Wexford gebracht... Jetzt habe ich bis morgen mittag frei...

Jennifer: (beiläufig) Wie schön für dich.

Cormick: Jennifer... Hättest du nicht Lust, heute abend mit mir tanzen zu gehen? Wir könnten vorher beim Chinesen in der Portlane essen...

Jennifer: Ich habe zu tun, Alf, tut mir leid...

Cormick: (gekränkt) Das ist mindestens der 20. Korb, den du mir gibst...

Jennifer: Dann würde ich es an deiner Stelle doch aufgeben!

Cormick: Ich mag dich aber, Jennifer... Und deshalb probier ich es immer wieder.

Jennifer: Meinetwegen, wenn es dir Spaß macht... Heute abend habe ich aber wirklich zu tun!

Cormick: (störrisch) Heute ist Mittwoch. Da hast du doch immer ab 6 Uhr frei.

Jennifer: Ich habe ja nicht behauptet, daß ich im Lokal zu tun habe... Ich muß einiges vorbereiten...

Cormick: (verständnislos) Vorbereiten?

Jennifer: Ja. Ich fahre zu meiner Schwester nach Gloucester.

Cormick: (enttäuscht) Für lange?

Jennifer: Unsinn, ich komme am Abend zurück... (stutzt) Da fällt mir was ein... Du kannst mich nach Gloucester begleiten, Alf Cormick!

Cormick: (freudig überrascht) Wirklich? O Jennifer... Damit machst du mir wirklich die größte Freude... Fahren wir mit dem Zug?

Jennifer: Hast du vergessen, daß ich ein kleines Auto habe? He, was ist los mit dir? Was ziehst du plötzlich für ein Gesicht?
Cormick: (maßlos enttäuscht) Es geht nicht, Jennifer. Amos erwartet für morgen mittag eine Ladung Dünger...
Jennifer: Na und?
Cormick: Wir wären doch erst am Abend aus Gloucester zurück...
Jennifer: Dann läuft Amos Pinkerton eben einmal ohne dich aus. Bist du sein Sklave?
Cormick: (unruhig/windet sich) Das verstehst du nicht...
Stimme aus dem Hintergrund: Jennifer, noch mal dasselbe...
Jennifer: Okay, Joe... (zu Cormick gewandt/spöttisch) Und du behauptest, mich gern zu haben... Sklave!

Jennifer beobachtete verstohlen, wie Alf Cormick zutiefst enttäuscht, mit gesenktem Kopf und hängenden Armen, die Gaststube verließ.
Als er jedoch nach einer Viertelstunde zurückkehrte, war er völlig verändert. Er strahlte und winkte schon von der Tür Jennifer fröhlich zu...

Cormick: (näher kommend/glücklich) Jennifer, es ist okay! Amos sagt, daß sich die Lieferung um zwölf Stunden verschoben hat...
Jennifer: (tut ablehnend) Ich weiß nicht, ob ich an deiner Gesellschaft noch interessiert bin...
Cormick: (erschrocken) Aber Jennifer, wie kannst du so was sagen. Du mußt doch verstehen, daß ich die anderen nicht einfach im Stich lassen kann. Nach sieben Jahren...
Jennifer: (versöhnlich) Schon gut, Alf... Es war nicht so gemeint.
Cormick: Dann darf ich also mitkommen?
Jennifer: Vorausgesetzt, daß du rechtzeitig zur Stelle bist. Ich habe vor, Punkt 8 Uhr wegzufahren.

Cormick: Dann werde ich ab 7 Uhr vor dem »Leuchtturm« Posten beziehen!

Jennifer: Warum schon so früh?

Cormick: (verschmitzt) Du könntest es dir noch anders überlegen und schon früher wegfahren...

Jennifer: Versprochen ist versprochen... So, und jetzt muß ich mich ums Mittagessen kümmern... Wenn du dich weiter unterhalten willst, dort kommt Missis Belford...

Cormick: Brrrr... Außerdem muß ich dringend eine Mütze voll Schlaf nachholen... Ich hab's ziemlich nötig...

14 Uhr.
Inspektor Balgreen schien es sehr eilig zu haben. Hastig strebte er durch den Gang, und ebenso ungeduldig klopfte er an Sir Henry Coltmans Tür...

Coltman: Was gibt's, Balgreen?

Balgreen: Neuigkeiten, Sir. Jennifer Ball hat soeben angerufen...

Coltman: (interessiert) Und??

Balgreen: Sie verläßt morgen früh um acht Uhr Swansea in Richtung Gloucester... (betont) *Mit* Cormick!

Coltman: (zufrieden) Wunderbar... Hoffentlich klappt das weitere ebensogut... Was sagte sie, war es schwierig?

Balgreen: Um ein Haar wäre noch alles schiefgegangen. Es habe dann nur geklappt, sagt sie, weil sich eine Frachtladung um zwölf Stunden verzögerte.

Coltman: Warum sollte der Zufall zur Abwechslung nicht auch mal uns helfen. Ist die genau Fahrtroute abgestimmt?

Balgreen: Ja, Sir. Ich werde mich höchstpersönlich um den Einsatz kümmern.

Coltman: Fein, halten Sie mich auf dem laufenden, Balgreen!

Balgreen: Selbstverständlich, Sir!

Jennifer Ball summte leise vor sich hin, während sich Alf Cormick zufrieden auf dem Nebensitz räkelte. Er schien mit sich und der Welt zufrieden. Und das lag nicht nur an dem wirklich herrlichen Morgen.
Jennifer trat behutsam auf die Bremse und schlug das Steuer scharf ein...

Cormick: Warum biegst du hier ab, Jennifer?
Jennifer: Es ist eine Abkürzung. Damit sparen wir mindestens fünfzehn Meilen.
Cormick: Ich wußte gar nicht, daß du eine so gute Autofahrerin bist, Jennifer.
Jennifer: Ich fahr immerhin schon seit acht Jahren, vergiß das nicht!
Cormick: Komisch, fürs Autofahren habe ich mich eigentlich nie interessiert... Meine Lieblingsstraße ist das Wasser...
Jennifer: Dort kannst du wenigstens an keinen Baum fahren.
Cormick: (lacht) Das ist ulkig... (Lachen reißt abrupt ab/ interessiert) Sieh nur dort vorn...
Jennifer: (leichthin) Eine Polizeikontrolle... Wahrscheinlich ist wieder einmal einer aus dem Gefängnis ausgerissen... Die nennen es dann Großfahndung.
Cormick: (sucht in seinen Taschen) Wo habe ich denn...
Jennifer: Was suchst du?
Cormick: Meinen Paß... Jetzt weiß ich es, er steckt in meiner Manteltasche...
Jennifer: Die Mäntel liegen im Kofferraum. Vielleicht haben wir Glück, und die wollen gar nichts von uns...
Cormick: Meinst du?
Jennifer: Na, sehen wir vielleicht wie entsprungene Sträflinge aus?
Cormick: Da, er winkt schon...
(Halten)
Jennifer: Was gibt's denn?
Balgreen: Polizeikontrolle! Bitte Ihre Pässe!

Jennifer: (hantiert) Was ist denn passiert?
Balgreen: Eine reine Routinesache, Madam.
Jennifer: (spitz) Miß!!, wenn ich bitten darf... Hier...!!
Cormick: Ich habe meinen Paß im Kofferraum. Soll ich ihn holen?
Balgreen: Ja, Mister... Sergeant, nehmen Sie sich gleich den Kofferraum mit vor...
Sergeant: Jawohl, Sir!
Jennifer: (ereifert sich) Was denn, wollen Sie vielleicht auch noch im Kofferraum herumwühlen?
Balgreen: Ich sagte bereits, daß es sich um eine Routineüberprüfung handelt.
Jennifer: (entschieden) In meinem Kofferraum haben Sie nichts zu suchen!
Cormick: (erstaunt) Aber, Jennifer, nun mach doch keine Schwierigkeiten. Wir haben doch nichts zu verbergen!
Jennifer: Du hältst dich da raus... Ich öffne den Kofferraum nicht!
Balgreen: (streng) Sergeant, bitte!
Cormick: (bittend) Gib ihnen den Schlüssel!

Während Jennifer Ball starr und mit unbewegter Miene sitzen blieb, griff Alf Cormick nach dem Zündschlüssel, zog ihn ab und reichte ihn dem Sergeant. Ihm entging dabei das kaum sichtbare Nicken Inspektor Balgreens in Richtung seiner Begleiterin. Noch ahnte er nicht, daß er bereits mitten in der Falle saß. Ebenso ahnungslos stieg er jetzt aus und gesellte sich zu Balgreen, der gerade seinen Mantel in die Höhe hielt und ihn dann Sergeant Greaves reichte...

Cormick: Das ist mein Mantel, Sir...
Balgreen: Ganz recht, Sir...
Cormick: (verärgert) Aber mein Paß steckt in der Innentasche!
Balgreen: Da kommen wir auch noch hin...

Sergeant: (triumphierend) Hier, Inspektor...

Balgreen: Oh, was haben wir denn da? (Papierrascheln) Das ist doch... (schnuppert) Haschisch!

Cormick: (fassungslos) Aber... aber das ist doch Unsinn. Die Tüten gehören mir nicht.

Balgreen: (ironisch) Ach, die Tüten in den Taschen Ihres eigenen Mantels gehören Ihnen gar nicht...

Cormick: Nein!! Ich habe keine Ahnung, wie die da hineingekommen sind... (ruft) Jennifer, steig mal aus. Hier stimmt was nicht!

Balgreen: Koffer öffnen!!

(Kofferschlösser schnappen auf)

Sergeant: Dasselbe, Sir, Rauschgift!

Cormick: (laut/wütend) Ich habe damit nichts zu tun! Jennifer, wie kommt das Zeug in meine Manteltaschen?

Jennifer Ball stieg langsam aus und näherte sich mit gelangweilter Miene den drei Männern, von denen Alf Cormick der aufgeregteste war. Wütend deutete er auf seinen Mantel.

Cormick: Jennifer, wie kommt das Zeug in meine Manteltaschen?

Jennifer: (spöttisch) Warum fragst du mich das? Bin ich vielleicht für deine Taschen verantwortlich?

Cormick: Und das Zeug in dem Koffer?

Jennifer: (betont) In *deinem* Koffer!

Cormick: (tonlos) Jennifer...? Was soll das alles? Warum versuchst du, mich mit in deine Geschäfte hineinzuziehen? Sag ihnen, daß ich damit nichts zu tun habe... (beschwörend) Hören Sie, Sir, ich bin Seemann. Weiter nichts als Seemann!

Jennifer: Warum wolltest du eigentlich, daß ich unbedingt diese Straße fahre?

Cormick: (fassungslos) *Ich*? Aber du hast doch gesagt, daß es eine Abkürzung sei...

Balgreen: Genug Theater! Sie sind beide festgenommen...
Cormick: Ich protestiere... Ich bin unschuldig!
Balgreen: Das wird die Untersuchung ergeben!

Alf Cormick versuchte sich zuerst gegen die Festnahme zu wehren, doch dann ließ er resignierend die Schultern hängen und ergab sich in sein Schicksal. Stunden später saß Jennifer Sir Henry gegenüber.

Jennifer: Es ist bisher alles gutgegangen, Sir, aber ich habe trotzdem kein gutes Gefühl dabei...

Coltman: Und was bedrückt Sie, Jennifer? Haben Sie Mitleid mit Cormick? Ich gebe zu, daß es bessere und anständigere Methoden gibt – aber vergessen Sie nicht, an wieviel Elend er mitschuldig ist...

Jennifer: Balgreen sagt, daß er fortwährend nach einem Anwalt und seinem Kapitän Pinkerton verlangt! Nach dem Gesetz...

Coltman: (unterbricht unwirsch) Ich kenne die Gesetze, Miß Ball... Und ich habe mir, was Cormick anbetrifft, einige Vollmachten geben lassen... Ich werde morgen früh persönlich mit ihm reden... Wie steht's mit Ihrem Brief an die Wirtin?

Jennifer: Sie müßte ihn heute bekommen.

Coltman: Das ist gut... Übrigens, wir haben vor, Alf Cormick Straffreiheit zuzusichern, für den Fall, daß er uns bis zur Verhaftung von Amos Pinkerton keine Schwierigkeiten macht. Hat Balgreen inzwischen Kontakt mit Dick Mason?

Jennifer: Ja. Mason spielt neuerdings jeden Vormittag und jeden Nachmittag einige Zeit im »Leuchtturm« Billard. Er meint, daß es günstiger sei, wenn er ohne große Suchaktion von Pinkerton zu finden ist...

Graue, nasse Dunstschleier lagen an jenem Morgen über Swansea. Weiter draußen schien sogar Nebel zu herrschen, denn immer wieder drang das warnende Heulen der Nebelhörner von der See her in den Hafen. Ein Mann stieß wütend die Tür der Hafenschenke »Leuchtturm« auf und stampfte auf die Theke zu, hinter der Mrs. Belford gerade Gläser wusch.

Pinkerton: (mürrisch) Hallo, Peggy ... hast du Alf Cormick gesehen? Er sollte schon lange an Bord sein ... (stutzt) Wo steckt Jennifer?

Peggy: Halt dich fest, Amos Pinkerton. Meine saubere Bedienung ist durchgebrannt.

Pinkerton: (verständnislos) Durchgebrannt? Mit deinem Geld?

Peggy: Nein, mit einem Mann ... Stell dir das vor.

Pinkerton: (winkt ab) Soll sie meinetwegen. Ich suche Cormick. Wenn er bis heute mittag nicht an Bord ist, breche ich ihm jede Rippe einzeln – und das mit Musik!

Peggy: (ruft) He, warte, nicht so eilig, Amos. Ich kann dir einen Tip geben!

Pinkerton: (unfreundlich) Was für einen Tip?

Peggy: Suche Jennifer, dann hast du auch Cormick!

Pinkerton: Was soll das heißen?

Peggy: Ich sagte dir doch, Jennifer sei mit einem Mann durchgebrannt. Der Mann heißt Alf Cormick!

Pinkerton: (entschieden) Das ist unmöglich!

Peggy: Komm mit ins Hinterzimmer, ich will dir was vorlesen!

Der hagere, grimmig dreinblickende Amos Pinkerton stampfte mit eingezogenen Schultern hinter der fülligen Peggy Belford her, die in ihrem sogenannten »Wohn-, Schlaf- und Bürozimmer« einen Brief unter einem Topf hervorzog und ihn in der Luft schwenkte.

Peggy: Diesen Brief habe ich heute morgen bekommen.

Pinkerton: Von Cormick???

Peggy: Unsinn, von Jennifer... (entfaltet den Brief) Hör zu... »Liebe Missis Belford! Vielleicht wäre es anständiger gewesen, Ihnen von vornherein reinen Wein einzuschenken, aber Alf war dagegen. Er befürchtete wohl, daß Sie dann vielleicht Pinkerton vorzeitig etwas von unseren Plänen verraten könnten. Und sicher hätte Amos Pinkerton dann so lange auf Alf eingeredet, bis diesen der Mut zum Weggehen wieder verlassen hätte. Ja, wir beide wollen uns zusammen in Schottland eine Existenz aufbauen. Fernab von allem zwielichtigen Broterwerb. Das mit meiner Schwester von Gloucester war eine Notlüge. Es hat mir sehr gut bei Ihnen gefallen, und ich bedanke mich noch einmal für alles.
Seien Sie bitte nicht nachtragend, gönnen Sie mir das Glück mit Alfie und behalten Sie mich in guter Erinnerung. Und wenn Sie Amos Pinkerton sehen, richten Sie ihm bitte aus, er möge mit Alf nicht zu hart ins Gericht gehen. Ihre Jennifer...«
Na, was sagst du nun?

Pinkerton: (wütend) Glück mit »Alfie«... Dieser Idiot hat sich wie ein Schmetterling einfangen lassen.

Peggy: Es war wohl eher umgekehrt. Cormick war hinter Jennifer her!

Pinkerton: Das hätte ich nie von dem gedacht. – Wo ist der Brief abgestempelt?

Peggy: In Sheffield!

Pinkerton: Dann müssen die es aber eilig gehabt haben... Verdammt, was mache ich jetzt?

Peggy: (theatralisch) Wie schreibt Jennifer gleich: »Gönn ihm doch das bißchen Glück.«

Pinkerton: Sein Glück interessiert mich einen feuchten Dreck... Wo nehme ich jetzt einen vierten Mann her?

Peggy: (ironisch) Bei deiner Art von Geschäften ist das schon schwierig...

Pinkerton: (fährt auf) Was weißt du schon von meinen Geschäften?

Peggy: (erschrocken) Ich? – – – Ich nichts. Aber ... man munkelt ja so manches. Das dürfte dir ja nicht unbekannt sein ...

Pinkerton: Laß sie munkeln ...

Peggy: Probier's doch mal mit dem Langen. Der ist doch wild auf die Seefahrt.

Pinkerton: Der Lange ... Ja, der Lange. Du hast recht, Peggy. Gar keine dumme Idee ... Wann kommt er wieder?

Peggy: Er ist da. Er spielt hinten Billard!

Pinkerton: Mit wem?

Peggy: Allein. Er spielt meistens allein ...

Pinkerton: Mal sehen, was er zu sagen hat ... Danke für den Tip!

Sir Henry Coltman las gerade interessiert in einem Bericht, als das Telefon klingelte. Es war Inspektor Balgreen, in dessen Stimme nicht nur Triumph, sondern auch Bewunderung mitschwang.

Balgreen: Hallo, Sir, hier ist Balgreen. Punkt zwei der Aktion hat ebenfalls geklappt. Ich möchte Ihnen noch einmal zu Ihrem Plan gratulieren.

Coltman: (schwächt ab) So erfreulich die Aussichten sind, Balgreen, noch haben wir keinen Grund zum Jubeln. Haben Sie mit Mason telefoniert?

Balgreen: Ja, Sir, vor zehn Minuten. Pinkerton hat ihn ab morgen früh anstelle Cormicks angeheuert. Die erste Fahrt ist morgen mittag. So wie es aussieht, eine harmlose Sache. Doch Mason glaubt aus Andeutungen herausgehört zu haben, daß ein einträgliches Geschäft unmittelbar bevorsteht.

Coltman: Vereinbaren Sie mit allen in Frage kommenden Leuten für morgen früh 8 Uhr eine Einsatzbesprechung in meinem Büro.
Balgreen: Jawohl, Sir!

Donnerstag, 29. Oktober.
Es war gegen 20 Uhr.
Die »Mary M.« lief nur mit halber Kraft Richtung West. Im Augenblick befand sie sich etwa in der Mitte des St.-Georg-Kanals, jener natürlichen Wasserstraße, die den Atlantik mit der Irischen See verbindet... Ein eisiger Wind fegte über das tintenschwarze Wasser.
Die »Mary M«, ein umgebauter, ehemaliger Krabbenkutter, besaß in ihrem Inneren zwei Hochleistungsmaschinen, die ihr schon oft ein erfolgreiches Ausreißen aus der Dreimeilenzone ermöglicht hatten. Und ausreißen mußte sie öfters auf ihren nächtlichen Fahrten zwischen dem irischen Freistaat und der englischen Insel. Nur bei Tageslicht führte sie das ehrbare Leben eines normalen Güter- und Touristendampfers.
Als sich die »Mary M.« der irischen Küste näherte, ließ Pinkerton zunächst auf halbe Kraft gehen; als sie sich noch zwanzig Seemeilen entfernt befanden, ließ er die Maschinen stoppen und versammelte seine Mannschaft in der Kapitänskajüte, die gleichzeitig eine Art Salon darstellte. Hier standen nicht nur Kartentisch und Funkgerät, hier gab es auch eine ganze Anzahl von Sitzgelegenheiten. Außerdem konnte man von hier aus direkt in den Laderaum gelangen.
Die Namen der vier Besatzungsmitglieder waren Arnie Green, Jimmy Hayns, Patrick O'Brien und Bob Miller. Einer dieser vier allerdings hieß in Wirklichkeit Dick Mason und war ein Spezialagent der britischen Polizei...
Pinkerton sah sie alle vier aufmerksam der Reihe nach an, bevor er begann:

Pinkerton: Ja, Freunde ich will euch nicht weiter auf die Folter spannen. Aber ich hatte Gründe, euch vor dem Auslaufen nichts von dem heutigen Job zu verraten...

Jimmy: Du machst es doch sonst nicht so feierlich, Amos!

Pinkerton: Erstens sitzen mir der Schreck und der Ärger mit Alf Cormick noch tief im Hals, (beschwichtigt) obwohl wir einen guten Ersatz gefunden haben, zum anderen geht es diesmal weder um Whisky noch Zigaretten, noch Pakistani, noch um Rauschgift. Das heutige Geschäft ist noch um einiges riskanter als alles, was wir bisher abgewikkelt haben... aber – es gibt pro Kopf und Nase tausend gute, englische Pfund!

Alle: (überraschtes Gemurmel)

Pinkerton: Wenn man uns allerdings schnappt, gibt's statt der tausend Pfund mindestens fünfzehn Jahre... Wer von euch unter diesen Umständen also aussteigen will, den rudere ich nachher eigenhändig zum Ufer hinüber. Und ich verspreche ihm, daß ich es ihm nicht nachtragen werde. (Gemurmel)
Also, was ist?

Patrick: Für tausend Pfund riskier ich schon was, Amos. (beifälliges Gemurmel)

Pinkerton: Okay, Patrick. Und wie steht's mit dir, Jimmy?

Jimmy: Bin dabei!

Pinkerton: Und du, Arnie?

Arnie: Ebenso!

Pinkerton: Bob?

Bob: (trocken) Für tausend Pfund streu ich sogar dem Teufel Pfeffer in die Augen.

Patrick: Du solltest uns endlich sagen, um was es geht, Amos!

Pinkerton: Um gefüllte Schokolade!
(Gemurmel)

Jimmy: Scho... Scho... Schokolaaaade???

Pinkerton: Ja, um fünfhundert gefüllte Weihnachtsmänner!

Arnie: Und womit gefüllt?

Pinkerton: (hantiert) Damit!! Mit gefälschten englischen Pfundnoten. In jedem Weihnachtsmann stecken tausendfünfhundert Pfund!

Jimmy: (ehrfürchtig) Das sind... das sind ja... (rechnet murmelnd) Das sind ja 750000 Pfund...

Pinkerton: Du sagst es. Eine hübsche dreiviertel Million in falschen Scheinchen.

Bob: Und wo übernehmen wir die süße Fracht?

Pinkerton: Wir laufen jetzt den Übergabepunkt 12 an und gehen vor Anker.

Bob: Wo liefern wir die Weihnachtsmänner denn hin?

Pinkerton: Wir bringen sie in Wales an Land. Das heißt, sie werden in Quelltown auf einen Lkw verladen. Offiziell kommen sie aus Dublin und sind für die Niederlassung einer deutschen Firma in London bestimmt... Jimmy, geh an die Maschine. Wir wollen rechtzeitig am Treffpunkt sein.

Um 23 Uhr 15 hatte die »Mary M.« den Übergabepunkt 12 erreicht. Genauer gesagt, sie ankerte zweihundert Meter vom Ufer entfernt in der Bucht von Cork in Höhe der Ortschaft Tallow.

Während Patrick O'Brien draußen auf Wache stand, saßen Arnie Green, Jimmy Hayns und Bob Miller um den Tisch und pokerten. Amos Pinkerton hockte gedankenverloren da und drehte ein halbvolles Grogglas in seinen Händen.

Drei Minuten vor Mitternacht, also um 23 Uhr 57, polterte Patrick O'Brien den Niedergang hinunter und riß die Tür auf...

Patrick: (ruft) Komm hoch, Amos, das Lichtzeichen von Land!

Pinkerton: Na, endlich!

Während Arnie Green die heruntergefallenen Karten einsammelte, stürzten Pinkerton und die beiden anderen an Deck. Amos ergriff den Handscheinwerfer und blinkte das verabredete Zeichen zurück. Zur selben Zeit empfing Balgreen einen Funkspruch, mit dem er zu Sir Henry in die Einsatzzentrale eilte...

Coltman: Ist es soweit, Balgreen?

Balgreen: (triumphierend) Ja, Sir... Ein Funkspruch von Mason. (liest) MARY M ÜBERNIMMT IN DIESER STUNDE PFUND STERLING FALSCHGELD IM WERT VON 750 TAUSEND VERPACKUNG WEIHNACHTSMÄNNER AUS SCHOKOLADE KURS QUELLTOWN/WALES

Coltman: (gedehnt/ zufrieden) Auf diesen Augenblick habe ich schon lange gewartet... Ein ganzes Schiff voller Weihnachtsmänner... (energisch) Wann ist der Funkspruch aufgenommen worden?

Balgreen: Zwei Minuten vor Mitternacht, Sir. 23 Uhr 58.

Coltman: Unterrichten Sie sofort alle Männer vom Sonderkommando. Und sagen Sie zuerst Kapitän Burnly Bescheid. Die Falle bei Quelltown muß so gut sein, daß es diesmal kein Entwischen gibt.

Balgreen: Jawohl, Sir!

Kurz nach 1 Uhr waren die Kartons mit Weihnachtsmännern und Falschgeld verstaut und die Übergabeformalitäten erledigt. Die »Mary M.« lichtete die Anker und nahm Fahrt auf. Bald schon schob sie eine gewaltige Bugwelle vor sich her. Stunden vergingen.

Es war mittlerweile 6 Uhr geworden. Noch immer war es stockdunkel. Nur im Osten kündete sich der neue Tag mit einem fahlen Streifen an. Die »Mary M.« fuhr wider alle Seegesetze ohne Positionslichter.

Am Bug hockte Patrick O'Brien, am Heck Bob Miller. Beide

suchten mit ihren Gläsern die Umgebung ab. Amos Pinkerton lehnte am Ruder und schien sichtlich nervös. Arnie Green stand neben ihm und rauchte, während Jimmy Hayns, der Mann mit den anscheinend besten Nerven, in der Kajüte saß und mit dem Kopf auf den Armen tief und fest schlief...

Arnie: Verdammte Finsternis...

Pinkerton: Der einzige Verbündete, der nichts kostet...

Arnie: Ob die vereinzelten Lichter dort drüben schon zu Quelltown gehören?

Pinkerton: Ja... (ruft) Geh runter und weck Hayns. Er soll sofort auf halbe Kraft gehen. Wir können jeden Augenblick die Dreimeilenzone passieren.

Arnie: Okay, Amos!

Arnie Green sprang den Niedergang hinunter und riß die Tür auf. Jimmy lag in der Ecke und schnarchte friedlich.

Arnie: He, Jimmy... (Schnarchen) Jimmy Hayns!!

Jimmy: (gelassen/gähnt) Warum schreist du so?

Arnie: Um dich munter zu kriegen!

Jimmy: Was heißt munter? Ich habe nicht eine Sekunde geschlafen.

Arnie: Also, dann scheint Schnarchen so eine Art geheimes Hobby von dir zu sein...

Jimmy: Du hast recht! Was ist los, Bruder Arnie?

Arnie: Amos möchte gern, daß du die Maschinen auf halbe Kraft bringst.

Jimmy: (überrascht) Oh, dann nähern wir uns ja schon der Küste. Donnerwetter, ich scheine tatsächlich ein bißchen eingeschlafen zu sein... (seufzt) Ich werd langsam alt...

Während sich Jimmy Hayns der Maschine zuwandte, kletterte Arnie zurück an Deck und erklärte Pinkterton grinsend:

Arnie: Jimmy hat anscheinend von den tausend Pfund geträumt.

Pinkerton: (trocken) Er könnte sich mit Schlafen ein Vermögen verdienen...

Patrick: (brüllt erregt von fern) He, Amos, hier stimmt was nicht. Drei Strich Steuerbord liegen zwei unbeleuchtete Schiffe...

Pinkerton: (brüllt) Jimmy, volle Kraft voraus, ich wende!

Bob: (brüllt erregt von fern) Achtung, Amos, Schiffe an Backbord. Sie laufen auf uns zu!

Pinkerton: (flucht) Verfluchter Höllenkram, ich wußte doch, daß was in der Luft lag...

Arnie: (erschrocken) Sieht nach einer Falle aus, Amos.

Pinkerton: Das sieht nicht nur so aus, das ist eine!

Und dann wurde es plötzlich hell. Taghell. Von 6 Schiffen richteten sich insgesamt 14 Scheinwerfer auf die »Mary M.« Pinkertons Spiel war aus...

Das Hauptverdienst aber an diesem Erfolg hatte, neben Sir Coltmann und Jennifer Ball, ein Mann namens Dick Mason, Spezialagent der Königlich-Britischen Polizei.

Wer aber war Dick Mason? Hinter welchem Namen hielt er sich verborgen?
War er Arnie Green?
Jimmy Hayns?
Bob Miller?
Oder Patrick O'Brien?

Reizende Leute

Eine Tragikomödie in 6 Akten

1. Akt

Man schrieb Sonnabend, den 12. Juni.
Es war kurz nach 9 Uhr.
Meteorologisch handelte es sich um einen freundlichen, sonnenbeschienenen Vormittag.
Emmi und Artur Graumann saßen gesättigt und zufrieden inmitten ihrer gediegenen Wohnzimmermöbel und genossen den frühen Tag zeitunglesend.
Während sich Artur, 58 Jahre, ein zur Korpulenz neigender Regierungsdirektor im Ministerium für Wasserversorgung, vom innenpolitischen Teil über den außenpolitischen zum lokalen durchlas, begann Emmi, Hausfrau, kunstblond, 52 Jahre, von resolutem Auftreten, bei den vermischten Anzeigen.
Emmi und Artur bewohnten das obere Stockwerk eines repräsentativen Zweifamilienhauses in ruhiger und vornehmer Vorortlage.
Emmi und Artur waren kinderlos.
Um 9 Uhr 55, Artur studierte gerade den Börsenteil, stutzte Emmi sichtbar. Sie senkte kurz den Zeitungsteil, nahm ihn wieder hoch, las die gleiche Stelle noch einmal...
»Artur!« rief sie schließlich leise und blickte dorthin, wo sie hinter dem papiernen Hindernis den Kopf ihres Mannes vermutete.
»Gleich!« erwiderte Artur. Er sagte immer »gleich«, wenn man ihn rief. Egal ob er beschäftigungslos im Sessel saß oder gerade, wie jetzt, in der Zeitung las.

»Artur, hör mal...«
»Muß das sein?«
»Du wirst dich wundern...«
Statt zu sagen, was er dachte, nämlich: daß ihn nichts mehr wunderte, nuschelte er: »Ich lese es doch dann selbst.«
»Aber ich will es dir jetzt vorlesen!« Emmis Stimme hatte leicht an Höhe und Intensität zugenommen.
Seufzend deponierte Artur die Börse auf den Knien und erkundigte sich kein bißchen neugierig: »Also, was gibt's?«
Ihr Blick verhieß Außergewöhnliches. Und dann begann sie auch schon zu lesen:
»Dreizimmerwohnung zu vermieten! In einem Zweifamilienhaus in herrlich ruhiger Lage wird Komfort-Dreizimmer-Wohnung frei. Hundertfünf Quadratmeter Wohnfläche, zwölf Quadratmeter Balkon mit Außenkamin, Bad und Waschraum mit italienischen Kacheln gefliest, Küche komplett mit Kühl- und Gefrierschrank, Elektroherd mit vierundzwanzig automatischen Funktionen, Supergrill, elektrischer Sonderarbeitstisch mit Kaffeemaschine, Brotschneidemaschine, Büchsenöffner und verschiedenen Mixgeräten. Dazu vollautomatische Waschmaschine mit Trokkenvorrichtung, Geschirrspülmaschine. Miete ohne Nebenkosten eintausendfünfhundert Mark. Zur Wohnung gehören Gartenanteil und Garage. Interessenten unter ZH zwei-zwei-neun.«
Emmi sah ihren Mann erwartungsvoll an.
»Na, was sagst du jetzt?« Ihr Zeigefinger deutete in lebhaftem Auf und Ab nach unten.
»Du meinst, das ist die Wohnung im Erdgeschoß?«
»Na welche sonst?«
»Warum sollte er da schreiben ›wird frei‹, wenn sie doch schon über zwei Monate freisteht?«
Emmi wußte warum: »Weil es besser klingt. Es macht schließlich keinen guten Eindruck, wenn eine Wohnung monatelang leer stand. Jeder denkt doch dann, daß sie einen

Fehler hat. Nasse Wände zum Beispiel oder besondere Hellhörigkeit.«
Artur winkte ab. »Es hat den Grund, daß sie zu teuer ist. Fünfzehnhundert Mark ist eine Menge Geld für jemanden, der nur tausend verdient.«
»Du machst Witze!« fand Emmi, und als Artur den Kopf schüttelte, sagte sie: »Wir zahlen schließlich auch schon zwölfhundert.«
»In dem Augenblick, wo er einen Mieter findet, der ihm das Geforderte zahlt, wird er sofort versuchen, unsere Miete ebenfalls zu erhöhen.«
»Was können wir dagegen tun?« wollte Emmi wissen.
»Nichts beziehungsweise zahlen oder ausziehen. Aber du hast das Wichtigste vergessen, Emmi: Es muß sich ja gar nicht um diese Wohnung handeln.«
Emmi tippte sich in die Gegend des Herzmuskels. »Ich spür's hier drin, Artur, daß es diese Wohnung ist.«
Artur schwieg. Er wußte, daß es vergebliche Liebesmüh war, ihr den Spürsinn ausreden zu wollen...

2. Akt

Freitag, der 30. Juli.
Es war 14 Uhr.
Artur, vor zwei Stunden mit Ischiasschmerzen vorzeitig vom ministeriellen Schreibtisch nach Hause heimgekehrt, lag mit einem Heizkissen im Rücken auf der Couch.
Emmi stand am Fenster, seitlich neben der Übergardine, und beobachtete das Rein und Raus der Möbelträger. Jedes Stück, das den Möbelwagen verließ, versah sie mit einem mehr oder weniger ironischen, bissigen oder gar höhnischen Kommentar. Sie ging so in ihrer Berichterstattung auf, daß sie den augenblicklichen Zustand ihres Gemahls völlig vergaß.

Ganz plötzlich begann sie zu kichern. Und sie rief: »Komm her, Artur, das mußt du sehen ... Du lieber Himmel, auf so einem Sofa hätte sich ja nicht mal unser Bello ausgestreckt.«
»Weil er zu faul und zu fett war!« erwiderte Artur trocken, ohne seine Stellung, die Schmerzfreiheit bedeutete, zu verändern. Ja, er öffnete nicht einmal die Augen. Und so konnte er auch nicht die entrüstete Miene Emmis sehen. Um so deutlicher allerdings drangen ihm ihre empörten Worte in die Ohren: »Du solltest dich was schämen, Artur. Wie kannst du nur so über unseren toten Hund reden?!«
»Du weißt genau, was der Tierarzt gesagt hat. Bello ist an Überfütterung und Bewegungsmangel gestorben.«
Emmi, mit den Augen bereits auf die Straße zurückgekehrt, tönte atemlos: »Es kommen Kinder ins Haus, Artur.«
»Wie schön«, fand Artur. »Junge oder Mädchen?«
»Woher soll ich das wissen. Sie haben nur gerade ein Dreirad hereingetragen ... Igittigitt«, stieß sie angewidert hervor. »Nun guck dir nur den Sessel an ... Der muß ja schon die Völkerschlacht bei Leipzig mitgemacht haben!«
»Sicher eine Antiquität.«
»Der steckt bestimmt voller Ungeziefer.«
»Warum glaubst du das?« Arturs Stimme klang jetzt leicht gereizt.
»Das sieht man doch!«
Artur öffnete die Augen und wandte seinen Kopf dem Fenster zu. Ärgerlich bemerkte er: »Streck gefälligst deinen Kopf nicht so weit vor. Muß schließlich nicht jeder wissen, daß du vor Neugier fast aus den Nähten platzt.«
»Artur!!« Emmi bebte vor Entrüstung. »Es ist wichtig zu erfahren, wer in die zweite Wohnung im Haus zieht. Schließlich muß man mit den Leuten zusammenleben – oder?«
Stöhnend und mit aller Vorsicht stemmte sich Artur hoch. »Natürlich ist das wichtig«, stimmte er zu, während er sich vollends erhob. »Aber glaubst du nicht, daß uns der Hausbesitzer darüber schon noch informiert?«

»Das hätte sich vorher gehört, und nicht erst dann, wenn die Herrschaften bereits die Möbel reintragen.« Und nun veränderte sich Emmis gepflegte Gesichtspartie zu einem hochmütigen Ausdruck. »Aber woher soll schon ein Lumpensammler wissen, was sich gehört.«

»Vielleicht stellen sich die neuen Mieter auch selbst vor, Emmi«, versuchte Artur zu beschwichtigen. Auf Distanz zum Fenster bedacht, baute er sich hinter seiner Frau auf und sah nun ebenfalls abwärts.

»Ha!!« stieß Emmi spitz und anzüglich hervor, »bis jetzt habe ich noch niemanden gesehen, dem fünfzehnhundert Mark Miete zuzutrauen wären. Und dazu noch diese wurmstichigen Möbel.«

»Der Mann da im weißen Mantel und der Liste, vielleicht ist das der neue Mieter...«

»Nein, der gehört bestimmt zur Spedition. Jedesmal, wenn die Männer ein Stück aus dem Wagen ziehen, guckt er auf die Liste. Ich glaube, daß es so eine Art Lageplan ist, auf dem steht, wo was hin muß...«

Und schon wieder gab es für Emmi einen Grund zur Heiterkeit: »Gott, ist das ein Monstrum von Standuhr. Auf dem Perpendikel haben bestimmt schon die Mäuse von Maria Theresia geschaukelt.«

»Urteile nicht vorschnell. Ein ähnliches Modell kostet in der Galerie Schönemann zwölftausend Mark.«

Emmi klatschte plötzlich in die Hände, was ganz offensichtlich zur Einleitung eines Geistesblitzes gehörte. »Daß wir nicht schon früher darauf gekommen sind.«

»Worauf?« Eine Frage voller Mißtrauen.

»Du rufst jetzt Herrn Wümsel an und fragst ihn nach den neuen Mietern. Vor allen Dingen, wie viele Kinder sie haben.«

»Das werde ich nicht tun, Emmi.«

»Und warum nicht?«

»Es wäre mir peinlich.«

»Peinlich, peinlich ... was gibt's da Peinliches?«
»Ich wiederhole: Es wäre mir peinlich.«
»Bist du Regierungsdirektor oder nicht?«
»Was hat das damit zu tun?«
»Wer Regierungsdirektor im Ministerium für Wasserversorgung ist und zwölfhundert Mark Miete bezahlt, der hat das Recht, den Hausbesitzer nach den neuen Mietern zu fragen.«
Ihre Miene ließ nicht den geringsten Zweifel darüber aufkommen, daß sie es genauso meinte, wie sie es sagte.
Seufzend ergab sich Artur in das Unabänderliche. Emmi in einen Diskurs über Logik zu verwickeln, wäre ebenso zeitverschwenderisch gewesen wie der Versuch, ihr das Stelzenlaufen auf Zahnstochern beizubringen.

3. Akt

Benedikt Wümsel nahm bereits nach dem zweiten Rufzeichen ab.
»Wümsel!!« bellte er mit beachtlichem Stimmaufwand ins Telefon. Er hatte, wie die meisten Schwerhörigen, die Angewohnheit, sehr laut zu sprechen.
»Guten Tag, Herr Wümsel, hier ist Graumann!«
»Wer ist dort?«
»Graumann spricht hier!«
»Ach, Herr Graumann, wie schön, daß ich mal wieder etwas von Ihnen höre. Es muß ja Jahre her sein, seitdem wir zum letzten Mal miteinander geredet haben. Wie geht's denn?«
»Danke, sehr gut. Und Ihnen? Was machen die Geschäfte?«
»Kinder!!!« zischte Emmi, von einer energischen Handbewegung unterstützt, ihrem Gemahl zu.
»Die Geschäfte gehen blendend, ich kann nicht klagen.«
»Das freut mich, Herr Wümsel.«
»Und wie geht es Ihrer Frau Bello? So hieß doch Ihre

zauberhafte Gattin, stimmt's? Sie hatte es doch immer mit der Bandscheibe, nein, mit dem Ischias. Ha, mein Gedächtnis ist immer noch erste Klasse.«
In Arturs Augen hatte es wettergeleuchtet. »Wie schön für Ihr Gedächtnis«, gab er lauter als beabsichtigt zurück. »Was allerdings Bello anbetrifft, das ist nicht meine Frau, das war unser Hund, und der Ischias gehört zu mir.«
»Na, so was«, lachte Herr Wümsel dröhnend ins Telefon, »wie der Mensch doch irren kann.«
Artur schwieg und wartete auf das Ende der Heiterkeit. Um ein Haar hätte er dabei den Anschluß verpaßt, denn das Lachen verstummte abrupt, und Wümsels laute Stimme versicherte: »Es hat mich gefreut, daß Sie angerufen haben, grüßen Sie ...«
»Halt, halt, Herr Wümsel, ich wollte Sie doch was fragen!« rief Artur.
»Wegen der Kinder!!« zischte Emmi erneut.
»Ja, was denn?«
»Bei uns ziehen Leute ein!«
»Ach, Verwandte?«
»Nicht doch in unsere Wohnung. Unter uns ...«
»Kinder!!!!«
»Ja, ich meine Kinder ...« Artur hielt verwirrt inne.
»Kinder???« fragte die Stimme aus dem Draht.
Artur wollte korrigieren: »Nein, Sie haben mich mißverstanden, ich ...«
»Wie viiiiiele!« fuhr Emmi dazwischen.
»Herrje, nun halt doch endlich mal die Klappe!«
»Aber Herr ...«
»Nein, Entschuldigung, ich meine doch nicht Sie, Herr Wümsel.«
»Was reden Sie denn die ganze Zeit von Kindern?«
»Ich wollte mich doch nur nach den neuen Leuten erkundigen, die unter uns einziehen ... Zum Beispiel, wie viele Kinder die haben.«

»Na, warum sagen Sie das nicht gleich?« Wümsels Stimme klang beschwingt. »Soviel ich weiß, vier!«
»V ... v ... vier??«
»Ja, vier Söhne.«
»Ach, du liebes Herrgöttchen ...«, seufzte Emmi erschrokken in Arturs Ohr.
»Reizende Menschen, diese Zeblinskys ... He, Graumann, sind Sie noch da?«
»Natürlich!«
»Die Frau stammt aus Wien, und er kommt irgendwo aus dem Böhmischen. Wirklich reizende Menschen. Sie lassen heute nur die Möbel einräumen. Sie selbst sind ja noch auf Tournee.«
»T ...« Der Rest wollte Artur einfach nicht über die blassen Lippen.
»Sie sind eine Künstlerfamilie ... Die Söhne sind schon groß ... Oh, jetzt klingelt's an der Tür. Bitte, rufen Sie mich doch wieder mal an, Herr Bel ... Herr Graumann!«
»Jaja ...«
Es knackte.
Artur legte den Hörer geräuschlos auf die Gabel zurück. Geistesabwesend starrte er an Emmi vorbei. »Lumpenhändler!« stieß er schließlich zwischen den Zähnen hervor.
»Du bist ja ganz bleich, Artur«, stellte Emmi besorgt fest.
Da fuhr Arturs Kopf herum. »Wie oft habe ich dir schon gesagt, daß du mir nicht dazwischenreden sollst, wenn ich telefoniere.«
»Bitte schrei mich nicht so an, ich bin nicht schwerhörig.«
»Aber du tust es immer wieder. Warum rufst du ihn denn nicht gleich selbst an, den Lumpenhändler?«
»Was hat er gesagt?«
»Na, das hast du doch gehört. Dich hielt er für Bello, die Neuen von unten haben vier Söhne, und auf Tournee sind sie auch!«
»Die Söhne?«

»Die Eltern!«
»Auf was für einer Tournee, um Gottes willen?«
»Zum Kuckuck, das weiß ich nicht. Sie sind eben irgendwelche Künstler. Die Frau stammt aus Wien, der Mann aus dem Böhmischen.«
»Und wie heißen sie?«
»Irgendwas mit ... linsky hinten dran. Au!!!«
Schmerzhaft hatte sich der Ischias in Erinnerung gebracht. Stöhnend, in der Stellung eines halbaufgeklappten Taschenmessers, schlich der Regierungsdirektor aus dem Ministerium für Wasserversorgung zu Couch und Heizkissen.

4. Akt

Ein Tag verging,
ein zweiter, ein dritter,
eine Woche,
schließlich waren seit jenem Tag im Juli genau ein Monat, zwei Wochen, vier Tage und eine halbe Nacht vergangen, und man schrieb seit neunzig Minuten den 18. September. Es war die Nacht zum Sonnabend.
Emmi und Artur schliefen. Emmi tief und laut, Artur leicht und leise. Emmi schnarchte männlich-robust, Artur schniefte weiblich-vornehm.
Plötzlich riß sein Schniefen ab. Sekunden später stellte er vorübergehend auch das Atemholen ein.
Artur lauschte.
Artur lauschte in die schwarze Nacht hinein, aus der ungewöhnliche Geräusche an sein Ohr gedrungen waren.
Da ... da war es wieder.
Artur verschluckte sich beim raschen Luftnachschöpfen und richtete sich auf.
»Ich werd verrückt ... Emmi!!!« Er tastete nach ihr, erwisch-

te eine Haarsträhne und zog daran. Das robuste Schnarchen verstummte.
»Was ist los, Artur?« fragte sie mit rauher, verschlafener Stimme.
»Es hat ›Kikeriki‹ gemacht!«
Sie gähnte, drehte sich auf die andere Seite und murmelte: »Nimm Baldrian, das beruhigt!«
Er wollte an derselben Haarsträhne ziehen, doch das Kopfkissen war an dieser Stelle leer.
»Ein Hahn hat gekräht, Emmi. Und vorher hat ein Pferd gewiehert. Ich habe es deutlich gehört.«
Sie reagierte nicht.
Artur schaltete das Licht ein.
Emmi gähnte, jetzt klang ihre Stimme verärgert. »Warum machst du Licht? Wie spät ist es?«
»Es … es ist halb zwei durch.«
»Bitte, mach das Licht aus, es brennt mir in den Augen.«
»Hast du überhaupt gehört, was ich gesagt habe, Emmi?«
Sie gähnte wieder. »Ja, daß es halb zwei durch ist.«
»Ich habe gesagt, daß ein Pferd gewiehert und ein Hahn gekräht hat.«
»Du meine Güte, du hast eben vom Lande geträumt. Leg dich wieder hin und mach das Licht aus, Arturputzi!«
Arturputzi schlug wütend auf ihr Kopfkissen. »Erstens habe ich gehört, was ich gesagt habe, und zweitens sollst du mich nicht Arturputzi nennen!«
Es knallte ganz fürchterlich.
Jetzt saß auch Emmi aufrecht im Bett. »W … was war das, Artur?« flüsterte sie erschreckt.
»Eine Tür, schätze ich!« flüsterte Artur zurück.
Emmi rutschte Richtung Bettritze und hauchte: »In der Wohnung unter uns sind Einbrecher. Ruf die Polizei!!«
Er schüttelte stumm den Kopf.
»Ruf die Polizei, Artur!«
Erneutes Kopfschütteln. Sie wollte über ihn hinweg zum

Telefon robben, das auf seinem Nachttisch stand, doch er schob sie zurück. »Laß das, Emmi. Einbrecher schmeißen nicht mit Türen!«
Und dann erstarrten sie beide und sahen sich ratlos an. Ihre Hand tastete nach der seinen. Von unten war deutlich Ziegenmeckern und Gänsegeschnatter zu hören.
»Artur, träume ich etwa noch?«
»Nein, nein. Die Künstler haben offensichtlich ihre Tournee beendet.«
»Die Künstler...« Emmi zitterte. »Ob der Herr Wümsel weiß, was das für große Tierfreunde sind?«
»Ich habe nicht die leiseste Ahnung, Emmi.«
Artur schlüpfte aus dem Bett, kniete sich daneben nieder und preßte sein rechtes Ohr gegen den Fußboden.
»Hörst du was?« Emmi zog sich die Bettdecke bis zum Kinn und fixierte den fülligen, blaugelbgestreiften Hintern Arturs, der wie ein Berg neben der Bettkante hoch aufragte.
»Nichts zu hören!« kam es dumpf zurück. »Ich möchte nur wissen, in welchem Zimmer das Pferd untergebracht ist.«
»Ich fürchte mich, Artur...!« Und angstvoll rief sie dem auf Zehenspitzen davonschleichenden Artur hinterher: »Um Gottes willen, wo willst du hin?«
»Ich will nur sehen, ob die Kette vorgelegt ist und die Balkontür abgeschlossen. Wir wissen ja nicht, welche Viecher die Künstler noch im Reisegepäck haben...«

5. Akt

Sonnabend.
Emmi und Artur saßen am Frühstückstisch.
Lustlos rührte Artur in seiner Teetasse herum, während Emmi geistesabwesend auf ihr Honigbrötchen starrte. Die Zeitung lag noch unberührt neben der Teekanne.

Es klingelte.
Artur rührte teilnahmslos weiter.
»Es hat geklingelt, Artur.«
Ein müder Augenaufschlag. »Seit wann bin ich schwerhörig?«
»Warum bist du so gereizt?«
»Frage, nach so einer Nacht. Im Gegensatz zu dir habe ich kaum geschlafen.«
»Aber du kannst doch nachschlafen, Artur. Du hast doch eine ganze Woche Urlaub.«
»Glaubst du, ich will meinen Urlaub verschlafen?« brauste er auf.
Es klingelte zum zweiten Mal. Eine Spur anhaltender und, wie es schien, ein Quentchen lauter. Artur sah Emmi an. »Nun sag nur nicht wieder, daß es geklingelt hat!«
Die Erwiderung blieb Emmi buchstäblich im Halse stecken. Aus Richtung Wohnungstür hatte laut, aufdringlich und schrill ein Hahn gekräht.
»O Gott, die Künstler!« flüsterte Emmi und preßte die Faust auf den Mund.
»Was will der mit dem Hahn?« Artur war aufgesprungen, der Teelöffel fiel klirrend auf den Teller zurück. Er sah plötzlich ungemein dienstlich aus. Nur die Worte paßten nicht zu seinem Dienstgesicht: »Dem werd ich was erzählen, dem Tierfreund ... dem ... linsky!«
»Sei vorsichtig!« hauchte ihm Emmi nach.
Unter normalen Umständen hätte Artur neun Schritte bis zur Tür gebraucht. Der Zorn ließ seine Schritte wachsen, und er schaffte es mit sieben. Er riß die Tür so heftig auf, daß sie ihm aus der Hand glitt und mit donnerndem Krachen gegen die Wand schlug. Am meisten darüber erschrocken war Artur selbst.
Doch dann gab er sich ganz seiner Verdutztheit hin. Verdutzt nämlich sah er in zwei strahlende Gesichter, von denen das eine von einem unglaublich ausladenden Schnauzbart verziert

wurde. Verdutzt blickte er auf den sicher sündhaft teuren Strauß aus mindestens zwei Dutzend lachsfarbenen, roten und gelben Rosen, und verdutzt hörte er, wie der lachende Mann unter dem Schnauzerriesen sprach: »Oh, wie scheen, Elvira, guck nur, ist ein Mann mit soviel Energisch!«
»Energie heißt das Hauptwort, Anatol!« wurde Anatol liebevoll verbessert.
»Na, sag ich doch... Und das zum frühen Morgen, was?«
»Ganz recht«, zwang sich Artur zu einem reservierten Nikken. »Es ist erst neun Uhr.«
»Scheene Zeit für Besuch. Wie heißt so weise: ›Nur der frühe Vogel findet Wurm.‹ Lieber Herr Graumann, bitte, großer Strauß Rosen für gnädige Frau Gemahlin. Zur Begrüßung. Das ist Elvira, ich bin Anatol Zeblinsky. Wir sind neue Freunde im Haus.«
»W... W... Wir ssitzen ge-gerade beim Frühstück. B-Bitte treten Sie doch ein...« Während Artur diese Einladung herausstotterte, suchten sein Augen verzweifelt nach dem dritten Besucher. Doch umsonst. Kein Spur von einem Hahn weit und breit. Dafür fuhr er erschrocken zusammen, als neben seinem Ohr lautes Schweinegrunzen erklang. »Chrchrchrchr!« Fassungslos sah er auf den Urheber, der ihm zublinzelte und dessen graue Riesenbartenden bei den Grunzgeräuschen auf und ab wippten.
»Das bringt Glück, Herr Graumann!« sagte Elvira und zupfte sich ein rotblondes Löckchen über dem linken Auge zurecht.
Emmi blickte den dreien mit einem gefroren aussehenden Lächeln entgegen. Dann irrten ihre Augen umher. Sie suchte nicht nur den Hahn. Vor nichts fürchtete sie sich mehr als vor frei herumlaufenden Schweinen. Sie beruhigte sich. Anscheinend hatten die Neumieter ihren Zoo vor der Tür gelassen.
Artur dagegen stand ziemlich hilflos zwischen Elvira und Anatol und wärmte die Rosenstiele. Er murmelte was von Platznehmen und Blumen-ins-Wasser-Stellen.

Und sie nahmen Platz mit einer Selbstverständlichkeit, als lebten sie davon, jeden Morgen um 9 Uhr an den Frühstückstischen fremder Leute Platz zu nehmen.
Als Artur mit Vase und Rosen zurückkam, breitete Anatol gerade die Arme aus und beteuerte: »Also, was soll ich sagen. Natürlich wären wir schon gleich gekommen zur Begrüßung, aber was ist Elvira, meine liebe Frau, die war dagegen.«
Elvira, die liebe Frau, nickte fröhlich: »Na ja, das wäre ja wohl nicht schicklich gewesen, so spät noch zu stören. Es war ja schon nach ein Uhr.«
»Dabei haben wir Sie gehört!« beeilte sich Emmi zu verkünden. (Oh, wie ihr das gut tat!)
»Uns gehört? Aber nein...«, protestierte Elvira.
Und Anatol: »Ist unmöglich das, haben wir nur geflüstert.«
An dieser Stelle mischte sich Artur ein. »Korrekt«, sagte er, »muß es heißen: Wir haben Ihre Tiere gehört.«
»Die Ziege und den Hahn!« sagte Emmi.
»Das Pferd und die Gans!« sagte Artur.
Anatol und Elvira sahen sich an. Schalk – Emmi hielt es für Hohn – blitzte aus ihren Augen, und dann lachten sie, als gäbe es nichts Wichtigeres auf der Welt als ausgelassene Fröhlichkeit.
»Werd ich Ihnen erklären. Was ist Elvira, meine Frau, und ich, wir üben immer, wenn Koffer auspacken, damit nicht kommen aus Übung.«
»Das ist uns seit fünfundzwanzig Jahren eine liebgewordene Angewohnheit.«
»Machen in Hotel, wenn kommen, früher in Wohnwagen, oder eben in Wohnung.«
Wieder lachten sie.
Artur sah nicht sonderlich geistreich drein. Ja, einige Atemzüge lang hegte er sogar den Verdacht, die beiden Rosenspender wollten ihn und Emmi auf den Arm nehmen.
»Was... was meinen Sie mit üben, Herr Ze... Zelinsky?«
Anatol tat pfiffig und malte mit dem Finger einen Buchstaben

in die Luft. Dazu sagte er: »Zeblinsky, hehehe, haben vergessen eine kleine b. Die Zeblinskys stammen aus dem Böhmischen und ist seit dreihundert Jahren Familie mit Artisten.«

»Artisten?« stieß Emmi erschrocken hervor. Sie dachte an Messerwerfer und Feuerschlucker.

Auch Artur war sichtlich um Fassung bemüht. »Herr Wümsel hat uns erzählt, Sie seien Künstler...«

»Na, was meinen Sie, ist Artist kein Künstler?« fragte Anatol, dazu streckte er beifallheischend die Hand in die Höhe.

»Wir zum Beispiel sind Stimmkünstler!« sagte Elvira.

»Berühmt in alle Welt. Wir können machen jedes Tier nach. Von lustige Henne, putt-putt-putt-putt«, Anatols Mund sah jetzt aus wie ein Dreieck mit Lippen, »bis zu Klapperschlange.« Er ließ ein eigenartiges Klappern ertönen.

»Anatol, du wolltest doch gerade erzählen, was es mit den Zeblinskys auf sich hat.«

Anatol nickte Elvira strahlend zu.

»Wie kann man nur ständig so fröhlich dreinschauen?« fragte sich Emmi, und sie ärgerte sich insgeheim. Ihre Besucher waren ihr unheimlich.

»Hast recht wie immer, schließlich hat uns Herr Wümsel auch verraten, daß ist Herr Graumann bei Post.«

»Post???« Es klang wie ein Schuß, doch Anatol zuckte mit keiner Wimper, er sah Emmi nur verwundert an.

»Hat uns Herr Wümsel gesagt, daß ist Herr Graumann bei Post. Stimmt nicht?«

Emmi legte ihre gesammelte Entrüstung in ihre Antwort: »Mein Mann ist Regierungsdirektor im Ministerium für Wasserversorgung!«

Elvira schien beeindruckt: »Hast du gehört, Anatol, Regierungsdirektor. Ein hoher Beamter, und du sagst Post.«

»Hm«, Anatol zupfte sich scheinbar verlegen an den Enden seines Riesenschnauzers, »wirklich komisch, frag ich mich, warum sage ich Post?«

»Ist ja nicht so schlimm«, lenkte Artur ein. Ihm war Emmis Sondervorstellung ein bißchen peinlich. Na ja, und hohe Beamte gab's bei der Post schließlich auch.
Da tippte sich Anatol gegen die Stirn. »Jetzt weiß ich, wie ich komme auf Post! Weil ich geredet habe vorhin mit Briefträger. Na, und ist Briefträger Beamter, und Herr Wümsel gesagt, daß ist auch Herr Graumann Beamter, zu dumm, ich habe alles durcheinandergebracht...« Er legte sein Artistengesicht in ernste Falten. »Aber sollen nun auch wissen, was ist mit den Zeblinskys. Habe ich schon gesagt, daß ich komme aus dem Böhmischen. Also, und was ist Elvira, stammt sie aus dem zwölften Bezirk in Wien. Seit über fünfundzwanzig Jahren wir machen Stimmen in Varieté und Zirkus. Zwei tüchtige Söhne von uns arbeiten als fliegende Menschen...«
»In Amerika!« warf Elvira ein.
»Was ist der Boneslaw, unser Ältester, der ist Kunstschütze.«
»In Paris!«
»Und jüngstes Sohn, Peter, ist noch in Internat in Schweiz.«
»In Genf!«
Anatol klatschte in die Hände. »Und wenn ist Weihnachten oder ist Ostern, dann alle treffen zusammen mit Papa und Mama! Und dann werden gefeiert vierzehn Tage lang Wiedersehen an eine Stück. Ist immer sehr lustig, was, Elvira?«
»Ja, Anatol. Es sind die zwei schönsten Zeiten im Jahr.« Elvira seufzte abgrundtief. Doch schon wieder waren die Wolken von ihrem Gesicht verschwunden. »Aber so ist es nun mal. Was soll man dagegen machen, daß die Kinder größer und selbständiger werden.«
»Ich wußte gar nicht, daß man vom Nachmachen von Tierstimmen leben kann?« Es sollte leicht dahingesagt klingen, doch es ähnelte eher der Frage: »Wie schmeckt Baumrinde?«
Emmi dagegen ging die Sache von vornherein mit einem kriegerischen Unterton an: »Und vor allen Dingen soviel Miete bezahlen kann.«

Anatol beugte sich vor, machte zwei hohle Hände und flüsterte durch diesen Trichter: »Wir bezahlen nie!!! Miete!«
»Oh...«, machte Artur leise.
»Aaaaaaah...«, hauchte Emmi, während ihre Rechte versuchte, das kostbare Medaillon an ihrem Halse zu schützen. Wer keine Miete zahlte, der raubte auch goldene Medaillons.
»Was Miete anbetrifft, da haben wir Grundsätze, was, Anatol?«
»Haben wir! Wozu sollen wir reicher machen andere, wenn nicht müssen, hehehehe. Ja, und was ist mit Tierstimmen, wir liefern jedes Geräusch, was ist gefragt.«
»Aber am meisten sind uns eben doch die Tierchen ans Herz gewachsen.«
»So ist! Haben wir schon vier Jahre lang gearbeitet in Hollywood bei Film!«
»In Hollywood????« Durch Emmis Kopf huschten Namen wie Clark Gable, Spencer Tracy und Gary Cooper.
»Wir haben Elefanten, Löwen, Affen, Truthähne, Papageien und sogar Flußpferde synchronisiert. Und trotzdem ist das Lieblingstier von Anatol ein schöner, stolzer Hahn, was, Anatol?«
Statt einer gesprochenen Antwort ließ Anatol einen Hahnenschrei vom Stapel, der jeden echten Hahn hätte vor Neid erblassen lassen. »Na, wie gefällt Ihnen mein Hahn?«
Artur schluckte. Noch nie hatte er sich auch nur in einer annähernd ähnlichen Situation befunden. »Großartig...«, sagte er schließlich.
Anatol lächelte verschmitzt und erklärte: »Nur macht Krähen viel Durst. Wenn noch einen Schluck Tee übrig hätten, ich würde nicht sagen nein!«
Für Emmi die Krone der Unverfrorenheit. Trotzdem quälte sie sich ein: »Aber gern!« ab. Und Anatol fuhr fort: »Na, und was Elvira ist, die trinkt zum Frühstück gern einen Schluck Wein.«

»W... W... Wein zum Frühstück???« stotterten Artur und Emmi im Duett.
Elvira nickte lebhaft. »Ja, das bekommt mir ausgezeichnet. Aber bitte nur Weißwein, wenn es eben unbedingt sein muß...«
»Haben wir Weißwein, Artur?« erkundigte sich Emmi, den Tränen der Ratlosigkeit nahe.
»Ja, im Keller...«, erwiderte Artur, bereits auf dem Wege dorthin...

6. und letzter Akt

Eine Woche später.
25. September. Wieder ein Sonnabend.
Diesmal ein gedeckter Mittagstisch.
Emmi hatte Kartoffelpuffer gebacken. Erschöpft hing sie über einem Puffer und stocherte ihm mit der Gabel Löcher in die Oberfläche. »Ich habe kein bißchen Hunger!« murmelte sie.
Auch Artur fehlte jeglicher Appetit. Vielleicht lag es daran, daß ihn die Verzweiflung, zum ersten Mal in seinem Leben, zum Frühstück statt Kaffee oder Tee Wein trinken ließ.
»Bitte, Artur, ruf Herrn Wümsel an.«
»Der wird, wie üblich, um diese Zeit seinen Mittagsschlaf machen.«
»Na wenn schon«, erwiderte sie matt. »Wir müssen ihm sagen, daß er Gaunern Obdach gewährt hat.«
»Er wird Beweise verlangen, Emmi.«
»Alle angeblichen Kinder leben im Ausland, die wurmstichigen Möbel... die warten doch nur darauf, daß wir zwei einmal für längere Zeit außer Haus sind. Sie wollen unsere Wohnung ausräumen, Artur, das ist der Trick. Hier ist ein ganz furchtbarer Kriminalfall im Werden, Artur.« Emmi war

immer lauter geworden. Schließlich hallte ihre Stimme so laut von den Wänden wider, daß Artur zuerst den Finger über den Mund legte und ihn anschließend Richtung Untergeschoß in Stellung brachte.

»Pssssst!!!« zischelte er dabei.

Emmi begann plötzlich zu schluchzen. »Ich kann das Taubengurren nicht mehr hören. Hörst du, Artur, mich macht das Taubengurren verrückt. Die ganze Nacht Taubengurren...«

Artur erhob sich, tätschelte ihr den Rücken und versuchte Trost zu spenden. »Schon gut, Emmi, es wird schon wieder werden. Nichts ist ewig. Mir geht das Froschquaken ja auch auf die Nerven und der verdammte Hahn...« Er legte sich erschrocken die Hand auf den Mund. »Entschuldige, Emmi, ich wollte nicht fluchen.«

»Bitte, ruf Wümsel an, Artur...«, schluchzte sie wieder.

Diesmal gab sich Artur einen Ruck. Mit durchgedrücktem Kreuz ging er zum Telefon. Das Wählen der Wümselschen Nummer glich einer Tätlichkeit.

»Wümsel!« meldete sich Herr Wümsel.

»Kikeriki!!« kreischte der Regierungsdirektor in die Muschel. »Hier kräht Graumann!«

Nein, von Begeisterung konnte keine Rede sein. Ganz im Gegenteil, regelrecht mürrisch schnaufte Herr Wümsel ins Telefon: »Ach, Sie schon wieder... Haben Sie mitten am Tag einen Affen?«

»Wie kommen Sie darauf?« entrüstete sich Artur.

»Schreien Sie gefälligst nicht so, ich habe ein neues Hörgerät. Was soll der Blödsinn mit dem Kikeriki?«

»Herr Wümsel, erinnern Sie sich noch an unser Gespräch über die neuen Leute im Haus?«

»Sie meinen die reizenden Zeblinskys?«

»Reizend, reizend«, bellte Artur, »was heißt hier schon reizend. Seit einer Woche tauchen die reizenden Leute jeden Morgen mit Rosen, Kikeriki und viel Durst bei uns zum

Frühstück auf. Herr Zeblinsky trinkt literweise Tee, und seine Frau ist eine Weinfanatikerin. Sieben Flaschen hat sie schon verputzt. Zum Frühstück, Herr Wümsel! Den übrigen Tag und die halbe Nacht, mein lieber Herr Wümsel, gurren sie wie die Tauben, schnauben wie die Dampflokomotiven, spielen Sägewerk und Hochwald. Alle zehn Minuten kräht Herr Zeblinsky, und Frau Elvira spielt eierlegendes Huhn.«

Die Pause, die Artur zum Luftholen brauchte, nutzte Herr Wümsel zu der Feststellung: »Das muß doch lustig sein...«

Artur ließ seiner kalten Wut freien Lauf: »Herr Wümsel, ich bin von Beruf nicht lustig, sondern Ministerialbeamter! Herr Wümsel, wir sind am Ende, oder auch, wenn Sie wollen, am Anfang des Wahnsinns. Gestern abend wollten wir uns im Radio ein Symphoniekonzert anhören. Das war unmöglich. Und wissen Sie warum?«

»Warum?«

»Weil die Zeblinskys Bauernhof gespielt haben.«

»Und warum erzählen Sie mir das alles?«

»Sie müssen was unternehmen, Herr Wümsel! Aktiv werden! Werfen Sie die reizenden Leute wieder aus dem Haus! Kündigen Sie ihnen! Wenn's geht, noch heute!«

Pause! Nur atmosphärisches Geräusch drang sekundenlang an Arturs Ohr. Endlich war er wieder da, der Herr Wümsel. Leise und mißtrauisch erkundigte er sich: »Herr Graumann, Mensch, sagen Sie, sind Sie nüchtern? Oder haben Sie vielleicht doch so einen kleinen pummeligen Schwips?«

»Ich bin stocknüchtern!! Rausschmeißen, sage ich!«

Herr Wümsel räusperte sich. »Hm, ha, tja«, meinte er zögernd, »Sie scheinen es noch nicht zu wissen...«

»Was scheine ich noch nicht zu wissen?«

»Nun ja, das mit dem Inserat...«

»Natürlich weiß ich, daß Sie ein Inserat aufgegeben haben. Übertrieben haben Sie darin wie ein orientalischer Teppichhändler. Was Sie jedoch vergaßen, war, sich die Leute näher

anzuschauen. Was ist die Folge davon? Kriminelle Stimmkünstler haben wir im Haus!«
»Quatsch!« blaffte Herr Wümsel. »Ich habe auf meine Anzeige nur eine einzige Zuschrift bekommen. Eine einzige, schäbige Zuschrift.«
»Na und?« Artur fragte es, obwohl er wußte, was das bedeutete.
»Diese einzige Zuschrift war von den Zeblinskys!«
»Sag's ihm wegen der Miete, Artur!« rief Emmi apathisch, dabei walkte sie ihr naßgeschluchztes Taschentuch.
»Wissen Sie eigentlich«, nahm Artur den Einwurf auf, »daß die Zeblinskys, diese netten Leute, gar nicht daran denken, Miete an Sie zu zahlen, Herr Wümsel?«
So, das hat ihn jetzt endgültig zu Boden geschmettert, dachte Artur, als wieder längere Zeit nichts von Herrn Wümsel zu hören war. Doch als die Stille vorüber war und Wümsels Stimme wieder auf sein Ohr traf, stutzte Artur.
»Mein lieber Herr Graumann, ich habe das Gefühl, daß Sie wirklich noch nicht alles wissen. Vielleicht sollten Sie sich jetzt setzen.«
O nein, es war nicht nur die Formulierung, die Worte, die Arturs Stimme rauh erscheinen ließ, als er versicherte, keine Lust zum Sitzen zu haben. Es waren die Unter-, Zwischen- und Nebentöne, die ihn beunruhigten. Die Behutsamkeit, die Freundlichkeit, ja, das Mitleid … Und je länger er zuhörte, um so blasser wurde er.
Und dann brauchte er doch eine Sitzgelegenheit.
Als er schließlich auflegte, glich seine Miene der eines Trauernden, der von seiner eigenen Beerdigung kommt.
»O Gott, o Gott, was ist passiert, Artur?« Emmi tastete sich mit weichen Knien an ihren Mann heran. Seinem Gesicht nach war Furchtbares geschehen.
Sie registrierte nicht einmal das Taubengurren, das auf dem Weg über den unteren und oberen Balkon ins Wohnzimmer zu ihnen drang.

»Artur ...«
Artur Graumann, Regierungsdirektor im Ministerium für Wasserversorgung, riß sich zusammen.
Er mußte sich zweimal räuspern, bis er seine Stimme wieder einigermaßen in der Gewalt hatte. »Emmi«, sagte er, »Kopf hoch!«
»O Gott, o Gott ...«
»Die Artisten sind keine Gauner, sondern wirkliche Artisten, und – sie sind nicht mal arm.«
»Nicht arm?« äffte Emmi nach, ohne den genauen Sinn zu begreifen.
»Und weißt du, warum sie keine Miete zahlen?«
»Nein, Artur.«
»Weil es nicht üblich ist, daß man an sich selbst Miete bezahlt. Mit anderen Worten: Die Zeblinskys haben Wümsel gleich das ganze Haus abgekauft, und, wie er behauptet, ohne ein bißchen zu feilschen! Und weil sie hier oben ein Studio einrichten wollen, werden sie uns am 30. September zum 31. Dezember kündigen!«
»Aber ... aber warum kommen Sie ...« Emmi verschluckte den Rest.
»Du willst wissen, warum sie uns seit einer Woche auf die Nerven gehen? Das empfinden nur wir so, Emmi. Sie haben Herrn Wümsel versprochen, uns bis zum Kündigungstag wie liebgewordene Freunde zu behandeln.«
Artur sprang auf, knallte seine Hände zweimal gegen die Hosennaht und rief: »Komm, wir gehen!«
»Wohin, Artur?«
»Na wohin schon. Eine neue Wohnung suchen ...«

Das Geheimnis der alten Dschunke

Sie lag ganz plötzlich da.
Sozusagen über Nacht hatte sie sich in den Hafen geschlichen. Breit, flach und dunkel schaukelte sie, vom Odem geheimnisvoller Exotik umspült, im behäbigen Auf und Ab am Pier von Ostende.
Verwundert und neugierig bestaunt von den belgischen Hafenarbeitern, die sich nicht erinnern konnten, jemals zuvor eine original-chinesische Dschunke im Ostender Hafen gesehen zu haben.
Bald kursierten die verwegensten und abenteuerlichsten Gerüchte über das fernöstliche Gefährt in dem belgischen Badeort, in dem man sonst am liebsten über Touristen, Austern und Hummer sprach. Letztere wurden dort bekanntlich sogar gezüchtet.
Als an jenem Morgen Inspektor van Helder sein Büro betrat, wurde ihm die Neuigkeit gleich beim Eintritt von seinem Mitarbeiter Tony Himst serviert.
»Haben Sie schon von der Sache im Hafen gehört?«
»Ich habe nichts gehört. Läuft er aus?«
»Wer?«
»Der Hafen!«
Tony Himst lachte. »Nein, wir haben Besuch aus Ostasien. Eine Dschunke hat festgemacht!«
Inspektor van Helder schien ehrlich überrascht: »Eine Dschunke? Welcher Heimathafen?«
Himst zuckte mit den Schultern: »Keine Ahnung. Ich weiß nur, daß sie uralt sein und ›Su Lin Fu‹ heißen soll.«

»Und sicher voller kleiner Chinesen steckt!« vollendete der Inspektor mit einem leisen Lächeln. Sie unterhielten sich noch eine Weile über die mögliche Reiseroute der Dschunke, dann zog sie der polizeiliche Alltag wieder in seinen Bann. Genau eine Stunde später allerdings überschnitten sich kurz hintereinander zwei Ereignisse von so entscheidender Aktualität, daß das gesamte Kommissariat förmlich vor Spannung zu knistern schien.
Ereignis Nr. 1 trat um 9 Uhr 10 ein und war die Meldung eines V-Mannes, der Jocco Barnecelli in Ostende gesehen haben wollte. Leider konnte er keine genaueren Angaben machen, weil er sich zum Zeitpunkt seiner interessanten Entdeckung in einem fahrenden Omnibus und der angebliche Barnecelli in einem überholenden Pkw befand.
Obwohl dieser Tip jeden Polizisten Belgiens hätte vom Stuhl katapultieren müssen, blieb Inspektor van Helder reserviert und gelassen – wenigstens nach außen.
Er mißtraute dieser Meldung!
Warum sollte sich einer der meistgesuchten Schmuck- und Juwelendiebe Europas ausgerechnet nach Ostende begeben. Warum?
Wahrscheinlich handelte es sich wieder um eine der zahlreichen falschen Spuren, die Jocco für viel Geld auslegen ließ, seitdem das Netz, das INTERPOL um ihn spannte, immer engmaschiger wurde.
In sieben Ländern waren hohe Belohnungen auf seine Ergreifung ausgesetzt. Insgesamt über 10000 englische Pfund. Dagegen kamen auf sein Konto in den letzten drei Jahren mindestens fünfzig Raubzüge. Und da Jocco ein Einzelgänger war, der sein Äußeres wie ein Chamäleon zu verändern verstand, war die Aufgabe für die Polizei alles andere als leicht.
Seinen letzten aufsehenerregenden Coup landete er bei einem der größten Antwerpener Schmuckhändler, den er in der Maske eines Kapuzinermönches aufsuchte. Verlegenheit vortäuschend wartete er bescheiden im Hintergrund, bis ein

Teil der gerade zahlreichen Kundschaft die eleganten Verkaufsräume verlassen hatte.

Was dann geschah, war ein so gespenstisches Schauspiel, daß es wohl allen Beteiligten noch lange in Erinnerung bleiben würde. Ganz plötzlich hatte der Mönch eine Gasmaske vor dem Gesicht, das nach wie vor von der Kapuze eingerahmt war. Blitzschnell warf er dann sieben mit Flüssigkeit gefüllte Glaskugeln in die verschiedenen Räume, und innerhalb einer Viertelminute sanken Verkaufspersonal und Kundschaft in einen narkoseähnlichen Schlaf.

Der Mönch verschloß die beiden Geschäftstüren und begann die schönsten und wertvollsten Steine und Schmuckstücke einzupacken. Das einzige, was die Polizei später am Tatort außer den Betroffenen vorfand, war die sauber zusammengelegte Kutte eines Kapuzinermönches.

An all das dachte jetzt auch Inspektor van Helder. Trotzdem hütete er sich davor, übereilte Schlüsse aus der Mitteilung des V-Mannes zu ziehen.

Doch dann trat Punkt 10 Uhr das zweite Ereignis ein. Diesmal schien van Helder förmlich elektrisiert, denn nun bekam auch Ereignis Nr. 1 plötzlich Farbe, Gewicht und Bedeutung.

Dieses Ereignis Nr. 2 war ein Fernschreiben direkt aus der INTERPOL-Zentrale in Paris. Es lautete:

> der im verdacht der großhehlerei stehende griechische staatsangehörige jemje zachnaros verließ mit der gecharterten dschunke su lin fu in der nacht zum 28. des monats den hafen ramsgate/england. lief in südöstlicher richtung aus. zu besonderer wachsamkeit werden alle dienststellen im nordwestlichen küstenbereich von frankreich, belgien, niederlande aufgefordert.

»Dann st-stimmt das also mit Barnecelli!« verschluckte sich Tony Himst. Van Helder nickte geistesabwesend. Minutenlang hörte man nur das Ticken des alten Regulators im Zimmer. Dann gab der Inspektor seine Instruktionen: »Oberflächlich gesehen scheint das Eintreffen der Dschunke in direktem Zusammenhang mit dem Auftauchen von Jocco Barnecelli zu stehen. Hier ein Hehler – dort ein Dieb ... Aber laut Fernschreiben steht Zachnaros nur ›im Verdacht‹. Man hat ihm also noch nichts nachweisen können. Es wäre also durchaus möglich, daß er wirklich nur eine Spazierfahrt macht. Also, Tony, stellen Sie fest, von wem er die Dschunke gechartert hat, wieviel Mann Besatzung sie hat und wie lange sie hier liegenbleiben will. Ich werde inzwischen Vorsorge treffen, daß jede Maus, die von oder an Bord geht, ständig zwei Augen im Rücken hat.«

Knappe zwei Stunden später saßen sich die Beamten wieder gegenüber, und Tony Himst begann seinen Bericht: »Also, Chef, ich habe eine Menge herausgefunden!«
»Schießen Sie los!«
»Zunächst die Dschunke: Ihr Heimathafen ist Ramsgate. Ebenfalls dort wohnhaft ist der Eigner der ›Su Lin Fu‹. Sein Name: Sir Keith Foreman. Siebzig Jahre alt. Seines Zeichens Schriftsteller und Amateurarchäologe. Nach Auskunft eines gewissen Sergeant McLanly von der Polizei in Ramsgate hat der alte Foreman einen ausgeprägten Chinatick. Nicht nur Haus und Garten sind chinesisch angelegt, er kleidet sich auch so. Und wenn er Einkäufe in Ramsgate zu tätigen hat, läßt er sich von einem bärenstarken Chinesen mit einer Rikscha durch die Stadt ziehen. Die alte Dschunke hat er sich für viel Geld per Decksladung aus Hongkong kommen lassen. Fünf Mann gehören zur Stammbesatzung. Ein Schotte, ein Chinese, ein Norweger und zwei Iren.«
Inspektor van Helder hatte aufmerksam zugehört und sich einige Notizen gemacht. »Man sollte diesen Mister Foreman anrufen ...« – »Habe ich getan, Chef!« rief Himst. »Der alte

Herr war höchstpersönlich am Apparat. Und zwar gab er an, die Dschunke für eine Woche an Mister Zachnaros vermietet zu haben. Und das entgegen seiner sonstigen Gewohnheit. Wissen Sie warum, Chef?« Noch bevor van Helder antworten konnte, verriet Himst: »Weil Zachnaros sich als exzellenter Kenner chinesischer Kunst ausgab.«
»Mit anderen Worten, er hat den alten Mann regelrecht eingewickelt... Über die Höhe der Dschunkenmiete konnten Sie nichts erfahren?«
»Nein...«
»Nun, lassen wir uns überraschen, was die Beschattung der Leute einbringt...«

Drei Tage lag die Dschunke bereits im Hafen, ohne daß sich etwas Verdächtiges tat.
Vier Seeleute, die zur ständigen Besatzung gehörten, verließen an jedem Nachmittag das Boot, um sich zum Amüsement zu begeben. Wenn sie zurückkehrten, taten sie es meist schwankend und singend – doch nie unbeobachtet. Jeder ihrer Schritte wurde überwacht. Sie gaben sozusagen keinen Ton von sich, den nicht mindestens ein Polizistenohr mithörte. Doch es war nichts Aufschlußreiches dabei. Sie waren mit ihrem Job zufrieden, weil er ihnen für wenig Arbeit gutes Geld brachte. Geizig war der verrückte Sir Keith jedenfalls nicht. Sie direkt nach Zachnaros auszufragen, hielt Inspektor van Helder für zu riskant. Hatte der Grieche wirklich etwas vor, so wäre er dadurch gewarnt.
Doch es tat sich nichts!
Ein Tagesablauf auf der Dschunke glich dem anderen. Kein Fremder kam. Weder am Tag noch in der Nacht... Jeden Morgen gegen 9 Uhr erschien ein Mann, auf den die Beschreibung Zachnaros' paßte, gähnte, streckte sich und ging, zwei bis drei Zigaretten rauchend, gemächlich an Bord auf und ab. Anschließend verschwand er wieder im Inneren.

Zwei Stunden später tauchte dann ein untersetzter Chinese auf. Er nahm ein Fahrrad, das am Aufgang zum Vorderschiff festgezurrt war, und verließ die Dschunke zum Einkaufen. Es war immer derselbe Weg, den er dabei zurücklegte. Und es waren auch dieselben Geschäfte, die er nacheinander besuchte: eine Bäckerei, eine Gewürzgroßhandlung, eine Fleischerei, ein Geschäft für Molkereiprodukte, ein chinesisches Restaurant und einen Kiosk mit Zeitungen und Souvenirs. Nirgends blieb er lange. Und wenn er nach jedem Einkauf das Fahrrad wieder bestieg, tat er es mit einer Miene, als habe er soeben das Geschäft seines Lebens abgewickelt.
Van Helder kannte diese Beobachtungen auswendig. So war es am 29. gewesen, so war es auch am 30. und 31.
Auf was wartete Zachnaros?
Auf Jocco Barnecelli? Wenn ja, wo blieb Barnecelli dann? Jener Hinweis vom 29. war nach wie vor die einzige Information, von der sich Barnecellis Anwesenheit in Ostende ableiten ließ. Und Inspektor van Helder fragte sich manchmal beklommen, ob der Aufwand im richtigen Verhältnis zu einer unbewiesenen Vermutung und einer Warnung von INTERPOL stand. Schließlich machten zusammen mit den »ausgeliehenen« Beamten aus Gent und Brügge inzwischen über sechzig Beamte rund um die Uhr Dienst in Sachen Barnecelli.
Dann kam die Nacht zum Ersten.
Es war gegen 2 Uhr morgens.
Ruhelos wälzte sich Jan van Helder in seinem Bett von einer Seite auf die andere.
Er wollte schlafen ... Ja, er wollte es wirklich ... Er hatte im Geist Schafe gezählt und zweimal versucht, von tausend abwärts die Zahlen vor sich hin zu murmeln. Er ahnte, daß er der Lösung des Rätsels auf der Spur war ... Und deshalb halfen weder Zahlen noch Schafe ... Barnecelli – Zachnaros – Barnecelli – Zachnaros ... Er blickte wieder zur Uhr: 2 Uhr 10 ...
Dann plötzlich durchfuhr es ihn. Es war wie ein Blitz-

schlag ... Er riß den Hörer von der Gabel des Telefons, das direkt neben seinem Bett stand.
Himst meldete sich.
»Liegt die ›Su Lin Fu‹ noch im Hafen?« bellte van Helder in die Muschel.
»Ja, Chef ... Ich dachte, Sie schliefen ...«
»Dachte ich auch. Gibt's sonst was Neues?«
»Nein, nicht daß ich wüßte. Von Barnecelli keine Spur. Warum fragen Sie nach der ›Su Lin Fu‹?«
»Ich habe das Gefühl, daß ich der Lösung ein Stück nähergekommen bin ... Ich glaube jetzt auch nicht mehr, daß die Dschunke vor morgen mittag auslaufen wird ... Gute Nacht, Tony!«
»Gute Nacht, Chef!« sagte auch Tony Himst, doch van Helder hatte schon aufgelegt und seinen müden und ziemlich ratlosen Mitarbeiter wieder sich selbst überlassen.

12 Uhr 30 mittags.
Wie immer hatte Zachnaros gegen 9 Uhr seine Zigaretten geraucht. Vielleicht eine Spur nervöser als sonst. Und eine Spur hastiger.
Wie immer hatte sich auch der untersetzte Chinese zwei Stunden später auf sein Fahrrad gesetzt, um in Richtung Bäckerei zu radeln. Vielleicht eine Spur nervöser als sonst. Und eine Spur hastiger.

12 Uhr 30 mittags.
Fünf Beamte betraten das Deck der Dschunke ›Su Lin Fu‹. Verwundert betrachtet von den beiden irischen Matrosen, die im Schatten einer Bastmatte saßen und Schach spielten.
»Tschang!!« brüllte eine Stimme von irgendwo.
Einer der Beamten, es war Inspektor van Helder, ging der Stimme nach. Der Weg führte ihn geradewegs in einen

luxuriös eingerichteten Salon. Ein Mann saß über eine Seekarte gebeugt und kehrte ihm den Rücken zu. Ohne sich umzuwenden, sprach er:
»Sag der irischen Kanaille O'Brien, daß wir ablegen. Wo warst du eigentlich so lange, Tschang? Gab es Schwierigkeiten?«
Als seine Frage ohne Antwort blieb, wendete er sich heftig um. Und Inspektor van Helder konnte nicht umhin, die Beherrschtheit und Kaltblütigkeit Zachnaros' zu bewundern. Dieser hatte sich erhoben und verbeugte sich kurz. Er steckte in einem vornehmen hellgrauen Anzug. Auf seinem makellos weißen Hemd trug er seine silbergraue Krawatte, auf der eine Krawattennadel mit einer haselnußgroßen rosafarbenen Perle steckte.
Sein Ton war vornehm wie sein Gehabe und sein Habitus:
»Ich muß Ihr Klopfen überhört haben, Sir!«
»Ich hatte gar nicht geklopft. Ich hörte Sie rufen, und ...«
Den Rest verschluckte van Helder.
»Ich glaubte, Tschang, mein Koch, sei zurückgekommen.«
Van Helder griff in die Tasche und reichte Zachnaros seine Legitimation.
»Polizei??« Zachnaros zog die Augenbrauen hoch. »Was sucht die Polizei auf meinem Schiff?«
Van Helder steckte seinen Ausweis zurück und korrigierte:
»Wenn ich richtig informiert wurde, gehört die Dschunke nicht Ihnen, sondern Sir Keith Foreman in Ramsgate.«
Zachnaros winkte ab.
»Ich habe sie gechartert... Was ist daran strafbar?«
Van Helder sah sich aufmerksam im Salon um. »Mit viel Geschmack eingerichtet... Übrigens, wissen Sie, wo sich Ihr Koch befindet?«
»Er ist zum Einkaufen gefahren. Eigentlich sollte er längst wieder zurück sein... Es gehört nämlich zu seiner Eigenheit, die Gerichte tagesfrisch zuzubereiten. Ich kann daran leider nichts ändern, er gehört zum gecharterten Personal.«

»Sie lügen, Mister Zachnaros!«
Van Helder hatte es in einem Tonfall gesagt, als wünsche er jemandem einen friedlichen »Guten Morgen«. Doch die Wirkung war alles andere als friedlich. Jemje Zachnaros richtete sich steif auf, und aus seinen Augen schossen Blitze: »Was erlauben Sie sich?«
»Sie haben zwar recht, daß ein chinesischer Koch zur ständigen Mannschaft gehört, doch der mußte auf Ihren ausdrücklichen Wunsch hin in Ramsgate bleiben, weil Sie Ihren eigenen Koch mit auf die Reise nehmen wollten.«
Zachnaros lächelte. Er schien nicht sonderlich beeindruckt: »Sie scheinen sich gut informiert zu haben, Inspektor.«
»Sie sagen es! Und deshalb bin ich auch in der Lage, Ihnen zu sagen, wo sich Ihr Koch Tschang zur Zeit befindet. Im örtlichen Kommissariat. Wir haben ihn verhaftet!«
»Verhaftet?« Zachnaros schluckte.
»Verhaftet, als er gerade wieder – wie es seine Eigenart ist – tagesfrisch einkaufte.«
»Und warum haben Sie ihn verhaftet?«
Van Helder antwortete mit einer Gegenfrage:
»Kennen Sie Jocco Barnecelli?«
Kein verräterisches Muskelzucken bei Zachnaros: »Ich hatte noch nicht das Vergnügen... Sollte ich ihn denn kennen, Inspektor?«
»Eigentlich nicht. Tschang als ergebener Bote war ausreichend. Das ändert jedoch nichts daran, daß Sie Ihren unbekannten Geschäftspartner Barnecelli bald kennenlernen werden.«
»Ich bin nicht interessiert!«
»Jemje Zachnaros, ich muß Sie leider festnehmen und dem Untersuchungsrichter vorführen.«
»Und was werfen Sie mir vor?«
»Hehlerei! Wir haben Ihren Koch bei seiner täglichen Runde zusammen mit Jocco Barnecelli festgenommen. Bei Tschang fanden wir die letzte Rate des Schmucks und bei Barnecelli

30000 englische Pfund. Jetzt fehlt eigentlich nur noch die Hauptmenge der zusammengeraubten Juwelen, die Sie bereits übernommen haben, nachdem sie Tschang von seinem täglichen Einkaufsbummel mitgebracht hat.«
Zachnaros lächelte ironisch:
»Und nur wenn Sie *die* finden, Inspektor, haben Sie einen Beweis gegen mich. Sonst ... sonst bleibt es bei einer Vermutung ... Soll ich Ihnen mal verraten, wie oft man bei mir schon falsch vermutet hat?«
Van Helder nickte: »Sie haben recht ... Aber ich verspreche Ihnen, daß ich die Dschunke auf den Kopf stellen werde. Nicht ein einziger Quadratzentimeter wird unbesehen bleiben ...«
Jemje Zachnaros verbeugte sich ironisch: »Ich wünsche Ihnen bei Ihrer Expedition viel Vergnügen, Inspektor!«
Der Grieche wurde ins Kommissariat gebracht, und insgesamt zehn Beamte, darunter Spezialisten des Zolls, begannen mit der Durchsuchung der Dschunke. Nach fünf Stunden hatten sie noch kein Stück des Hehlergutes gefunden. Inspektor van Helder wurde immer nervöser. Fanden sie nichts, mußten sie Zachnaros wieder auf freien Fuß setzen. Denn dann blieb alles auf dem Chinesen Tschang sitzen. Endlich, es war bereits 22 Uhr, hatten sie das Versteck entdeckt. Es war so einfach und so raffiniert: ein präparierter Rettungsring. Zachnaros und Tschang hatte ihn gegen einen der anderen ausgetauscht. Er enthielt in seinem Inneren zwölf Beutel mit Schmuck und kostbaren Steinen. Jeder Beutel war mit einer genauen handschriftlichen Aufstellung über Inhalt und Wert versehen. Und es war Zachnaros' Handschrift.
Gegen Mitternacht legte Jemje Zachnaros ein Geständnis ab. Für die Beamten von Ostende war es ein großer Fang. Sogar einer der größten in ihrer Geschichte.

Und damit kommen wir zu unserer Aufgabe. Als Inspektor van Helder in jener schlaflosen Nacht nach der Lösung suchte, war er auf ein Detail gestoßen, das mit der Beobachtung des chinesischen Kochs zusammenhing. Und zwar besuchte dieser jeden Tag eine Reihe von Geschäften in gleicher Reihenfolge. Und plötzlich ahnte der Inspektor, daß Tschang dabei in einem der Geschäfte mit dem gesuchten Jocco Barnecelli zusammentraf. Wie wir inzwischen wissen, bestätigte sich diese Vermutung.
Hier ist nun unsere Frage:
In welchem der Geschäfte, glaubt ihr, hat Inspektor van Helder den Chinesen Tschang und den Juwelendieb Barnecelli festgenommen?
Oberflächlich gesehen könnte dafür natürlich jedes dieser Geschäfte in Betracht kommen. Aber eben nur oberflächlich. Denn wenn ihr genau und logisch überlegt, kann es nur eine *richtige Antwort geben.*

Balduin Pfiff und der Tintenkleckser

Heiliges Kanonenröhrchen, nichts konnte den kleinen dicken Meisterdetektiv mehr auf das Südseegestrüpp (er meinte damit Palmen!!) bringen als Glockengeläute an der Tür, wenn er kochte.
Und jetzt klingelte es!
»Chrrrrrr...«, knurrte Pinsel, der genau wußte, wann sein Herr und Futtergeber nicht gestört sein wollte.
»Hast du gehört, Pinsel, es hat geklingelt«, sagte Balduin nach unten, wo sein kleiner Vierbeiner saß.
Pinsel hatte kreisrunde Augen und versuchte vergeblich seine Gier nach dem zu unterdrücken, was, unerreichbar für ihn, auf der linken, hinteren Ecke des Tisches lag: Wiener Würstchen.
Der kleine Detektiv ließ die Mundwinkel fallen, was ein typisches Zeichen für leichte Gereiztheit war. Seine Hände fuhren über die Schürze, und mit dröhnendem Links-zwo-drei-Vier marschierte er zur Tür.
In diesem Augenblick klingelte es zum zweiten Mal.
»Ein Ungeduldiger, ei der Daus!« schimpfte Balduin Pfiff, und Pinsel stimmte dem mit kräftigem »Wau-Wau« zu.
Es war kein Ungeduldiger, sondern eine grauhaarige zierliche Frau.
Balduin Pfiff musterte sie ungeduldig.
»Ich bin Frau Albrecht, wir hatten vorhin miteinander telefoniert...« Sie stutzte und fügte verlegen hinzu: »Ich meine, wenn Sie Herr Pfiff sind.«
»Hehehehe«, lachte der Meisterdetektiv meckernd und

deutete auf seine Schürze. »Ich bin's, wenn es auch im Augenblick nicht so aussieht. Und noch etwas will ich Ihnen verraten: Ich hatte Sie glattweg vergessen!«
»Oooooh...« Frau Albrecht schien erschrocken.
»Bitte, treten Sie ein!« forderte Balduin seine Besucherin auf und machte eine einladende Handbewegung. »Ich hoffe, Sie haben nichts dagegen, wenn ich Ihnen statt des Büros die Küche anbiete. Aber ich bin gerade beim Kochen...«
»Ich bewundere Männer, die kochen können«, nickte Frau Albrecht.
»Dann müssen Sie mich aber *sehr* bewundern, hehehe, denn ich koche *sehr* gut!« Er klopfte sich auf seinen gewaltigen Kugelbauch. »Und wie Sie sehen, setzt es auch an!«
Die zierliche Frau ließ sich auf einem Küchenstuhl nieder, und nachdem sie Pinsel die von diesem erwünschten Streicheleinheiten gewährt hatte, hob sie schnuppernd die Nase und erkundigte sich dann: »Das riecht so angenehm quer durch den Garten. Was kochen Sie denn?«
»Haben Sie schon mal was von Kutscherglück gehört?« fragte Balduin und tat pfiffig, während das Wiegemesser über die Petersilie schaukelte.
»Kutscherglück??« Frau Albrecht schüttelte die grauen Löckchen. »Noch nie.«
»Nun ja«, meinte Balduin, »Koch-Erstkläßler würden es vielleicht auch als Kartoffelsuppe bezeichnen, aber ich, ich nenne es so, wie es hieß, als es einst erfunden wurde...«
»Würden Sie mir das Rezept verraten?«
»Hm...« Balduin Pfiff sah kurz auf. »Drücken wir es ein bißchen anders aus: Ich weihe Sie in die Herstellung von Kutscherglück ein. Aber erst, wenn der Fall abgeschlossen ist.«
»Einverstanden...«
»Dann schießen Sie mal los mit Ihren Sorgen. Stört es Sie, wenn ich dabei das Rindfleisch schneide?«
»Aber nein, schneiden Sie nur...«

Während Balduin Pfiff den Rindfleischklumpen aus der Suppe fischte, begann Frau Albrecht zu berichten: »Ich muß gestehen, daß ich lange überlegt habe, was ich tun soll. Zur Polizei gehen, gar nichts unternehmen oder mich an einen Privatdetektiv wenden.«
Sie seufzte leise.
»Wissen Sie, wenn man alleinstehend ist, wenn man niemanden hat, mit dem man sich beraten kann, ist es schwierig, das Richtige zu tun...«
Pinsel hob die Nase und schniefte geräuschvoll und respektlos mitten hinein in Frau Albrechts Ausführungen. Beim Hundegott, das waren wieder Gerüche, die da verführerisch in dicken Schwaden an seinem Geruchsorgan vorbeizogen! Das Wasser lief ihm unter der Zunge weg. Und da keiner Notiz von ihm nahm, stieß er seine Nase an die Wade, die zwischen den Stuhlbeinen über ihm schwebte. Nichts. Die Besitzerin reagierte kein bißchen. Sie redete einfach weiter, als hätte nur sie allein Probleme. – Hmmmmm, wie das duftete...
»Seit drei Tagen, Herr Pfiff, wirft jemand gefüllte Eier auf meinen Balkon.«
Balduin Pfiff sah kurz auf, schüttelte den Kopf und entrüstete sich: »Heiliges Kanonenröhrchen, welch eine Verschwendung. Womit gefüllt?«
»Mit roter Tinte. Mein Balkon sieht aus wie ein Schlachthof.«
»Pfui!!« rief der kleine Detektiv, und »Au!!« stöhnte er gleich hinterher. Das Fleisch war noch höllisch heiß.
»Ich habe ja schon von einer Menge Bosheiten gehört, aber daß jemand einem anderen Tinteneier auf den Balkon schmeißt, das ist was ganz Neues. Haben Sie einen Verdacht, Frau Albrecht?«
Sie zuckte ratlos mit den Schultern. »Es würde wohl albern klingen, wenn ich sagte, ich traue es keinem zu. Natürlich habe ich schon überlegt, wer dahinterstecken könnte. Aber wen soll ich verdächtigen, wenn nur zwei in Frage kommen.

Die Korbmanns oder die Hellers? Die einen wohnen links von mir, die anderen rechts.« Und mit einem bedauernden Schulterzucken sagte sie noch leise. »Beide Familien reden nicht mit mir.«
»Ei der Daus, warum denn nicht?«
»Seitdem ich Herrn Korbmann gefragt habe, ob er nicht vielleicht in einem anderen Zimmer Trompete blasen kann, sieht er an mir vorbei. Dabei habe ich ihn wirklich ganz freundlich gefragt. Und es ist doch unangenehm, wenn man schlafen muß, und nebenan bläst einer Trompete, als sei er ganz allein im Haus.«
»Aber wenn er sich an die üblichen Zeiten hält...«, warf Balduin Pfiff ein und dachte da an seine Mundharmonika. Aber zwischen einer Trompete und einer Mundharmonika war wohl doch ein ziemlich lauter Unterschied.
»Natürlich hält er sich an die Zeiten, aber was nutzt mir das, wenn ich Nachtdienst habe und am Tag schlafen muß. Ich arbeite nämlich als Schwester im Krankenhaus.«
Balduin Pfiff fischte die Möhren aus dem Topf und gab das kleingeschnittene Fleisch zurück. Während er nun die butterweichen Möhren in dünne Scheiben zerteilte, fragte er: »Womit verdient der Herr Trompeter seine Brötchen?«
»Er ist Frührentner und den ganzen Tag zu Hause. Aber eines muß ich sagen, seitdem er Rentner ist, war er nie wieder krank. Und Trompete bläst er im Musikverein ›Opus 1‹. Wenn er nur nicht so laut blasen würde...«
»Und was ist mit den anderen?«
»Ja, daß sich die Hellers so komisch verhalten könnten, hätte ich nie gedacht. Vor vierzehn Tagen haben sie aus ihrer Wohnung einen Schrank in den Keller geschafft. Leider stellten sie ihn so ungünstig, daß das ganze Fenster verdeckt wurde. Sie müssen wissen, daß wir unser Licht beide von diesem einen Fenster beziehen. Ich bat Herrn Heller, den Schrank...«
»Fertig!!« rief Balduin Pfiff und schob geschnittene Möhren

samt Petersilie in den dampfenden Topf und zog ihn von der heißen Platte. »Hehehehe«, lachte er dann, zwinkerte Frau Albrecht zu und fuhr fort: »Sie baten Herrn Heller, den Schrank wieder vom Fenster wegzurücken, und er sagte ›Nein‹. Daraufhin wandten Sie sich an den Hausbesitzer oder die Hausverwaltung, und diese sagte zu Herrn Heller: ›Herr Heller, der Schrank muß weg, damit Frau Albrecht auch was sieht.‹ Herr Heller rückte den Schrank also woanders hin und sprach fortan mit Ihnen nicht mal mehr ein Komma, stimmt's?«
Die kleine Frau starrte Balduin Pfiff sprachlos an. In ihren Augen standen Staunen ebenso wie Mißtrauen und Unglaube. »Woher wissen Sie das?« brachte sie endlich über die Lippen.
Balduin Pfiff ließ fröhlich lachend seine Schürze im Schrank verschwinden und tippte sich gegen die Brust. »Haben Sie vergessen, daß der Koch in Wirklichkeit ein Detektiv ist? Was sage ich, ein Meisterdetektiv!«
»Aber trotzdem, so was kann man doch nicht wissen.«
»Wissen nicht, aber zu fünfzig Prozent erahnen und zu fünfzig Prozent kombinieren.«
Die Besucherin schüttelte den Kopf. »Nicht möglich«, sagte sie leise. Und weil der Detektiv mit der Kocherei fertig zu sein schien, erhob auch sie sich. »Glauben Sie, daß Sie mir helfen können, Herr Pfiff?«
Balduin Pfiff sah nach unten, wo jetzt Pinsel auftauchte. »Was meinst du, Pinsel, können wir Frau Albrecht helfen?«
»Wau-Wau!!« machte Pinsel und schielte in die Richtung, wo noch immer die Würstchen lagen.
»Er sagt ›Ja‹! Und was wollen Sie tun, wenn Sie wissen, wer aus Ihrem Balkon einen Schlachthof gemacht hat?«
»Darüber muß ich noch nachdenken...«
»Also«, Balduin Pfiff klatschte in die Hände, »dann lade ich Sie jetzt zu einem Teller Kutscherglück ein. Danach

gehen Sie nach Hause, und heute abend statte ich Ihren netten Nachbarn einen Besuch ab.«

Herr Korbmann glich eigentlich eher dem Mittelstürmer einer Altherrenmannschaft als einem trompetenden Frührentner. Er schien eine Menge überschüssiger Kraft zu besitzen, denn so, wie er die Tür öffnete, sah es aus, als wolle er den oder die Draußenstehenden per Sog in die Wohnung ziehen.
Balduin Pfiff tippte sich freundlich an die Mütze, und ebenso freundlich sagte er: »Mein Name ist Pfiff wie Pfeife. Habe ich das Vergnügen, dem ehrenwerten Herrn Korbmann gegenüberzustehen?«
Der Trompeter schien um diese Zeit nicht allzuviel Humor zu haben. Mürrisch und übellaunig fragte er seinerseits: »Sie sind wohl vom Varieté, was? Oder haben Sie so viel Mut, daß Sie glauben, Sie könnten mir jetzt noch was andrehen?«
Balduin Pfiff legte den Finger über die Lippen und machte »Pssst!«
Unwillkürlich senkte Herr Korbmann die Stimme: »Was ist los???«
»Was ich Ihnen andrehen will, kostet Sie keinen Pfennig.«
»Ach ...«
»Ein Geheimnis!«
»Lustig. Ich könnt mich ausschütten vor Lachen.«
»Für Sie und mich ist es vielleicht lustig, aber nicht für Frau Albrecht!«
Eine steile Falte wuchs zwischen den Trompeteraugen. »Was hat Frau Albrecht mit Ihrem Geheimnis zu tun?«
»Alles! Sie möchte nämlich gern das Geheimnis enträtseln, wer ihr mit roter Tinte gefüllte Eier auf den Balkon geworfen hat.«
In Korbmanns Augen blitzte es böse auf. »Was haben Sie damit zu tun?«

»Nachdem sie nicht weiter weiß, hat sie mich beauftragt, das Geheimnis zu lösen. Und deshalb stehe ich hier und frage Sie, ob Sie vielleicht etwas wissen.«
»Stehen Sie meinetwegen hier, bis Sie schwarz werden. Ich rede nicht mit Frau Albrecht, warum sollte ich ihr dann Eier auf den Balkon werfen. Außerdem besitze ich keine rote Tinte, bin ja kein Lehrer, was?!«
Die Tür knallte zu, und irgendwo bröselte der Putz.
»So ein unfreundlicher Trompeter«, murmelte Balduin Pfiff.

Zuerst blickte der kleine runde Detektiv in ein paar Kinderaugen, die ihm neugierig entgegensahen. Doch noch bevor er fragen konnte, ob vielleicht noch etwas Größeres in der Wohnung wäre, verschwand das Kindergesicht hinter ein paar dunkelgrauen Hosenbeinen, und Balduin Pfiffs Augen begannen zu wandern. Immer höher und höher. Herr Heller war mindestens vier Meter hoch, na ja, vielleicht nicht ganz, aber gute zwei Meter waren es auf alle Fälle.
»Jaaaa??« fragte dieser, und es klang, als käme es aus einer Berghöhle.
»Wenn ich dem einen Kinnhaken geben will, muß ich 'ne Leiter mitbringen!« dachte Balduin. »Herr Heller??«
»Ja!!! Was kann ich für Sie tun?«
»Mein Name ist Pfiff, ich bin Detektiv und untersuche das fröhliche Eierwerfen auf Frau Albrechts Balkon.«
»Oooooh ...« Herr Heller beugte sich vor und drehte den Kopf leicht zur Seite, als habe er sich verhört. »Eierwerfen? Welches Eierwerfen??«
»Ein unfreundlicher Zeitgenosse wirft ihr tintengefüllte Eier auf den Balkon.«
Der Riese musterte den knappgewachsenen Detektiv, als habe dieser behauptet, in Wirklichkeit das Sandmännchen zu sein. »Das ist ja wohl ein Witz, Herr ...«
»Pfiff!«

»Meinetwegen. Ein schlechter Witz.«
»Was ist ein Witz, Papa?« piepste eine Stimme im Hintergrund.
Balduin Pfiff schwenkte freundlich, aber bestimmt sein Haupt. »Ernster kann es gar nicht sein. Und da aus technischen Gründen die Abwurfbasis nur beim linken oder rechten Nachbarn zu suchen ist, bin ich hier und erlaube mir, ein paar freundliche Fragen zu stellen, hehehehe.«
Der Riese schien echt erschrocken zu sein. »Um Gottes willen, Sie glauben ... ich meine, Frau Albrecht glaubt doch nicht, daß wir ...« Herr Heller verschluckte den Rest, machte dafür eine einladende Handbewegung, und seine Stimme klang sehr ernsthaft: »Bitte, treten Sie ein, Herr Pfiff. Wenn Sie in der ganzen Wohnung auch nur einen einzigen Tropfen rote Tinte finden, will ich sonstwie heißen.«
»Ich kannte mal einen Balthasar Sonstwie, das war vielleicht ein Schlitzohr«, lachte Balduin Pfiff.
Und natürlich suchte er keine Tinte in der Wohnung der Hellers, denn dazu fehlte ihm die Amtsgewalt. Aber er stellte noch sieben Fragen, drei davon betrafen Herrn Korbmann.

Frau Albrecht erwartete Balduin Pfiff bereits ungeduldig. Die Aufregung hatte ihren Wangen rote Flecke beschert. Mit belegter Stimme fragte sie: »Haben Sie Erfolg gehabt?«
»Zweifeln Sie etwa daran?« Vorwurfsvoll schüttelte der kleine Detektiv den Kopf. »Ts-ts-ts-ts ...«, machte er. Sein dicker Daumen zeigte über die rechte Schulter. »Der war es!«
Frau Albrecht folgte der Richtung, und sie schluckte. »Der war es wirklich?«
»Ja, der war es wirklich!« Balduin blinzelte. »Wenn Sie mir jetzt die versprochene eisgekühlte Buttermilch servieren würden, wäre ich Ihnen dankbar ...«

Wer war der Eierwerfer? Herr Korbmann oder Herr Heller?

Ein Plan nach Maß

Die Personen:

Winston McKennie
Berry Priscott
Paul Burghman } die Bande
Bill Parker
Arthur Roos
Mrs. Hopkins, Kassiererin
Sir Anthony Banslock, Bankdirektor
Cilly, seine Sekretärin
Batton, Polizeiinspektor
Hastings, Sicherheitsbeamter
Williams, ebenfalls
Stimme, die noch einem Gauner gehört
Frauenstimme

Die Schauplätze:

Eine Bank
Ein Kabinenkreuzer
Viele Straßen

29. Mai.
Es war ein freundlicher, warmer Frühlingstag. Ein Tag, der auch den eingefleischtesten Wetterpessimisten ein fröhliches »Na also« abnötigte.
12 Uhr 30.
Zu diesem Zeitpunkt rutschte Mrs. Beverly in der Bolton Street auf einer Bananenschale aus und brach sich den rechten Arm.
In Pippers Drugstore gewann Jim Donnegan eine Wette, weil

er achtzehn Hamburger hintereinander gegessen hatte. In einem Bürohaus in der Watson Road küßte Elvis Stattoway die pummelige Miß Margret und erhielt dafür eine schallende Ohrfeige.
Und in der Cross Street betrat ein Mann die Schalterhalle der MANCHESTER CITY BANK. Diese Begebenheiten hatten, bis auf zwei Details, nichts miteinander zu tun: Sie geschahen sämtlich in Manchester, und sie ereigneten sich um 12 Uhr 30. Der Mann, der die Bank betrat, begab sich ohne Zögern an den Kassenschalter...

Bill: (höflich) Bitte, würden Sie mir diese hundert Pfund wechseln?
Hopkins: Aber gern, Sir. Wie möchten Sie es?
Bill: Am liebsten wären mir Zehnpfundnoten.
Hopkins: Wie Sie wünschen, Sir... Bitte... (zählt 1 bis 10)
Bill: Vielen Dank, Missis – Hopkins... Sie sind doch Missis Hopkins?
Hopkins: (lächelt) Wie es auf dem Schild steht, Sir!
Bill: (lacht) Eine feine Einrichtung, das mit den Schildern. Man weiß dann gleich, mit wem man es zu tun hat. Also, auf Wiedersehen!
Hopkins: Auf Wiedersehen, Sir...
Frau: (schüchtern) Kann ich das hier kriegen, Miß?
Hopkins: (freundlich belehrend) Nein, da müssen Sie erst zum Schalter vier gehen...

Unter den Tausenden von Kunden der MANCHESTER CITY BANK befanden sich mehrere industrielle Großbetriebe sowie eine Anzahl namhafter Firmen der Textilbranche. Trotzdem gehörte die MCB nur zu den mittelgroßen Banken der Stadt. Doch der Unterschied bestand nicht nur in der Anzahl der Kunden und der Höhe der Einlagen, sondern ergab sich auch optisch: Die Fassade wies weder Chrom noch

viel Glas auf, und die Einrichtung der Schalterhalle stammte fast ausnahmslos aus der viktorianischen Zeit. Nur dem Druck zweier Versicherungsgesellschaften war es zu danken, daß die MANCHESTER CITY BANK eine vollautomatische Türschließanlage und die Kasse ein Rundschild aus Panzerglas erhalten hatten. Und trotz dieser augenscheinlichen Rückständigkeit war bis zum heutigen Tag noch kein Überfall auf die Bank verübt worden.
Für den alten Sir Anthony Banslock, Direktor und gleichzeitig Präsident der Bank, war das eine Bestätigung seiner Meinung, daß die Ausstattung einer Bank nicht unbedingt eine Rolle dafür spielte, ob sie überfallen wurde oder nicht. Daß sich das bald ändern sollte, ahnten weder Sir Anthony noch seine Angestellten.

Auch in Liverpool, kaum dreißig Meilen von Manchester entfernt, war der Himmel an diesem Tag blau und wolkenlos gewesen. Inzwischen stand die Sonne tief und warf lange Schatten. Am Weststeg des alten Yachthafens, inmitten einer Vielzahl von Booten jeglicher Bauart, lag der Kabinenkreuzer »Molly«. Seine großen Tage gehörten längst der Vergangenheit an. Dort, wo die Zeit mit scharfen Zähnen an Stahl, Messing und Holz genagt hatte, hatte man versucht, die ärgsten Spuren des Alterns mit dicker Farbe zu vertuschen.

In der gedrängten Enge der Kabine befanden sich vier Männer. Drei von ihnen pokerten. Der vierte starrte mit unbeweglichem Gesicht durch das gardinenverhangene Kabinenfenster hinüber zum Gebäude des ehemaligen Clubhauses. Dieser Mann nannte sich Winston McKennie, hieß in Wirklichkeit aber Selwyn Sayers.
Und auch seine sogenannte »Mannschaft« hatte Decknamen. Keiner kannte den tatsächlichen Namen des anderen. Da waren Paul Burghman, etwa 35 Jahre alt, mit dem

wettergebräunten Gesicht eines Mannes, der oft im Freien war. Berry Priscott aus London, ein wieselflinker Endzwanziger mit dem Aussehen eines Hauptbuchhalters, und da war der spindeldürre Arthur Roos, ein siebenmal vorbestrafter ehemaliger Taschendieb, dem die frühe Gicht in den Fingern saß. Der Handwerker der Bande hörte zur Zeit auf den Namen Bill Parker. Plötzlich kam Bewegung in Winston McKennie...

McKennie: Packt die Karten ein, Bill Parker kommt!

Die drei packten teils froh, teils mürrisch die Karten zusammen. Gemeinsam registrierten sie die hastigen Schritte auf dem Steg, spürten, wie sich das Boot nach Steuerbord neigte, als Parker an Deck sprang, und sahen ihm fragend entgegen, als er sich, leicht gebückt, durch die Kabinentür schob.

Bill: (aufgeräumt) Hallo, Boß... Hallo, Jungs, da bin ich!
McKennie: (kalt) Du hast eine Stunde Verspätung, Bill!
Bill: Tut mir leid, aber mit dem Polizeiwagen hat es länger gedauert. Die Rauchbombenbehälter waren zu dick.
McKennie: (erstaunt) Zu dick?
Bill: Ja. Ich mußte eine zusätzliche Halterung anschweißen. Als ich dann zum Bahnhof kam, fuhr mir der Zug vor der Nase weg.
McKennie: Hast du den Wagen zum Schluß nochmals kontrolliert? Ist die Sirene in Ordnung?
Bill: Alles okay! Von den Flaschen ist nichts zu sehen. Nicht mal der Polizeipräsident würde was merken.
McKennie: (ironisch) Ich bezweifle, daß der schon jemals in einem Streifenwagen gesessen hat... He, Berry Priscott, oder wie du sonst heißen magst, schenk mir einen ein, ich hab ihn verdient.
Priscott: Wie du meinst...
(Geräusch)

McKennie: Und was ist mit der Bank?

Bill: Alles, wie du es gesagt hast. Die Sicherheitsbeamten sitzen beide rechts und links neben dem Eingang in Glaskabinen.

McKennie: Und an der Hauptkasse?

Bill: Saß wieder eine Frau. Hopkins heißt die Lady. Macht den Eindruck, als ob sie ganz gute Nerven hätte. Prost!! (trinkt) Ah, das tut gut... Übrigens, ich habe sicherheitshalber den Bentley noch einmal mit Vollgas über die Hangerly Road gejagt. Er läuft wie ein Uhrwerk.

McKennie: Das war gut so... Macht den Tisch frei, wir wollen den Plan noch einmal durchsprechen.

Roos: (stößt etwas mit der Zunge an) Was denn, schon wieder? Ich kenne den Scheißplan doch schon auswendig.

Priscott: (äfft nach) Ich kenne den Scheißplan doch schon auswendig. Du bist viel zu dämlich, um dir mehr als zehn Wörter auf einmal merken zu können. Also halt gefälligst die Klappe!

Roos: (störrisch) Mir gehört schließlich der Kahn, was?

Priscott: Ja, aber nur, weil dir McKennie das Geld dazu gegeben hat.

Roos: (dümmlich und stolz) Für den Hafenverwalter bin *ich* der Kapitän!

Priscott: (stöhnt) Mensch, ist der doof...

McKennie: (eisig) Es ist gut, Berry...

Roos: (jammert) Immer muß er auf mir herumhacken, Winston. Und vorhin beim Pokern hat er auch geschummelt... Ich kenn doch den Plan wirklich!

McKennie: (wie zu einem Kind) Man muß einen solchen Plan auch auswendig kennen, Arthur... Punkt für Punkt. Die Sicherheit eines jeden einzelnen von uns hängt von der präzisen Durchführung ab. Begreifst du das, Arthur?

Roos: (eifrig) Natürlich!

McKennie: Dich habe ich zum Beispiel engagiert, weil du mit einem solchen Kahn umgehen kannst. Und dabei sind wir bereits beim Thema beziehungsweise bei deinem Arbeitsanteil. Wann verläßt du morgen früh den Hafen?

Roos: Ich laufe pünktlich um 9 Uhr aus.

McKennie: Okay. Aber fahr nicht so schnell, damit du nicht zu lange vor der verabredeten Zeit am Treffpunkt bist, kapiert?

Roos: Kapiert!

McKennie: Es könnte sonst auffallen, wenn du an einer so unwirtlichen Stelle so lange vor Anker gehst.

Roos: Du kannst dich auf mich verlassen. Ich mach eine richtige Spazierfahrt, hehehehe, immer gemütlich den Fluß rauf...

McKennie: Und nun zu dir, Bill!

Bill: Ich stelle um sieben den Bentley vor der Bank ab und bringe dir und Paul Burghman um 10 Uhr 15 den Polizeiwagen zu Treffpunkt 2. Dann begebe ich mich zu Fuß zu Punkt 4 und warte, bis Priscott Planteil B beginnt. Anschließend rufe ich dich...

Vierzig Minuten lang nahm McKennie noch einmal Teil für Teil seines Planes durch. Kalkulierte Unvorhergesehenes ein und wischte unsachliche Einwände vom Tisch. Zum Schluß examinierte er Berry Priscott, Bill Parker und Paul Burghman noch einmal mit allen Planteilen, geografischen Punkten und Zeitangaben.

20 Uhr 20 verließ er als erster das Boot. Zehn Minuten später folgten Berry Priscott und Paul Burghman. Als letzter verabschiedete sich Bill Parker von Arthur Roos, der plötzlich ziemlich aufgeregt schien.

Eine Stunde später saßen alle vier Männer, wenn auch in verschiedenen Waggons, in dem Zug, der Liverpool in Richtung Manchester verließ. Dort angekommen verließ jeder den Bahnhof mit einem anderen Ziel.

Manchester, 30. Mai.
10 Uhr 35.
In der Schalterhalle der MANCHESTER CITY BANK herrschte typischer Monatsendebetrieb. Ständig befanden sich zwischen zwanzig und dreißig Personen in der weitläufigen Halle.
10 Uhr 39.
Zwei Männer verließen auf dem Parkplatz der Bank ein Polizeiauto und strebten dem Hauptportal zu. Sie durchquerten eilig die Schalterhalle und wandten sich nach der teppichbelegten Treppe zum ersten Stock. Vorbei an zwei Dutzend flankierenden Topfpflanzen hasteten sie die Stufen hinauf.
10 Uhr 43.

(Eine Tür wird aufgerissen)

Cilly: (erschrocken/empört) Gentlemen, können Sie nicht anklopfen?

McKennie: (unpersönlich/in Eile) Entschuldigung, Miß. Bitte, melden Sie uns sofort bei Sir Banslock an.

Cilly: (von oben herab) Tut mir leid. Sir Banslock befindet sich in einer wichtigen Sitzung mit einigen Herren der Direktion.

McKennie: (heftig) Tun Sie, was ich Ihnen sage ... Ich bin Inspektor McKennie von Scotland Yard in London. Melden Sie uns ... nein, machen wir es anders. Rufen Sie ihn an, das andere mache ich. Können Sie das?

Cilly: (durcheinander) Iiii ... ich ... ja ... ja ... natürlich, Sir. (nimmt Hörer/wählt eine Nummer)

Banslock: (ärgerlich) Was gibt's denn?

Cilly: (schluckt) Bitte, Sir ... da ist jemand ...

McKennie: Verzeihung, Sir, lassen Sie sich jetzt nicht anmerken, daß Sie nicht mehr mit Ihrer Sekretärin sprechen. Hier spricht Detektivinspektor McKennie von Scotland Yard ... Lösen Sie Ihre Sitzung sofort auf. Einen Vorwand werden Sie wohl finden. Es ist wichtig und sehr eilig. Rufen Sie uns bitte herein, sobald Sie allein sind...

Banslock: (steif/gefaßt) Wie Sie wünschen!

Es vergingen genau vier Minuten, dann erschien Sir Banslock in der Tür. Man merkte es ihm an, daß er stark beunruhigt war. Mit einer steifen Geste bat er die beiden angeblichen Beamten in sein Büro.

Banslock: Sie haben mich echt erschreckt... Was hat das zu bedeuten?

McKennie: Darf ich Ihnen zunächst Inspektor Burghman von der hiesigen Polizei vorstellen... Es tut mir leid, Sir, aber ich muß Sie davon in Kenntnis setzen, daß auf Ihre Bank in wenigen Minuten ein Anschlag verübt werden soll.

Banslock: (fassungslos) Aber... das ist ja entsetzlich...

McKennie: Bevor Sie weitersprechen, Sir, rufen Sie bitte sofort und ohne Aufsehen Ihre beiden Sicherheitsbeamten und den Kassierer der Hauptkasse hierher.

Banslock: Die Hauptkasse wird von Missis Hopkins geleitet...

McKennie: Dann also Missis Hopkins. Bitte, Sir, es ist höchste Eile geboten.

Banslock: (nimmt Telefonhörer/Miß Cilly meldet sich) Mister Hastings und Mister Williams sowie Missis Hopkins möchten auf der Stelle zu mir kommen.

Cilly: Ja, Sir...

McKennie: Danke, Sir... Inspektor, rufen Sie Sergeant Parker!

Paul Burghman öffnete die mitgebrachte Tasche und entnahm ihr ein Walkie-Talkie (Sprechfunkgerät). Er zog die Antenne heraus und drückte das Rufzeichen. Gleich darauf meldete sich eine Stimme...

Bill: Hier Parker, bitte kommen!
Burghman: Hier Burghman, wie steht's, Sergeant, schon was zu sehen? Kommen!
Bill: Nein, Sir! Kommen!
Burghman: Wir bleiben bis auf weiteres im Direktionsbüro, Sergeant. Bitte, rufen Sie durch, sobald Sie Einzelheiten wissen. Ende!
Banslock: Sie machen mich wirklich besorgt...
(Klopfen)
Herein!
(Tür/Schritte/Tür)
Das ist Missis Hopkins, und das sind Mister Hastings und Mister Williams.
McKennie: Danke, machen wir es kurz. Hier sehen Sie Inspektor Burghman vom Sonderdezernat Bankraub, und ich bin Detektivinspektor McKennie von Scotland Yard. Die Zeit drängt, und Sie erlauben mir, mich kurz zu fassen. Auf die Bank ist ein Überfall geplant...
Hopkins: (erschrocken) Oh...
McKennie: Wir sind der Bande seit sechs Monaten hart auf den Fersen, und vor vier Wochen ist es uns gelungen, einen unserer Leute einzuschmuggeln. Von ihm wissen wir, daß der Überfall für 11 Uhr geplant ist.
Hopkins: Das ist es ja bald...
McKennie: Und wir wissen, daß sich seit 10 Uhr 30 drei schwerbewaffnete Bandenmitglieder im Bankgebäude aufhalten.
Hastings: (eifrig) Aber wir haben doch die automatische Türschließanlage, Sir. Die ist mit der Alarmsirene gekoppelt.
Burghman: Wollen Sie ein Blutbad unter den Kunden und Angestellten in der Schalterhalle riskieren, Mister Hastings?
Banslock: (erschrocken abwehrend) Um Gottes willen, nein. Das würde uns unsere Kundschaft nie verzeihen.

McKennie: (ungeduldig) Missis Hopkins, wieviel Geld befindet sich zur Zeit in der Hauptkasse?
Hopkins: Ungefähr hunderttausend Pfund, Sir. Ein Tag vor Monatsende brauchen wir immer besonders viel Bargeld.
McKennie: Tun Sie auf alle Fälle, was die Täter von Ihnen verlangen, Missis Hopkins, und gehen Sie keinerlei Risiko ein. Die Bank ist von insgesamt 24 Beamten umstellt. Wir wollen diesmal die ganze Bande fassen, auch den Kopf. Es handelt sich dabei um einen gewissen Robert Arningham. Auf sein Konto gehen bereits 31 Banküberfälle... Bitte, Missis Hopkins, begeben Sie sich jetzt an Ihre Kasse zurück... Trauen Sie sich zu, unbefangen zu bleiben?
Hopkins: (schluckt) Ja, Sir, ich will es versuchen.
McKennie: Sobald Sie hinunterkommen, nehmen Sie den Telefonhörer ab, wählen die Nummer dieses Apparates hier und legen den Telefonhörer *neben*, hören Sie, neben den Apparat. In dem Augenblick, wo sich die Täter zu erkennen geben, sagen Sie laut und deutlich: »Denken Sie an meine Familie!« Und sobald sich die Täter entfernen, sagen Sie: »Sie kommen sowieso nicht weit«... Würden Sie bitte wiederholen, Missis Hopkins.
Hopkins: Zuerst sage ich: »Denken Sie an meine Familie«... und dann: »Sie kommen sowieso nicht weit.«
McKennie: Okay, bitte gehen Sie jetzt.
Banslock: (versucht zu beruhigen) Es wird schon alles gutgehen, Missis Hopkins.
Hopkins: (bedrückt) Ja, Sir...
(Tür)

In diesem Augenblick summte das Sprechfunkgerät in Burghmans Hand. Er ging sofort auf Empfang...

Burghman: Bitte kommen!
Bill: Sie rollen an, Sir! In einem hellgrauen Kleintransporter. Kommen!

Burghman: Der augenblickliche Standort? Kommen!

Bill: Kreuzung Billright – Baker Street. Kommen!

Burghman: Laut Einsatzplan erst eingreifen, nachdem die Räuber die Bank verlassen haben. Schärfen Sie das allen Leuten noch einmal ein. Und von der Schußwaffe nur Gebrauch machen, wenn keine Passanten gefährdet sind.

McKennie: (flüstert schnell) Fragen Sie nach den Straßensperren!

Burghman: Sind die Meldungen von den Straßensperren komplett? Kommen!

Bill: Alles bereit, Sir. Kommen!

Burghman: Inspektor McKennie und ich verlassen die Bank nach den Tätern. Bitte sorgen Sie dafür, daß der Wagen nicht blockiert wird! Ende!!

(Telefonklingeln)

McKennie: Sie sind jetzt für niemanden zu sprechen, Sir. Sagen Sie das dem Anrufer.

(Abheben)

Banslock: Hallo? ... Ja, gut ... (zu McKennie) Es ist Missis Hopkins!

McKennie: Okay, geben Sie mir den Hörer!

Hastings: Und was sollen wir tun, Sir?

McKennie: Sie, Mister Hastings, übernehmen das Sprechfunkgerät in dem Augenblick, wo sich Inspektor Burghman und ich in die Verfolgung einschalten. Lassen Sie sich per Telefon von Missis Hopkins eine genaue Personenbeschreibung der oder des Täters geben, und wenn Sergeant Parker Verbindung mit Ihnen aufnimmt, übermitteln Sie ihm die Daten.

Hastings: Okay, Sir!

McKennie: Und Sie, Mister Williams, gehen in Ihre Kabine zurück. Lassen Sie sich nichts anmerken. Es ist unbedingt wichtig, daß die Gauner glauben, ihr Coup ginge reibungslos über die Bühne. Beobachten Sie nur!

Williams: Mach ich, Sir!

In der Schalterhalle waren jetzt zirka vierzig Personen anwesend. Berry Priscott betrat, in der Hand eine große, lederne Tasche, die Halle. Hinter ihm folgte Bill Parker mit einem Geigenkasten unter dem Arm. Er enthielt das Sprechfunkgerät, mit dem er von der gegenüberliegenden Straßenseite den angeblichen Inspektor Burghman angefunkt hatte. Mit finsterer Miene schritt er mit drei Metern Abstand hinter seinem Komplicen her.
Priscott wartete ab, bis für einen Augenblick kein Kunde an der Hauptkasse stand.
Dann trat er schnell heran und schob Missis Hopkins ein scheckähnliches Papier hin.
Und mit rasendem Herzen las Eileen Hopkins: »Wir haben nichts zu verlieren. Schieben Sie nacheinander das Papiergeld durch. Beim geringsten Versuch, uns aufzuhalten, den anderen Zeichen zu geben oder Alarm zu schlagen, werden wir rücksichtslos von unseren Schußwaffen Gebrauch machen. In diesem Augenblick richten sich fünf Waffen auf fünf Ihrer Kollegen!«

Hopkins: (stöhnt) Ich habe Familie, Sir ... zwei Töchter ...
Priscott: (ungerührt) Wie schön für Sie, Missis Hopkins ... Fangen Sie endlich an, das Geld herauszuschieben ...

Bündel um Bündel schob Missis Hopkins durch die Ausgabeöffnung. Und Bündel um Bündel schichtete Priscott das Geld in aller Ruhe und Gelassenheit in die mitgebrachte Tasche. Es schien ihn auch nicht im geringsten zu stören, daß sich hinter ihm inzwischen eine Schlange bildete. Männer und Frauen, die ohne jeglichen Argwohn zusahen, wie Priscotts Tasche dicker und dicker wurde. Vielleicht glaubten sie, daß Priscott das viele Geld zum Auszahlen in irgendeiner Fabrik hole.
11 Uhr fünf.
Die Tasche war zum Platzen voll.

Priscott: (laut) Okay, Missis Hopkins, das wär's. Grüßen Sie Ihren Mann und die beiden Mädchen.

Hopkins: (flüstert) Sie kommen nicht weit, Mister... (lauter) Sie kommen nicht weit...

McKennie und Burghman stürmten durch die Halle. Vorbei an dem ratlos dreinschauenden Joe Williams.

Als Bill Parker den Streifenwagen startete, war es 11 Uhr 07,
als McKennie und Burghman zustiegen, 11 Uhr 08,
als Parker auf die Straße bog und die Polizeisirene einschaltete, 11 Uhr 09.

Priscott hatte zu diesem Zeitpunkt mit dem Bentley eine halbe Meile Vorsprung. Bereits vor dem Wellington Square schaltete Bill Parker die Sirene wieder ab. Unbehelligt erreichten sie die Straße nach Liverpool!

Banslock: (nervös) Hören Sie auf, wie ein wildes Tier hin und her zu laufen, Hastings... Ich denke, dieser Sergeant wollte sich melden... Es ist... es ist schon halb zwölf...

Hastings: (schwer atmend) Verzeihung, Sir... mir ist da ein abenteuerlicher Verdacht gekommen... Ich wage ihn kaum auszusprechen...

Banslock: Welcher Verdacht?

Hastings: Daß wir reingelegt worden sind.

Banslock: Reingelegt?

Hastings: Ja, Sir...

Banslock: Sie meinen, daß der Überfall fingiert war? Aber die Polizei wird doch nicht...

Hastings: (unbehaglich) Das ist es ja. Wenn das nun gar keine Polizisten waren? Haben Sie sich einen Ausweis zeigen lassen?

Banslock: Nein, natürlich nicht... Nein, nein, Hastings, diese Vorstellung ist wirklich zu abenteuerlich... Wir haben doch beide gesehen, daß der Polizeiwagen von unserem Parkplatz weggefahren ist.

Hastings: Das schon, Sir... Aber der Wagen wurde von keinem Polizisten gelenkt... Und da ist noch etwas, was mir durch den Kopf geht...

Banslock: (unwirsch/beunruhigt) Was denn noch?

Hastings: Wir haben heute den 30. Mai, und draußen scheint die Sonne. Es sind 19 Grad Celsius, Sir...

Banslock: (gereizt) Was hat das mit unserem Fall zu tun?

Hastings: Beide Inspektoren haben nicht eine Sekunde lang ihre Handschuhe ausgezogen... Ist das nicht ungewöhnlich bei diesen Temperaturen?

Banslock: (stutzt) Handschuhe?... Ja, Sie haben recht. Jetzt, wo Sie es sagen, fällt es mir auch ein... (atemlos) Aber... aber Hastings, das... das... das wäre ja... Rufen Sie die Polizei an... Nicht auszudenken... Das wäre ja noch schlimmer als ein normaler Bankraub...

Der Bentley und der Streifenwagen hatten die Bahnstrecke Warrington-Blackburg passiert und bogen in die alte Straße nach Lonsdale ein. Über einen Feldweg ging es in Richtung einer alten Feldscheune...

Beide Fahrzeuge stoppten.

Während Priscott das Steuer des Bentley freimachte, schob sich McKennie dahinter. Parker und Burghman sprangen in den Fond. Zurück blieb ein Polizeiwagen mit zwei eingebauten Rauchbomben unter dem Kofferraum.

McKennie: Wo ist das Geld, Priscott?

Priscott: Unter deinem Sitz... Es sind mindestens achtzigtausend Pfund...

Bill und Burghman: (brechen in lauten Jubel aus)

Priscott: Mehr ging leider nicht in die Tasche... Es war wirklich ein Plan nach Maß... Alle Achtung, McKennie!

Viele Meilen von dem Ort dieses Gespräches entfernt, fand ein anderes Gespräch statt, das das gleiche Thema zum Inhalt hatte...

Batton: Ich bin Inspektor Batton... Wenn das stimmt, was Sie mir am Telefon gesagt haben, dann ist das der tollste Plan, wie jemals eine Bank ausgenommen wurde.

Banslock: (bissig) Nur hilft mir diese Einmaligkeit nichts. Gibt es überhaupt eine Chance, das Geld wiederzubekommen?

Batton: Wir haben alle Überlandstraßen, Häfen und Flugplätze alarmiert... Dazu Straßensperren nach bewährtem Muster.

Banslock: Das klingt nicht gerade optimistisch, Inspektor...

Batton: Es ist eine Menge Zeit inzwischen vergangen, Sir. Wir müssen sogar die Möglichkeit einkalkulieren, daß die Burschen die Stadt gar nicht verlassen haben. Vielleicht stecken sie sogar hier in der Nähe in einem Unterschlupf und zählen in aller Gemütlichkeit ihren Raub...

Banslock: (aggressiv) Es ist mir unverständlich, daß die Polizei nicht mal merkt, wenn man ihr einen Streifenwagen vor der Nase wegstiehlt.

Batton: Wir rangieren jedes Jahr eine Anzahl Fahrzeuge aus. Die wandern entweder auf den Schrottplatz oder zu Gebrauchtwagenhändlern. Es dürfte nicht allzu schwierig sein, so einen alten Kasten noch einmal für ein Unternehmen flott zu machen... Ich fahre jetzt zur Einsatzzentrale, Sir. Sobald ich Neuigkeiten weiß, werde ich Sie anrufen.

Banslock: (zaghaft) Und was ist mit der Presse?

Batton: Tut mir leid, Sir, aber in diesen sauren Apfel werden wir wohl beißen müssen.

Banslock: (seufzt) Mir bleibt auf meine alten Tage aber auch nichts erspart...

Während McKennie mit wachen Augen auf Straße und Umgebung achtete, schmiedeten seine Genossen bereits Zukunftspläne. Sie gaben das Geld, das noch nicht einmal verteilt worden war, bereits aus...

Bill: ...vielleicht gehe ich auch gar nicht nach Kanada. So drei, vier Monate Urlaub in den Schweizer Bergen könnten meinem strapazierten Gerippe auch ganz gut tun, hehehehe... Und was hast du vor, Priscott?

Priscott: Ich ziehe mich für's erste aus dem Geschäft zurück. Eventuell kaufe ich mir in Edinburgh eine kleine Kneipe...

Bill: (entschieden) Eine Kneipe wäre das letzte für mich. Ich muß nachts schlafen...

Priscott: (ironisch) So hat eben jeder seine Angewohnheiten. Ich zum Beispiel lebe nachts viel besser als am Tage...

Burghman: Warum ausgerechnet nach Edinburgh, Priscott?

Priscott: Weil ich dort jemanden kenne, der eine Kneipe zu verkaufen hat. Zufrieden?

Burghman: (schwärmerisch) Und ich werde mir einen schnellen Flitzer anschaffen. Einen Zweisitzer mit 200 PS oder noch was darüber...

Bill: Warum kaufst du dir dann nicht gleich ein Flugzeug?

Burghman: (entrüstet) Ich fliege nie! Mich würden keine zehn Pferde in ein Flugzeug bringen.

Bill: Und was macht unser Regisseur mit seinem Anteil?

McKennie: Ich werde damit einen noch größeren Coup vorbereiten!

Priscott: (pfeift) Das ist das Allerneueste... Darf man fragen, wo dieser Coup geplant ist, McKennie?

McKennie: Man darf fragen, aber man wird keine Antwort darauf bekommen... (sachlich) Sobald wir den Hafen von Liverpool erreichen, werden wir teilen, und jeder wird seine eigenen Wege gehen. So war es ausgemacht, und dabei wollen wir es auch belassen.

Burghman: Warum eigentlich? Wir waren doch ein ganz gut eingespieltes Team?

McKennie: Ich habe eben andere Pläne, Paul Burghman. Du kaufst dir deinen schnellen Renner, Priscott eine Kneipe, und Bill Parker fährt in die Schweiz. Ich mache mir inzwischen Gedanken darüber, wie ich die Bank von England um ein paar Millionen erleichtern kann.

Burghman: (ungläubig) Die Bank von England? Das ist ja wohl ein Witz, oder?

Priscott: Natürlich war das ein Witz, du Schnelldenker. Eher kannst du den Buckingham-Palast samt Königin Stein um Stein mit einem Handwagen wegfahren, bevor du die Bank von England auch nur um einen einzigen Penny prellst.

McKennie: In fünf Minuten haben wir es geschafft... Hoffentlich ist Roos an der verabredeten Stelle...

Winston McKennie steuerte den Bentley sicher und routiniert durch kleine Ortschaften, Felder und Ebenen. 12 Uhr 45 erreichten sie den Hof des stillgelegten Sägewerks von Hanshire. Von hier aus waren es nur noch knappe zehn Minuten Fußmarsch zur Anlegestelle, wo Arthur Roos auf sie warten sollte... McKennie nahm das Gas weg und bog langsam in die zerfurchte Zufahrt zum Sägewerk ein.
Er lenkte den Wagen um den großen Holzlagerplatz, auf dem nur noch ein paar verwitterte Bretter lagen, und hielt vor dem ehemaligen Bürogebäude. Was dann geschah, ging blitzschnell...
Aus der Tür stürmte ein maskierter Mann mit einer Maschinenpistole im Anschlag...

Stimme: Mach den Motor aus, McKennie!
(Motor aus)
Und nun greif ganz langsam unter deinen Sitz und wirf die

Tasche heraus... Ganz langsam, wenn ich bitten darf. Bei der ersten komischen Bewegung gibt's ein Feuerwerk...

McKennie rührte sich nicht. Erst als sich der Lauf der Waffe gefährlich hob, bückte er sich wie unter einer schweren Last und zog mit steinerner Miene die prallgefüllte Tasche hervor... In diesem Augenblick schoß ein Sportwagen mit Londoner Nummer um die Ecke, bremste, und ein zweiter Mann sprang heraus. Es dauerte nur Sekunden, bis er die Ventile an den beiden Vorderreifen des Bentley geöffnet hatte und zischend die Luft entwich.
Augenblicke später verschwand der Wagen hinter einer mächtigen Staubwolke...

Priscott: Diese Schweine... Sie haben auf uns gewartet...
Burghman: Jemand muß uns verraten haben...
Bill: Aber... das... das könnte doch nur Arthur Roos gewesen sein... Dieser alte Trottel... Das hätte ich dem nie zugetraut...
McKennie: (leise/gefährlich) Es war nicht Arthur Roos...
Burghman: (verdutzt) Es war nicht Arthur Roos?
McKennie: Nein. Der Verräter sitzt hier im Wagen... Es ist einer von euch...
Bill: (verständnislos) Einer von uns?
McKennie: Ja... (Wagentür wird aufgerissen) Da läuft er... Wartet hier, ich bringe ihn zurück... Es wird sicher kein Freudentag für ihn...

Einige Stunden später.

Cilly: Hallo?
Batton: Ja, hier spricht Inspektor Batton. Bitte, verbinden Sie mich mit Sir Anthony, Miß Cilly!
Cilly: Sofort, Inspektor...

Banslock: Ja, was gibt's?
Cilly: Inspektor Batton ist in der Leitung, Sir ...
Banslock: Oh, stellen Sie durch ... Hallo, Inspektor?
Batton: Ja, Sir, ich habe Neuigkeiten für Sie!
Banslock: (holt tief Luft) Neuigkeiten? Angenehme?
Batton: Ich glaube schon ... Wir haben das Geld – und einen der Diebe ...
Banslock: Gratuliere ... Ich schwöre Ihnen, daß ich nie wieder auf die Polizei schimpfen werde ...
Batton: Um der Wahrheit die Ehre zu geben, Sir, das Verdienst liegt mehr auf seiten des falschen Inspektors. McKennie nannte er sich wohl ...
Banslock: (ratlos) Ich verstehe kein Wort ...
Batton: Die Bande, die Ihre Bank heimgesucht hat, bestand aus vier Männern. Einer dieser vier allerdings steckte noch mit zwei anderen Gaunern unter einer Decke. Diese beiden nahmen McKennie das Geld ab, um es später mit dem sogenannten »dritten« Mann zu teilen. McKennie hat uns angerufen und mitgeteilt, daß sich das Geld in einem Sportwagen mit Londoner Kennzeichen befindet. Außerdem nannte er uns den Platz, wo wir den dritten Mann gefesselt vorfinden würden.
Banslock: Und was ist mit McKennie und den anderen?
Batton: Die werden wir sicher auch noch erwischen ... Ich bin in zwei Stunden mit dem Geld bei Ihnen. Bis nachher!
Banslock: (nachdenklich) Bis nachher, Inspektor ...

Welcher der drei Gauner war der Verräter?
Paul Burghman?
Berry Priscott? oder
Bill Parker?

Geld und Charakter

Ein Krimikel mit einer besonderen Art von Countdown

...10

Chefredakteur Linden wirkte auf den ersten Blick eher wie ein Fahrstuhlführer, der in einem großen Kaufhaus, vor Einführung der automatischen Ansage, seinen Fahrgästen erläuterte, was es auf der jeweiligen Etage zu sehen, zu bewundern und zu kaufen gab.
Linden war ein untersetzter, stämmiger Mann mit sorgfältig gescheitelten Haaren und einer dicken Hornbrille auf der Nase. Das heißt, da er meist nach unten sah, saß die Brille überwiegend auf der Nasenspitze.
Wie zum Beispiel jetzt...
Bewegungslos hockte Linden in seltsam gekrümmter Haltung auf seinem Schreibtischsessel und starrte auf die Schreibtischplatte.
Chefredakteur Henry Linden dachte nach!

...9

Henry Lindens Haltung war unverändert. Er hörte weder das Telefon noch das Klopfen an der Tür.
Henry Linden dachte noch immer nach!

... 8

Henry Linden erwachte aus seiner Erstarrung.
Das verbindlich-freundlich-grinsende Fahrstuhlführergesicht veränderte sich zu einer glücklich-bös-zufriedenen Grimasse.
Er entließ aus seinem untersetzten Körper einen Urgrunzlaut, der klar ausdrückte, was Linden empfand: Genugtuung über das Ergebnis seiner Denkarbeit.
Mit einer gewalttätig anzusehenden Bewegung riß er den Hörer von der Gabel und wählte die 14.
Nichts! Die 14 war besetzt.
Er wählte die 15! Auch die 15 war besetzt.
Er wählte die 14 ein zweites, ein drittes, ein fünftes Mal, dazu viermal die 15.
Mit einem drohenden Knurren schleuderte er den Hörer auf die Gabel zurück und stempelte die Spitze seines rechten Zeigefingers auf die Taste der Sprechanlage. Bevor Fräulein Moos dazu kam, sich zu melden, donnerte es ihr bereits ins bräunlich gepuderte Gesicht: »Fräulein Moos, gehen Sie bitte in die Lokalredaktion und schleppen Sie mir den Schmidt her. Irgend jemand scheint dort mit der Telefonschnur Seemannsknoten zu üben, es ist kein Durchkommen!«
»Bitte, Herr Linden!«
»Danke!«
Erneut griff Linden zum Apparat. Finster die Miene, Zorn und Ungeduld in den Mundwinkeln.
»Ja, bitte?« sagte eine sanfte Frauenstimme.
»Zum Teufel, wer ist ›Ja, bitte?‹?«
Die Sanftheit verging wie ein Flämmchen unter einem Eimer Wasser. Was blieb, war Schrecken: »Entschuldigung, Herr Linden, hier ist Fries, Rechtsabteilung.«
»Na, also, warum nicht gleich so. Ich kann schließlich nicht ahnen, wer ›ja, bitte?‹ ist. Verbinden Sie mich bitte mit Doktor Stachowitz.«

»Der Herr Doktor ist im Augenblick in der Staatsbibliothek. Er wollte gegen 11 Uhr wieder zurück sein.«
»Gut, er möchte dann bitte sofort zu mir kommen, Frau Fries!«
»Ich werde es ausrichten!«
»Darum möchte ich gebeten haben!« Der Hörer flog in die aufnahmebereiten kleinen Gabeln zurück.

...7

»Guten Morgen, Chef! Sie wünschten mich zu sehen?« Olaf Schmidt lächelte seinen Chefredakteur freundlich an. Eine Tatsache, die eben diesen immer wieder aufs neue mißtrauisch machte. Und wenn Henry Linden mißtrauisch wurde, steigerte das automatisch seine Aggressivität. »Guten Morgen, komisch, ich habe Sie gar nicht klopfen hören! Haben Sie geklopft, oder gehört das auch zu den Dingen, die Sie sich abgewöhnt haben?«
»Ich habe geklopft!«
»Ich habe nichts gehört!«
»Preisfrage, Chef: An was könnte das gelegen haben?«
»Wahrscheinlich haben Sie nur mit Ihren grauen Augen geklopft.«
»Ich habe grüne Augen, Herr Linden!«
»Das möchten Sie wohl gern, was?« giftete Linden und war doch schon wieder versöhnt.
»Meine grünen Augen sind amtlich dokumentiert. Wenn Sie wollen, hole ich auf der Stelle meinen Paß! Und noch eine Frage zu eben: Was habe ich mir Ihrer Meinung nach denn abgewöhnt?«
»Das Trinken und das Rauchen!«
»Das Rauchen ja, das Trinken nicht ganz. An jedem Feiertag trinke ich eine halbe Flasche Rotwein!«
»Setzen Sie sich, und lassen Sie uns zur Sache kommen!«

Linden machte eine einladende Handbewegung, und Schmidt setzte sich.
Olaf Schmidts hervorstechendste Eigenschaft war seine sprichwörtliche Ruhe. Manche nannten sie Trägheit, andere wieder versteiften sich auf den Begriff Bequemlichkeit. Doch Schmidt war weder träge noch bequem. Er war voller unsichtbarer Agilität. Wer sein Engagement und Temperament suchte, der fand es am besten in seinen Reportagen. Er schlug die Beine übereinander und sah seinem Chef erwartungsvoll entgegen.
»Erinnern Sie sich noch an unser Gespräch vor etwa vier Wochen zum Thema Geld?«
Schmidt nickte.
»Noch sehr gut! Sie vertraten die Meinung, daß Geld in jedem Falle den Charakter verderbe!«
»Stimmt. Und Sie behaupteten, daß Geld höchstens den Charakter verändere.«
»So ist es! Ich bin nach wie vor dieser Meinung!«
»Obwohl ich Sie bat, über diese Frage nachzudenken!« Linden versuchte ärgerlich auszusehen.
Doch Schmidts Lächeln entwaffnete ihn. Und Schmidt fragte ihn: »Gesetzt den Fall, Sie gewinnen morgen im Lotto eine schöne, wohlbeleibte Million...«
»Ich spiele nicht Lotto! Ich spiele überhaupt nicht!«
»Ich sagte ja auch ›gesetzt den Fall‹! Was würden Sie mit dieser Million tun?«
»Hm, da ich ein Haus habe, würde ich mir also kein zweites kaufen. Auch kein zweites Auto, da es verboten ist, sich privat ein Benzinlager anzuschaffen. Vielleicht würde ich davon neunhunderttausend hungernden Kindern geben. Der Rest käme auf die hohe Kante!«
»Na also!« sagte Schmidt. »Wo ist nun die Verderbtheit des Charakters geblieben?«
Linden winkte ab. »Sie können doch nicht von mir ausgehen. Außerdem wissen Sie gar nicht, ob ich im Fall der Million

wirklich so reagieren würde. Aber kommen wir nun endlich zur Sache. Ich möchte gern ein etwas abenteuerliches Experiment wagen.«
»Über Geld und Charakter?«
»Ja! Bis auf den dritten Mann, den wir dazu brauchen, und unseren hauseigenen Paragraphenreiter gibt es vorerst keine weiteren Mitwisser. Und dabei sollte es zunächst auch bleiben.«
»Bei dieser Einleitung befürchte ich ein dickes Ei.«
Lindens zustimmendes Grinsen entbehrte jeder Fröhlichkeit, aber das lag wohl daran, daß er in Gedanken schon viel weiter in der Berichterstattung über seinen Einfall war. »Auf alle Fälle ist es eine Geschichte, die eine Menge hergeben wird...«
Er lehnte sich in seinem Schreibtischsessel zurück und schob sich die Brille über die Stirn hinaus.
»Stellen Sie sich vor, Schmidt, Sie kommen eines Abends oder meinetwegen eines Nachts mit Ihrer Frau aus dem Theater nach Hause. Sie schließen Ihre Wohnungstür auf, und was schlägt Ihnen in die Nase? Alkohol und kalter Zigarrenrauch. Da Sie weder selbst Zigarre geraucht noch eine größere Menge Alkohol getrunken haben, muß also in Ihrer Wohnung etwas vorgefallen sein, von dem Sie, Sie stehen ja noch immer im Korridor, keine Ahnung haben. Sie betreten Ihr Wohnzimmer, und was liegt dort? Ein hingeworfenes Jackett! Ein achtlos hingeworfenes Jackett, das nicht das Ihre ist! Aus allen Taschen dieses Jacketts quillt Geld... Geldscheine auf dem Tisch, unter dem Tisch, auf dem Teppich, auf dem Fernsehapparat...«
»In den Topfpflanzen«, fuhr Schmidt lachend fort, »in der Vase auf dem Tisch, unter dem Sofakissen...«
»Und auf dem Sofakissen – überall Geldscheine. Sogar auf den Zweigen des Gummibaumes.«
»Eine interessante Vorstellung...«
»Es kommt noch besser. Während sich Ihre Augen nicht von dem Schatz lösen können, macht Ihre Frau, die natürlich

vor Schreck und Entsetzen zittert, eine weitere Entdekkung. Na, welche wohl?«
»Ich habe keine Ahnung!«
»Sie entdeckt in ihrem Bett einen fremden Mann, der, mit einer Kognakflasche im Arm, leise, aber intensiv in ihr Linnen schnarcht!« Linden machte eine Pause, hob das Kinn, eine Geste, die die Gewichtigkeit seiner jetzigen Frage unterstreichen sollte:
»Was würden Sie, Olaf Schmidt, jetzt tun?«
»Ich würde sofort die Polizei rufen!« erwiderte Schmidt, ohne eine Sekunde nachzudenken.
»Falsch! Sie würden zuerst das Geld zählen!«
»Aber niemals!« protestierte der Reporter.
»Ich wiederhole: Wären Sie knapp bei Kasse, würden Sie zuerst das Geld zählen!« wischte Linden Schmidts Protest mit einer energischen Handbewegung beiseite. »Ja, Sie würden dabei sogar den einen oder anderen Schein unauffällig unter den Teppich schieben.«
»Das ist eine ganz üble Unterstellung, Chef!«
»Natürlich«, nickte Linden, »natürlich ist das eine Unterstellung. Aber... das Experiment wird zeigen, inwieweit Sie oder ich recht haben!«
Auf Schmidts Miene breitete sich Verständnislosigkeit aus. Er hob ein wenig hilflos die Schultern.
»Ich habe nicht die leiseste Ahnung, wie dieses Experiment aussehen soll!« gestand er. »Und vor allen Dingen, was habe ich dabei zu tun?«
»Sie sind der Regisseur und besorgen den angeblichen Säufer. Und da Sie die flotteste Schreibe in diesem Blättchen haben, übernehmen Sie auch die Textgestaltung.«
»Textgestaltung wovon, Chef?«
»Über das, was wir eben lang und breit besprochen haben!«
»Sie wollen wirklich... ich meine, die Sache mit dem Trinker und dem Geld...« Schmidt rutschte unruhig auf seinem Stuhl herum.

»Hören Sie, ich habe inzwischen durch einen alten Bekannten, der sein Geld als Versicherungsdetektiv verdient, drei Ehepaare mit angespanntem finanziellen Background ausfindig machen lassen.«
»Ich denke, außer uns und... ach, dieser Detektiv ist der dritte Mann?«
»Nein, der dritte Mann wird der angebliche Säufer sein. Der Detektiv hat keine Ahnung, warum und wofür ich drei minderbemittelte Ehepaare suche. Also, am Tag X erhalten diese Paare einen anonymen Brief, der unter anderem zwei Logenkarten für das Theater enthält. Die dazugehörige Mitteilung besagt, daß sich der unbekannt bleiben wollende Spender damit für eine Gefälligkeit bedanken will.«
Schmidt schüttelte den Kopf.
»Aber die Gefälligkeit. Der oder die schöpfen doch Verdacht, wenn sie nichts von einer Gefälligkeit wissen.«
»Unsinn«, wehrte Linden kategorisch ab. »Irgendwann unterläuft jedem mal etwas, was hinterher wie eine Gefälligkeit aussieht.«
»Und wenn das Paar Kinder und einen Babysitter hat?«
»Alle drei Paare sind kinderlos. Und eines der drei wird die Karten mit Sicherheit benutzen!«
»Und das sind dann also unsere Kandidaten!«
»Ja! Na, was sagen Sie nun. Gibt es was gegen meine Fantasie einzuwenden?«
»Nein, Ihre Fantasie ist in Ordnung. Nur, wie sieht die Rechtslage aus?«
»Daran tüftelt Dr. Stachowitz... Auf jeden Fall zahlen wir dem Ehepaar ja ein Honorar.«
»Und wieviel Geld soll der angeblich Betrunkene in der Wohnung verstreuen?«
»Ich habe da an zehntausend gedacht.«
Linden sah erstaunt, wie Schmidt einen Unzufriedenheit ausdrückenden Flunsch zog.

»Was paßt Ihnen an den zehntausend nicht?«
»Ist ein bißchen wenig, wenn wir hinterher damit klotzen wollen.«
»Hm, an welchen Betrag würden Sie denn dabei denken?«
»Das Doppelte!«
»Das ist happig...« Linden fuhr sich, nachdem er die Brille auf die Tischplatte gelegt hatte, über den akkuraten Scheitel.
»Das ist happig... Aber vielleicht haben Sie recht.«
»Nur...« Schmidt zögerte.
»Was nur?«
»Was tun wir, wenn die das Geld verschwinden lassen? Eine Anzeige wäre ja eine riesengroße Blamage.«
Linden nickte Zustimmung. »Allerdings. Eine Anzeige können wir uns auf keinen Fall leisten. Das Geld wären wir los. Aber dafür hätten wir den Beweis, daß Geld doch den Charakter verdirbt.«
»Das kann Sie Ihren Posten als Chefredakteur kosten!« gab Schmidt zu bedenken.
»Die Linden waren schon immer gute Pokerspieler«, grinste der Chefredakteur. »Ich verlass' mich da auch ein wenig auf Sie. Die von Ihnen geschriebene Geschichte wird so oder so die Auflage mindestens eine Woche lang in beeindruckender Höhe halten. Wie ist es mit dem falschen Besucher? Können Sie so einen organisieren? Muß natürlich ein zuverlässiger Typ sein.«
»Ich will's versuchen...«

...6

»Es ist 23 Uhr. Über Mittelwelle und UKW hören Sie jetzt Na...«
Henry Linden beugte sich vor und schaltete das Autoradio ab.

»Warum machen Sie aus? Es kommen Nachrichten!« wunderte sich Olaf Schmidt laut.
»Ich bin im Augenblick nur an unserem Pärchen interessiert. Mich stört, wenn ich ehrlich bin, sogar Ihre Kaugummikauerei!«
»Ach ...«
»Ja, eine widerliche Angewohnheit.«
»Sie übertreiben, Chef. Aber das bin ich ja gewohnt bei Ihnen.«
»Hoffentlich gehen die beiden hinterher nicht noch groß aus«, befürchtete Linden und räkelte sich stöhnend auf seinem Sitz.
Schmidt ließ eine Kaugummiblase platzen und erntete dafür einen Grunzer der Klasse »Verachtung«.
»Ich werde Ihnen das Gehalt kürzen, wenn Sie mich weiter nerven!« verkündete Linden mit angemessenem Ernst.
»Das stellt einen Eingriff in meine Privatsphäre dar. Ich werde das meiner Gewerkschaft melden!«
Linden lachte leise. »Mit Ihnen ist wirklich ... Sie kommen!!« Ein Taxi war um die Ecke gebogen und kam auf sie zu. Unwillkürlich drückten sich die beiden Zeitungsleute in die Polster zurück. Umsonst! Das Taxi fuhr an ihnen vorbei.
Ein Seufzer der Enttäuschung entrang sich Lindens Brust.
»Möchte wissen, wo die sich noch herumtreiben. Das Theater ist doch aus, oder?«
»Die Vorstellung endete fünf vor elf. Sie können also beim besten Willen noch nicht hier sein! Es sei denn, sie sind vorher gegangen.«
»Und was machen wir, wenn sie aus Kostenersparnisgründen zu Fuß nach Hause gehen?«
»Warten!« erwiderte Schmidt lakonisch.
»Sie haben die Ruhe weg. Mein Gott, wie kann man nur so temperamentlos sein?«
»Das bringt der Umgang mit der Vergangenheit mit sich!«
»Auch so was. Antiquitäten sammeln. Warum sammeln Sie

nicht zum Beispiel Bierdeckel oder Briefmarken oder Biergläser?«

»Weil mir das nichts gibt, Chef. So einfach ist das.«

»Aber ausgerechnet ostasiatische Kunst...«

»Ja, ausgerechnet ostasiatische Kunst...«

»Die gibt Ihnen was?«

»Ja!«

»Was?«

»Weisheit der Geduld!«

»Wie kann Geduld weise sein! Zuviel Geduld ist langweilig!« versuchte Linden seinen Lokalreporter zu provozieren. Doch der schüttelte nur den Kopf.

»Ein Chefredakteur ist natürlich nicht für das Sammeln von ostasiatischer Kunst geeignet.«

»Und warum nicht?«

»Weil dem die Weisheit der Geduld fehlt.«

Linden winkte ab. »Reden wir von verständlicheren Dingen.«

»Gut, reden wir von der Größe Buddhas!«

Linden drehte sich abrupt zur Seite. In seiner Stimme schwang maßlose Überraschung mit, als er breit und ungläubig fragte: »Sie sind ein Buddhist?«

»Nein, bin ich nicht! Wie kommen Sie auf eine solche Idee?«

»Sie sprachen eben von der Größe Buddhas! Das läßt doch darauf schließen, daß...«

»Nein«, unterbrach Schmidt. »Das läßt nur darauf schließen, daß ich Buddha für einen großen Mann der Religionsgeschichte halte.«

Linden schwieg, während Schmidt das Radio wieder einschaltete und ganz leise stellte. »Musik vor Mitternacht« hieß die Sendung, und im Augenblick sang Alain Barriere »Tu t'en vas«.

Lindens einzige Reaktion bestand aus einem abfälligen Brummlaut.

»Ein Taxi!« rief Schmidt plötzlich.

»Wo?«
»Hinter uns!«
»Tatsächlich. Wieso kommen die aus dieser Richtung?«
»Keine Ahnung...«
Alle Müdigkeit war aus Lindens Stimme verschwunden, als er feststellte: »Sie sind es wirklich!«

...5

Hans Bertram bezahlte den Taxifahrer, der nach einem freundlichen »Vielen Dank und gute Nacht« den ersten Gang einlegte und beim zweiten hörbar Gas gab. Bertram verneigte sich theatralisch vor seiner Frau Marion und sagte:
»Und damit neigt sich ein außergewöhnlicher Tag seinem Ende zu. Ich glaube kaum, daß in nächster Zeit wieder Theaterkarten zu erwarten sind. Bitte, gnä' Frau, darf ich Sie in Ihre Wohnung begleiten!«
»Du Kindskopf!« lachte Marion und hakte sich bei ihrem Mann ein.
Hans Bertram, technischer Zeichner, 32 Jahre alt, hatte erst seit fünf Monaten wieder einen Job, nachdem die Firma Krauth & Co, die elf Jahre mit ihm zufrieden war, sich konkursreif rationalisiert hatte.
Marion, 28 Jahre alt, blond und zierlich, arbeitete halbtags in einer Kindertagesstätte. Sie waren seit sechs Jahren verheiratet, und eigentlich gab es nur einen Schatten, der ihr sonst ungetrübtes Glück verdunkelte: das Geld! Die Phase der Arbeitslosigkeit hatte Spuren hinterlassen. Um so unbeschwerter hatten sie sich dem Genuß der Theateraufführung hingegeben. Und zwar auf Logenplätzen, die sie sich selbst nicht hätten kaufen können. Bertram schloß die Haustür wieder ab, und im Gleichschritt stiegen sie die sieben Stufen zu ihrer Parterrewohnung hinauf.
Die Wohnungstür...

Schon als Hans Bertram nach dem Lichtschalter im Korridor tastete, hob er heftig schnuppernd die Nase, während Marion aus alter Gewohnheit ihre Hand durch den Schlitz des Briefkastens schob, der neben der Tür hing.
»Also, wenn es nicht so blöd klänge, würde ich jetzt behaupten, wir sind nicht in unserer Wohnung, sondern in einer Kneipe gelandet.«
Marion Bertram folgte ihrem Mann in die Wohnung und begann ebenfalls zu schnüffeln.
»Iiii«, machte sie Sekunden später und verzog das aparte Gesicht zu einer Grimasse des Abscheus.
»Stinkt ja erbärmlich. Das kann nur von draußen hereinkommen.«
Bertram schüttelte heftig den Kopf. »Kann nicht, Marion, alle Fenster sind zu!«
»Dann ist es eben durch die Ritzen gekrochen! Wir werden es rauslüften!«
Bertram ging Richtung Wohnzimmer, schob die Tür auf und schaltete das Licht ein.
»Ich werd' verrückt«, flüsterte er, doch Marion hörte ihn nicht. Sie war schnurstracks in die Küche marschiert, hatte dort die Fensterklappe geöffnet und hantierte bereits mit dem Wasserkessel, um Teewasser aufzusetzen. »Soll ich uns ein paar weiche Eier kochen, Hansi?« rief sie, doch Hansi reagierte nicht. Regungs- und fassungslos stand er nach wie vor in der offenen Tür des Wohnzimmers und transponierte mit den Augen die Ungeheuerlichkeit des Anblicks in seinen Verstand. Und der Verstand verneinte die Frage, ob er vielleicht träumte. Er träumte nicht!
Die Jacke, die da liederlich über der schweren, vom Großvater geerbten Büste Beethovens hing, entstammte keinem Traum, ebensowenig die Geldscheine, die den Boden und die übrigen waagrechten Flächen des Wohnzimmers bedeckten. Und nicht nur die.
Sie sahen aus den Taschen der Jacke, waren kunstvoll durch

die Schlitze der Philodendronblätter gezogen, und zu Röllchen gedreht veränderten sie den Anblick des zwölfkerzigen Leuchters.
Geld, Geld, überall Geld.
Er erkannte Zwanzig-, Fünfzig- und Hundertmarkscheine. Das einzige, das dieses abstruse Stilleben störte, waren der penetrante Geruch nach verschüttetem Alkohol und Zigarrenrauch. Letzterer roch noch lauwarm, war sozusagen noch mit der Nase greifbar.
»Ich habe dich gefragt, ob du noch ein paar…«
Die Stimme direkt neben seinem Ohr verstummte einen Atemzug lang.
»Mein Gott, was… was ist denn das?« stammelte Marion und hielt sich am Arm ihres Mannes fest.
»Wem gehört diese Jacke und das Geld… überall Geld.«
»Ich habe die Jacke noch nie gesehen…«
»Und das Geld…« Sie drängte sich hinter seinen Rücken.
»Es war jemand in unserer Wohnung, Hansi!« Die Angst machte Marions Stimme winzig.
Hans Bertram gab sich einen Ruck, schluckte das Unbehagen hinunter und ging auf Beethoven zu.
»Was machst du da, Hansi?« flüsterte Marion.
»Ich will sehen, ob in der Jacke eine Brieftasche mit einem Ausweis steckt. Irgend jemandem muß sie doch gehören.«
»Wir rufen die Polizei, Hansi!«
Bertram untersuchte zuletzt die beiden äußeren Taschen. »Nichts. Kein Hinweis. Nur Geldscheine.« Seine Stimme klang belegt, als er ein Bündel Fünfziger zu einem Fächer machte und diesen Marion entgegenhielt.
»Nur Geld, Marion!«
»Vielleicht ist es Falschgeld.«
»Für Falschgeld sind die Scheine viel zu abgegriffen. Das ist echtes Geld… Eine unheimliche Menge echtes Geld. Die einzige Frage ist: Wie kommen das Geld und der Gestank ausgerechnet in unsere Wohnung?«

»Mir wird ganz schlecht, wenn ich das sehe. Geld im Philodendron und auf dem Leuchter. Wer tut so was, Hansi? Doch nur ein Verrückter. Ich rufe die Polizei!«
Während Hans Bertram nach wie vor fassungslos auf den Geldsegen blickte und sich sein Unterbewußtsein mit ersten Einverleibungsabsichten beschäftigte, ging Marion, dem Geld auf dem Boden in weitem Bogen ausweichend, zum Telefon. Sie nahm den Hörer ab.
»Tot!« sagte sie. »Vielleicht geht's vom Schlafzimmer aus.«
»Wenn's von hier aus nicht geht, geht's vom Schlafzimmer aus auch nicht!« murmelte Bertram, ohne jedoch bei der Sache zu sein.
Marion schien die Bemerkung überhört zu haben und schlug über den Korridor den Weg zum Schlafzimmer ein. Ihr Entsetzensschrei riß Hans Bertram herum. Und ohne die geringste Ahnung über die Ursache des Schreis schrie er zurück:
»Ich komme, Marion!!«
Seine Augen folgten dem ausgestreckten Arm seiner Frau. Und zu zweit versuchten sie mit dem grotesken Bild fertig zu werden.
»In meinem Bett...«, röchelte Marion. »Ausgerechnet in meinem Bett.«
Der dickliche Mann mochte, soweit es aus dieser Perspektive zu beurteilen war, zwischen 45 und 50 Jahre alt sein und besaß eine gut durchblutete Haut. Seine feisten Backen zeigten zartes Rot, und sein Mund widerspiegelte allergrößte Zufriedenheit.
Er war, bis auf die fehlende Jacke, komplett angekleidet, hatte das Kissen unter seinem Kopf zu einem Berg zusammengeboxt und hielt in der linken Armbeuge eine halbvolle Flasche umschlungen. Seinen geöffneten lächelnden Lippen entwich im typischen Schnarchrhythmus ein lustiger Pfeifton.
»Ruf die Polizei, Hansi!«

»Das ist französischer Kognak!«
»Mir ist egal, was es ist. Es stinkt, und der Kerl liegt in meinem Bett! Ruf die Polizei. Sieh nur, er hat den Hörer daneben gelegt...«
»Anscheinend wollte er ungestört sein.«
»Hast du den Mann schon einmal gesehen?«
»Noch nie.«
Bertram hatte seine Fassung wiedergewonnen. Er versuchte, seine Gedanken in logische Bahnen zu lenken. Das wiederum bedeutete Nachdenken!
»Wir wollen nichts überstürzen, Marion.«
»Was meinst du damit?« fragte sie mißtrauisch; und energisch: »Ich will die Polizei!«
»Der Mann muß doch einen Grund haben, bei uns einzudringen, Geld herumzuwerfen und sich mit einer Schnapsflasche ins Bett zu legen.«
»In mein Bett!« korrigierte Marion trotzig. »Wie ist er überhaupt hereingekommen?«
»Na eben«, nickte Bertram, »darüber denke ich schon die ganze Zeit nach.« Seine Stimme nahm an Festigkeit und Entschlossenheit zu. »Das wird er uns sagen, und zwar auf der Stelle!«
Hans Bertram ging zum Bett, nahm zuerst das linke Bein des Schläfers und zog es über die Bettkante, anschließend das rechte.
»Wenn er wenigstens die Schuhe ausgezogen hätte, das Ferkel!« schimpfte Marion.
Die friedliche Miene des ungebetenen Gastes blieb ebenso unberührt wie sein pfeifender Schnarchton. Die Veränderung seines Körpers von einer bequemen in eine verrenkte Lage störte ihn offensichtlich kein bißchen. Im Gegenteil, zu dem Pfeifen gesellte sich ein Grunzton der Behaglichkeit.
»He, Sie!« rief Bertram und schüttelte den Schläfer am Arm. Nichts ließ auf ein Erwachen schließen.
»Knall ihm eine, Hansi!« forderte Marion und schämte sich gleichzeitig ihrer gewalttätigen Empfehlung. Statt der Auf-

forderung zog Bertram dem Schnarcher die Flasche aus dem Arm und stellte sie auf den Nachttisch. Wieder rüttelte er an dem Mann auf dem Bett herum. »Das sind die Promille«, sagte er. »Der schläft wie ein Toter. Aufwachen!!« brüllte er ihm aus drei Zentimeter Entfernung ins Ohr.

Nichts!

Er hielt ihm die Nase zu. Das pfeifende Schnarchen veränderte sich augenblicklich in ein dumpfes Keuchen. »Hol mir eine Tasse Wasser, Marion!«

»Was willst du damit?« fragte sie ängstlich.

»Ich gieße es ihm in die Nasenlöcher. Und wenn das nichts hilft, lasse ich mir was anderes einfallen!«

»Mir kommt eine Idee, Hansi. Vielleicht ist das der Mann, der uns die Theaterkarten geschickt hat.«

»Niemals! Geh und hol mir das Wasser!«

»Du machst mein ganzes Kopfkissen naß.«

»Lieber ein nasses Kopfkissen und ein wacher Säufer als ein schlafender Säufer und ein trockenes Kopfkissen!«

»Laß uns doch überlegen. Vielleicht fällt uns noch was anderes ein. Wir könnten es mit einer Stecknadel versuchen.«

»Stecknadel!«

»Ja, wir piken ihn!« Sie kicherte plötzlich. »Wir piken ihn in den Bauch!«

Bertram schüttelte den Kopf. »Da sagt er im Schlaf höchstens ›au!‹. Was haben wir davon?«

Sie zuckte mit den Schultern und seufzte: »Meinetwegen, dann also Wasser.«

...4

Sie saßen im Wohnzimmer.

Bertram hatte das Geld zusammengelesen und, nach Werten sortiert, auf den Tisch gelegt. Gedankenverloren starrte er die drei Häufchen an, während Marion mit angezogenen Beinen

im Sessel hockte und mit gleichermaßen besorgten und beklommenen Blicken ihren Mann nicht aus den Augen ließ.
»Du machst mir Angst, wenn du so guckst, Hansi!« sagte sie, und ihre Stimme klang wirklich ängstlich.
»Zwanzigtausend Mark...«, murmelte Bertram. »Zwanzigtausend... was wir damit alles anfangen könnten.«
Die akustisch zum Ausdruck gebrachte Verklärung verursachte Marion Gänsehaut. »Hansi!!« rief sie leise und beschwörend.
»Wir könnten uns endlich wieder einen Wagen zulegen, einen gebrauchten natürlich. Wir könnten Bankschulden bezahlen, du bekämst ein Klavier, ein gebrauchtes, einen Waschautomaten, eine Bügelmaschine...«
»Hör auf zu spinnen!« schnauzte sie ihn an und wischte sich dabei eine Träne von der Backe. »Es ist nicht unser Geld!«
Er sah auf. Ebenfalls zornig schnauzte er zurück: »Nein, es ist nicht unser Geld. Es gehört einem Säufer, der in deinem Bett liegt und traumglücklich in dein nasses Kopfkissen schnarcht.«
»Ruf endlich die Polizei!«
Er erhob sich, schob die Hände in die Taschen und begann hin und her zu gehen.
»Überleg dir mal, was das für ein Geklatsche gibt. Die Leute werden sich die Mäuler zerreißen, wenn die Polizei einen Betrunkenen bei uns rausträgt. Und die Fragerei... ›Wie kommt der Mann denn in Ihre Wohnung, Herr Bertram? Was, Sie kennen den gar nicht? Aber den müssen Sie doch kennen... Ach, ich habe gehört, der lag im Bett von Ihrer Frau... Stimmt es, daß er gar nichts entwendet hat? Und beschädigt hat er auch nichts?‹ Mein Gott, Marion, ich sehe die ungläubigen und spöttischen Blicke förmlich vor mir... Und weiter: Die Polizei kommt, stellt Fragen und nimmt von dem Kerl Fingerabdrücke. Wer sagt uns, daß man ihn nicht schon lange sucht? Daß nicht dieses Geld hier Diebesgut ist? Polizisten haben mitunter die abenteuerlichsten Einfälle.

Verstehst du, was ich meine? Man könnte uns mit dem Dickwanst in Zusammenhang bringen...«
Marion, jetzt blaß und von Entsetzen gebeutelt, erhob sich ebenfalls. Ihr Zeigefinger schoß in Richtung Schlafzimmer.
»In der Wohnung bleibt er nicht!«
»Also gut«, nickte Bertram, während er seine Jacke auszog und auf die Couch warf, »dann trage ich ihn raus auf die Straße und lehne ihn dort an die Wand!«
»Und... und das Geld?«
Er zögerte, dachte nach. »Wir könnten es in Verwahrung nehmen, was meinst du?«
Sie schüttelte heftig den Kopf. »Vielleicht gehört er einer Bande an, die schon hinter ihm her ist. Und die nimmt dann Rache an uns. Woher wollen die wissen, daß wir es nur aus einer Vorsorge heraus in Verwahrung genommen haben. Hansi, wollen wir nicht doch lieber die Polizei rufen?«
»Die Polizei bleibt aus dem Spiel!« entschied Bertram. »Wir stecken ihm das Geld in die Tasche...« Hans Bertram nahm das fremde Jackett vom Beethoven und verteilte die drei Häufchen auf die beiden Innentaschen.
Mit dem Jackett winkte er seiner Frau.
»Komm, hilf mir, es ihm anzuziehen!«
Gemeinsam gingen sie ins Schlafzimmer.
»Die Firma Grunz & Sauf hat sich um keinen Millimeter verlagert!« stellte Hans Bertram fest.
Es dauerte fast fünf Minuten, bis es den beiden gelungen war, die Jacke ihrem Eigentümer anzuziehen und diesen in Abschlepphaltung zu bringen.
Keuchend zog ihn Bertram bis vor die Wohnungstür.
»Mach das Licht aus und schau durch die Gardine, ob draußen alles in Ordnung ist!«
Marion löschte das Licht und ging zum Fenster. Sekundenlang war nur das gepreßte Schnarchen des von der bequemen Liegestatt gezerrten Mannes zu hören.

»Schräg gegenüber steht ein Auto, Hansi, da sitzen zwei drin!« zischte Marion.
»Zwei Männer?«
»Das kann ich nicht erkennen, die Straßenbeleuchtung ist dort nicht so gut. Aber einer ist bestimmt ein Mann!«
»Es wird ein Pärchen sein«, vermutete Bertram, und ohne Begeisterung fuhr er fort: »Bleibt mir nichts weiter übrig, als ihn hinten durch den Garten zu schleppen. Ich setze ihn im Narzissenweg ab.«
Marion schluckte, aber das konnte Hans Bertram nicht sehen. Doch er hörte die Furcht in ihrer Stimme, als sie fragte: »S... soll ich dir helfen? Soll ich mitkommen?«
»Nein, bleib du hier. Du kannst ja inzwischen die Bettwäsche wechseln. Ich hoffe nur, daß im Narzissenweg nicht auch ein Pärchen parkt.«
»Wenn jemand kommt, Hansi, laß ihn einfach fallen. Es darf dich keiner sehen.« Und dann fiel ihr plötzlich ein: »Wir haben die Kognakflasche vergessen.«
»Stimmt! Holst du sie?«
»Ja!« Sie tastete sich im Dunkeln zum Schlafzimmer durch und versuchte wenig später, die dickbauchige Flasche in die linke äußere Tasche zu pressen. Es gab ein leises Reißgeräusch, als sie es endlich geschafft hatte.
»So, jetzt«, flüsterte sie. »Ich warte auf dich, beeil dich, Hans!«
»Mach mir auf... Jetzt!«

...3

Wie gebannt starrten Henry Linden und Olaf Schmidt auf das Fenster, hinter dem es soeben dunkel geworden war.
»Verstehen Sie das?« fragte Linden.
»Ich nehme an, sie sitzen jetzt alle zusammen im Wohnzimmer und kommen sich näher.«

»Sie glauben also, daß das Licht im Schlafzimmer war?«
Linden schien nicht dieser Ansicht zu sein, doch Schmidt meinte schulterzuckend:
»Ich wüßte keine andere Lösung. Vergessen Sie nicht, daß Brunner im Bett gelegen ist.«
»Hm ... Ihr Brunner, dieser ehemalige Schauspieler, warum ist der eigentlich kein Schauspieler mehr? Das wollte ich Sie schon die ganze Zeit fragen.«
»Er hatte einen Unfall! Seitdem ist er stark gehbehindert.«
»Und deshalb schauspielert er nicht mehr?«
»Leider gibt es zuwenig Rollen für Hinkende. Aber das können Sie ja nicht wissen. Sie gehen ja nur ins Theater, wenn es ein kaltes Büffet gibt.«
»Warum so bissig, Herr Lokalredakteur?« Linden tat beleidigt.
»Tut mir leid, wenn es bissig klang.«
»Aber es war Absicht!« stellte Linden fest.
»Natürlich!«
»Das ist es, was Sie so sympathisch macht: Ihre Aufrichtigkeit, ihre Ehrlichkeit.«
»Falls es Sie interessiert: Brunner verdanke ich mit, daß ich nicht mehr rauche.«
»Ach, ist das so einer, der einem die Laster wegbetet?«
»Nein, aber durch Leo Brunner lernte ich Busch kennen.«
»Was Sie nicht sagen. Und wer ist Busch?«
»Ein Arzt. Ein Anästhesist. Noch nie von ihm gehört?«
»Nein, sollte ich denn?«
»Als Menschenfreund schon.«
»Warum machen wir dann keine Reportage über Ihren Doktor, wenn er solche Wunder fertigbringt?«
»Weil Sie dann Ihren Hut nehmen müßten, verehrter Herr Chefredakteur.«
Linden sah Schmidt mißtrauisch von der Seite an. Und mißtrauisch klang auch seine Stimme: »Soll das ein Witz sein?«
»Das soll kein Witz sein! Aber in dem Augenblick, wo wir

positiv über die ›Machenschaften‹ des Herrn Dr. Erhard Busch publizieren, kündigt uns die Zigarettenindustrie auf der Stelle die Anzeigen. Wissen Sie, was das bedeutet?«

»Ich versteh' kein Wort. Was hat die Industrie mit Ihrem Doktor zu tun?«

»Der Busch ist für die Zigaretten das, was der Wallraff für die Bild-Zeitung ist!«

»Moment mal...« Linden nahm die Brille ab und begann, sie mit dem Ende seiner Krawatte zu putzen. »Jetzt dämmert etwas in mir... Ist das der Mann, der nachts mit Leiter und Farbe durch die Städte zog, um die Riesenplakate für Zigarettenwerbung mit eigenen Texten zu versehen oder zu ergänzen?«

»Genau der ist es. Er ließ zum Beispiel aus ›Lord Extra‹ ›Mord Extra‹ und aus der ›Rothändle‹ ›Todhändle‹ werden. ›HB‹ wurde erläutert mit ›H wie Herzinfarkt und B wie Bronchialkrebs‹. Dazu hat er eine Menge eigene Bildmontagen gemacht, die eigentlich jedem Raucher unter die Haut gehen sollten. Seit einiger Zeit gibt er auch Postkarten mit entsprechenden Motiven heraus. Erinnern Sie mich daran, daß ich Ihnen morgen ein paar zeige. Sie liegen in meinem Schreibtisch.«

»Warum hat man diesem Helfer der Menschheit eigentlich noch nicht das Bundesverdienstkreuz verliehen? Oder hat man?«

»Mir ist nicht bekannt, daß man hat. Dafür hat man ihn aber ins Gefängnis gesteckt, weil er a) nicht bereit und b) nicht in der Lage war, die Schadenersatzforderungen der Reklamefirmen und die verhängten Strafen zu bezahlen.«

»Hm...«

»Mehr fällt Ihnen dazu nicht ein? Sie gehören anscheinend auch zu denen, die den Idealisten erst nach ihrem Tode ein Denkmal setzen...«

In diesem Augenblick zuckten beide Köpfe nach links. Das Licht hinter dem vermutlichen Schlafzimmerfenster war wieder eingeschaltet worden.

Eine Spur von Panik schwang in Lindens Stimme mit. »Verdammt, Schmidt, die werden doch unseren Mann nicht umgebracht haben?«
»Müssen Sie immer übertreiben? Aber ich gebe zu«, gestand Schmidt und versuchte, sein ebenfalls vorhandenes Unbehagen abzuschütteln, »daß das alles ein bißchen ungewöhnlich ist. Vielleicht hat man ihn in eine längere Diskussion verwikkelt.«
»Dazu muß man nicht das Licht an- und ausschalten. Wo bleibt unser Mann?? Es war ausgemacht, daß er uns ein Zeichen gibt, wenn feststeht, was sie vorhaben. Hoffentlich sind die nicht auf den abenteuerlichen Gedanken gekommen, die Polizei zu benachrichtigen.«
»Erstens«, widersprach Schmidt, »hätte ihnen das Leo Brunner ausgeredet, und zweitens wäre in diesem Falle die Polizei längst da. Was schließen wir also daraus: Es gab kein Erstens, weil es auch kein Zweitens gab!«
Schmidts Versuch, Optimismus zu verbreiten, kam nicht sonderlich gut an.
»Zum Teufel mit Ihren ostasiatischen Weisheiten!« knurrte Henry Linden, und Schmidt schlug vor:
»Warten wir noch fünf Minuten. Ist Brunner bis dahin noch nicht aufgetaucht, mache ich einen Besuch bei den Herrschaften ...«

... 2

Sekunden verrannen,
Minuten verrannen,
Viertelstunden verrannen.
Henry Linden fühlte sich in seiner Haut unwohl wie seit langem nicht. Und er dachte ernsthaft darüber nach, ob seine Idee, mit dem Geld dem Charakter zu Leibe zu rücken, wirklich eine so gute war.

Seit zweiunddreißig Minuten saß er da und wartete auf die Rückkehr seines Lokalredakteurs, der ausgezogen war, um über das Schicksal des Leo Brunner Nachforschungen anzustellen. Und er, der Chefredakteur mit der weit über die Grenzen hinaus bekannten Fantasie, kam sich mit einem Male albern vor. Albern und hilflos. Allerdings in einer Größenordnung, wo man mit Fug und Recht die Adjektive albern und hilflos mit dem Adjektiv »gewaltig« kreuzen konnte. Denn zwanzigtausend Mark verdienten ja wohl das Prädikat »gewaltig« – oder?

Wenn es eine Erleichterung mit Beklemmung gab, so überkam ihn diese um 0.12 Uhr. Da nämlich tauchte Olaf Schmidt wieder auf. Als kleine, schemenhafte Figur wuchs er sich, aus der Düsterheit rasch näher kommend, zu dem Linden bekannten Lokalredakteur aus.
»Warum kommen Sie eigentlich nicht durch die Haustür, verdammt noch mal, und wo haben Sie so lange gesteckt?« fauchte Linden den ziemlich atemlosen Schmidt an.
»Wenn Sie es genau wissen wollen, ich komme aus dem Narzissenweg!«
Linden wiederholte ungläubig: »Aus dem Narzissenweg? Wie sind Sie denn dorthin gekommen?«
Schmidt deutete zu dem Haus hinüber, und es klang wenig fröhlich, als er seine Marschroute erklärte:
»Zuerst durch die Haustür, dann quer durchs Wohnzimmer der Bertrams, die rückwärtige Treppe nach hinten und dann durch den Garten in den Narzissenweg. Den habe ich von vorn bis hinten abgeklappert und nach Brunner gesucht.«
»Sie glauben doch nicht, daß ich davon auch nur ein Wort verstanden habe?« raunzte Linden böse.
»Den Bertrams habe ich tausend Mark Schmerzhonorar bezahlt. Gegen Quittung natürlich. Und wenn Sie meinen, daß die über Ihren Einfall besonders entzückt waren, so dürfen Sie das als Irrtum verbuchen. Und noch zwei Glücks-

fälle habe ich zu vermelden: Es ist mir gelungen, ihnen eine Anzeige gegen uns auszureden, zum anderen die junge Frau namens Marion Bertram im letzten Augenblick davon zu überzeugen, daß es Unrecht sei, eine größere Keramikvase auf meinem Kopf zu zerkleinern. Das als kleinen Stimmungsbericht.«

»Das alles interessiert mich im Augenblick keinen Deut, mein Lieber«, wütete Linden. »Wo sind Ihr Schauspieler und meine zwanzigtausend?«

»Verschwunden! Spurlos verschwunden.«

Linden schnappte nach Luft. »Ver... ver...verschwunden? Schmidt, machen Sie keine blöden Scherze mit mir!«

»Ich berichte der Reihe nach. Als das Ehepaar nach Hause kam, fand es alles wie geplant vor: Schnaps- und Zigarrengestank, Geldscheine überall und im Bett der Frau einen total besoffenen Brunner. Nach glaubwürdiger Darstellung der beiden war Brunner nicht wachzukriegen!«

»Aber das war doch gegen die Abmachung.«

»Allerdings«, nickte Schmidt betrübt und fuhr fort: »Sie sammelten das Geld ein, steckten es in Brunners Taschen, und Herr Bertram schleppte den achtzig Kilo schweren Schauspieler in den Narzissenweg. Eine sportliche Leistung, das kann ich Ihnen versichern. Er lehnte ihn gegen die Mauer und ging dann in seine Wohnung zurück. Daß er die Wahrheit sagt, daran gibt es keinen Zweifel. Er war eine Minute vor meinem Klingeln wieder in der Wohnung. Sie dachten zuerst, ich sei von der Polizei. Trotz der tausend Mark war Bertram nicht bereit, mich zu begleiten. Also habe ich mich allein auf die Suche nach Brunner gemacht. Das Ergebnis sagte ich Ihnen bereits: Von Leo Brunner keine Spur!«

»Na fein... Der Herr Schauspieler hat sich also aus dem Staub gemacht. Mann, Schmidt, das werde ich Ihnen nie vergessen...«

. . . 1

Olaf Schmidt drückte die Klinke zum Zimmer seines Chefredakteurs herunter und trat ein. Doch statt eines Gift und Galle speienden Linden sah er ein freundliches, wenn auch reserviertes Gesicht.

»Guten Morgen, Chef. Wie ich sehe, haben Sie sich von dem Schrecken etwas erholt.«

Linden antwortete nicht, sondern zeigte nach links, wo ein untersetzter, dicklicher Mann das Polster des vierten Sessels platt drückte.

Auf Schmidts Gesicht wechselten Erstaunen, Fassungslosigkeit und Freude. Mit ausgestreckten Armen ging er auf den Mann im Sessel zu.

»Leo . . . Leo Brunner. Der verlorene Sohn.«

Sie schüttelten sich die Hände, wobei nicht verborgen blieb, daß Brunners Freude wesentlich gebremster war als die Schmidts.

»Da staunen Sie, was?« rief Linden.

»Wo haben Sie sich denn versteckt gehalten?«

Brunner sah jetzt regelrecht unglücklich drein, während Linden verriet:

»Die Polizei hat ihn heute früh geweckt. Was sagen Sie dazu?«

»Wo?«

»Im Narzissenweg!« antwortete der ehemalige Schauspieler leise. Schmidt schüttelte energisch den Kopf.

»Unmöglich, ich habe doch den ganzen Narzissenweg abgesucht. In voller Länge und Breite.«

»Die Polizei fand mich hinter einem Müllcontainer.«

»Haben Sie denen was von uns erzählt?«

Brunner schüttelte den Kopf. Linden rief: »Erzählen Sie, Herr Brunner.«

»Ja, ich habe alles gemacht wie besprochen. Die Zigarre gepafft, eine halbe Flasche Kognak verschüttet und das Geld verteilt.«

»Mehr verschüttet oder mehr getrunken?« fragte Schmidt.
Da sprang Leo Brunner auf und rief mit beschwörend erhobenen Armen: »Das ist es ja, Herr Schmidt. Ich habe nur drei oder vier kleine Schlucke getrunken. Mehr nicht, ich schwöre es. Dann legte ich mich auf das Bett und ...«
»... sind eingeschlafen!«
Brunner nickte. »Ja. Ich habe es nicht mal gemerkt. Ich war plötzlich weg. Von weniger als zwei Gläsern Kognak. Ich muß wie tot geschlafen haben. Es klingt abenteuerlich, aber es ist die Wahrheit. Wenn Sie denken, daß ...«
»Aber Unsinn, Herr Brunner, niemand denkt das!« beschwichtigte Linden den aufgeregten Mann.
Während Brunner wieder auf seinen Sessel sank, sah Schmidt voll böser Ahnungen von einem zum anderen. »Soll das etwa heißen, daß ...« Schmidt verstummte.
»Ja«, sagte Linden laut. »Die zwanzigtausend sind verschwunden!«
»Als ich erwachte, waren alle Taschen ausgeräubert.«
»Die junge Frau hatte Ihnen noch die Flasche Kognak in die Tasche gesteckt.«
»Nichts. Alle Jackettaschen waren leer.«
»Das bedeutet«, mischte sich Linden wieder ein, »daß der oder die Diebe in den wenigen Minuten zugeschlagen haben müssen, in denen Sie sich bei den Bertrams befanden ...«
Schmidt dachte einige Zeit nach, bevor er nickte.
»Ja. Es blieb ihnen nicht viel Zeit. Aber warum, frage ich, haben er oder sie Brunner hinter den Müllcontainer geschleppt? Warum haben sie ihn nicht einfach liegen lassen?«
»Das wird wohl für immer das Geheimnis der Diebe bleiben.«
»Chef«, rief Schmidt entschlossen, »wir erstatten Anzeige gegen Unbekannt.«
»Sinnlos. Wir müssen versuchen, den Schaden mit einer entsprechenden Auflage reinzuholen. Sobald das Ehepaar da war, beginnen Sie mit der Arbeit!«

»Und was geschieht mit mir?« fragte Leo Brunner leise und bedrückt.
»Gehen Sie runter in die Fotoabteilung und lassen Sie ein paar gescheite Bilder von sich machen. Mit Ihrem Konterfei werden wir jeweils den Fortsetzungsbericht beginnen. Einverstanden, Schmidt?«
»Einverstanden!«

...0

und Klingeln!
Oskar Frey schritt, gravitätisch wie ein Marabu, zum Telefon.
»Antiquitäten-Frey!«
»Hallo, Herr Frey, hier spricht Schmidt!«
»Oh, guten Abend, Herr Schmidt. Ich hörte schon von meiner Verkäuferin, daß Sie schon einmal angerufen haben.«
»Ja, sagen Sie, Herr Frey, ist die Elfenbeinschnitzerei noch da?«
»Sie meinen den chinesischen Frühlingsgarten?«
»Genau den!«
Oskar Frey ließ ein paar Sekunden verstreichen. So was machte sich immer gut, das erhöhte die Spannung und verschaffte danach Freude. Ein kleines, affektiertes Räuspern, eine besonders warme Stimmlage:
»Ja, Herr Schmidt, noch ist er da, der chinesische Frühlingsgarten.«
»Dann machen Sie bitte ein Schild dran: ›Verkauft.‹ Ich komme morgen nachmittag vorbei.«
»Er ist Ihnen also nicht mehr zu teuer?« Herr Frey ließ seiner Verwunderung freien Lauf.
»Formulieren wir es anders, Herr Frey«, klang es demselben ins Ohr, »zu teuer ist er noch immer. Nur, wie man

diese Tatsache überspringt, ist erst in zweiter Linie eine Frage des Geldes!«

»Und in erster Linie?«

»Eine Frage des veränderten Charakters, Herr Frey! Bis morgen ...«

Treffpunkt Wendeboje

Dialoge zum Thema Schmuggel

Personen:
Chronist
Gabi
Erwin Glosteck
Horst Hengl
Christian Brugger
Urs Blätterli
Wachtmeister Höfler
Oberinspektor Weingarten
Frau

Chronist: Um den nachfolgenden Kriminalfall niederschreiben zu können, bedurfte es Monate währender Recherchen. Für den szenischen Ablauf mußte ich zahllose Interviews und Gespräche führen, wobei sich nicht alle Beteiligten durch besondere Redseligkeit auszeichneten. Dazu kam in der ersten Zeit noch der sich ständig wiederholende Begriff vom schwebenden Verfahren, in das man nicht eingreifen dürfe, der es mit sich brachte, daß manche Leute gar nichts sagten, oder wenn doch, nur unter der Begleitmusik knisternder Geldscheine.
Aus vielerlei Gründen habe ich Namen und Schauplätze geändert.
Wenn zu Beginn der Geschichte trotzdem ein echter weiblicher Name auftaucht, dann geschieht es unabsichtlich, sozusagen im Eifer des Erzählens.
Ich beginne meine Geschichte mit einem Interview. Es fand am 4. Juni statt. Bevor ich das Tonbandgerät anstellte, teilte ich meiner Gesprächspartnerin mit, daß ich sie mit einem Decknamen anreden würde.
Folgen Sie mir in eine kleine Dachwohnung in B.

Chronist: So, das Tonband läuft jetzt, Fräulein Gabi.
Gabi: (zögernd/unbehaglich) Ich weiß nicht...
Chronist: Nun machen Sie doch nicht so ein Gesicht...
Gabi: Ich habe richtig ein bißchen Angst. Sein Anwalt hat mir immer wieder gesagt, ich dürfe nichts verraten, da ich sonst in ein schwebendes Verfahren eingriffe.
Chronist: Aber ich habe Ihnen doch versichert, daß es mir in unserem Gespräch in erster Linie um Sie geht. Mich interessieren die zwischenmenschlichen Aspekte. Wie zum Beispiel kommt ein so hübsches Mädchen wie Sie dazu, eine Freundschaft mit einem Gauner vom Format des Erwin Glosteck anzufangen?
Gabi: (verdutzt) Glosteck? Ich kenne kei... (stockt) Ach so, das ist ja sein Deckname.
Chronist: Wo haben Sie ihn kennengelernt?
Gabi: Im Kino.
Chronist: Ach...
Gabi: Ja, er saß neben mir und griff einfach in meine Bonbontüte.
Chronist: Und da waren Sie hingerissen.
Gabi: (empört) Wofür halten Sie mich denn? Ich hab ihm eine runtergehauen.
Chronist: War er damit einverstanden?
Gabi: Er lachte. Draußen hat er dann gesagt, daß das seine erste Kinoohrfeige gewesen sei...
Chronist: ...und hat Sie zum Kaffee eingeladen.
Gabi: Verabschiedet hat er sich.
Chronist: (ungläubig) Was Sie nicht sagen...
Gabi: In Wirklichkeit jedoch ist er mir heimlich gefolgt. Vierzehn Tage lang bekam ich dann täglich einen Strauß Rosen.
Chronist: Das machte natürlich mächtigen Eindruck auf Sie...
Gabi: – – –
Chronist: Und wie ging es weiter?

Gabi: Am 15. Tag stand er dann vor der Tür. Mit einer wunderschönen Orchidee.

Chronist: Wann haben Sie erfahren, daß er ein Krimineller ist?

Gabi: Nachdem man ihn verhaftet hatte ... Ja, wirklich! Ich hatte nicht die leiseste Ahnung.

Chronist: Sie haben immerhin fast ein Jahr mit ihm zusammengelebt. Wie kann man da nicht wissen, was der andere treibt?

Gabi: Er hat mir immer gesagt, daß er als freier Grundstücksbeschaffer tätig sei.

Chronist: Was ist das?

Gabi: Wenn er was von verkäuflichen Grundstücken hört, gibt er das an irgendwelche Firmen weiter und bekommt dafür Geld.

Chronist: Und das haben Sie reinen Herzens geglaubt?

Gabi: (aggressiv) Warum nicht? Er hatte schließlich immer genügend Geld.

Chronist: Fräulein Gabi, als Sie zusammen mit ihm im Wohnwagen an den See reisten, was gab er da als Grund an?

Gabi: Daß wir ein paar Tage Ferien machen wollten.

Chronist: Mehr nicht?

Gabi: Es kam ganz plötzlich ...

Chronist: Wie plötzlich?

Gabi: Rita, sagte er ...

Chronist: (Räuspern)

Gabi: (verdutzt) Was ist ...? Warum sehen Sie mich so an? Ach, jetzt weiß ich ... Gott, bin ich ein dummes Huhn ... Also, Gabi, sagte er, nimm dir Urlaub, wir fahren ein paar Tage an den See. Bei der Gelegenheit wollte er auch gleich ein paar Grundstücke besichtigen.

Chronist: Kannten Sie den vierten Mann eigentlich persönlich?

Gabi: Sie meinen den ...

Chronist: Den, der Glosteck verraten und die Polizei informiert hat!

Gabi: Nein. Ich hörte nur, daß er auch Landagent sei und daß ihn Erwin am See treffen wolle. Ich habe ihn nach Erwins Verhaftung zum erstenmal gesehen.

Chronist: Aber die beiden anderen kannten Sie?

Gabi: Ja. Sie waren zwei- oder dreimal zum Skatspielen bei uns.

Chronist: Und nach dem Skatspiel mußte Glosteck sicher immer für ein oder zwei Tage verreisen.

Gabi: (überrascht) Verreisen? Nein ... oder ... Ja, stimmt.

Chronist: Und was taten Sie, während die Männer Skat spielten?

Gabi: Ich ging ins Kino.

Chronist: Eine Leidenschaft von Ihnen, das Kino, was? Oder irre ich da?

Gabi: Ja, ich gehe gern ins Kino ... (besorgt) Sagen Sie, kommt das alles ins Radio, was wir hier reden? Ich meine, höre ich mich selbst?

Chronist: Es bildet sozusagen die Einleitung zur Geschichte, Fräulein Gabi. Aber da niemand die genauen Umstände kennt, die Namen und Örtlichkeiten geändert sind, bleiben Sie ja trotzdem anonym.

Gabi: Und wann wird das gesendet?

Chronist: Irgendwann im Sommer. Das Sendedatum sage ich Ihnen noch!

Und das war der letzte Akt der Geschichte ...

Chronist: Erwin Glosteck öffnete leise die Tür des Wohnwagens und sprang hinaus. Ebenso behutsam klinkte er die Tür wieder zu. Gabi schlief noch tief und fest, und das war gut so.

Er ging einige Meter, streckte sich geräuschvoll und atmete tief den Geruch des Sees ein, auf dessen leicht bewegter Oberfläche sich milliardenfach das Licht der Sonne brach.

Es schien ein schöner Tag werden zu wollen. Noch vermißte man die weißen Tupfen der Segel auf der Weite des Wassers, aber das würde sich wohl bald ändern. In spätestens zwei Stunden würde man sie zu Hunderten sehen können. Schließlich hieß es trainieren, den Kurs abfahren und sich mit den Strömungen vertraut machen.

In zwei Tagen würde der Ernst der Segelei in Form der »Internationalen Regattawoche für Boote und Surfer« beginnen.

Glosteck sah auf die Uhr: 5 Uhr 45.

Noch eine Menge Zeit bis 10. Da würde er die anderen treffen. Nur noch fünfzehn Minuten allerdings bis 6 Uhr, dem Zeitpunkt des verabredeten Telefongesprächs.

Langsam schlenderte Glosteck zum Wasser.

5 vor 6 erreichte er die Telefonzelle am Ende des Strandwegs.

Er rauchte und wartete, daß die beiden Zeiger der Uhr einen senkrechten Strich bildeten...

Als es 6 Uhr schlug, betrat Glosteck die Telefonzelle und wählte eine lange Reihe von Zahlen...

Glosteck: Es ist 6 Uhr! Hier spricht der Kapitän! (Stille/Dahinein spricht der)

Chronist: Knapp fünf Minuten lang hörte Glosteck nur zu, nickte stumm oder zog nachdenklich die Augenbrauen zusammen...

Glosteck: Ich habe alles verstanden! Wir werden uns genau an die Zeiten halten!

Chronist: Glosteck legte auf, verließ die Zelle und schlug den Weg zu seinem Wohnwagen ein. Auch diesmal nahm er sich viel Zeit. Ab und zu blieb er stehen und sah über den See, dorthin, wo man das andere Ufer vermuten, aber nicht erkennen konnte.

6 Uhr 18 zog er die Wohnwagentür wieder hinter sich zu.

Gabi: (gähnt) Wo warst du?

Glosteck: Habe einen kleinen Morgenspaziergang gemacht.

Erst wollte ich dich wecken, aber weil du so wunderschön geschnarcht hast, bin ich allein losgezogen. Ist doch nicht schlimm, oder?

Gabi: Wie ist das Wetter?

Glosteck: Kaiserwetter, Liebste!

Gabi: Was bedeutet das?

Glosteck: Die Sonne scheint, die Möwen lachen, und auch die Menschen sind gut gelaunt. Im Augenblick ist kein Wölkchen am Himmel. Ich habe Hunger wie ein Wolf.

Gabi: (seufzt) Ich habe auch Hunger, also mache ich Frühstück. Hast du geguckt, ob es einen Bootsverleih in der Nähe gibt?

Glosteck: Nein, Gabi, aber das können wir dann ja nachholen. Allerdings wird es Nachmittag, bevor wir aufs Wasser können.

Gabi: (mault) Warum erst nachmittags?

Glosteck: Hast du vergessen, daß ich hier noch ein paar Geschäfte unter Dach und Fach bringen will? Um zehn treffe ich mich mit einem Bauern, der eventuell ein paar Parzellen verkauft. Du kannst dich inzwischen in die Sonne setzen. Es gibt eine Menge Bänke unten am Wasser.

Gabi: Und wie lange dauert das bei deinem Bauern?

Glosteck: Bestimmt nicht länger als zwei Stunden. Ich will sehen, daß ich bis zwölf zurück bin. Wir fahren dann gleich zum Essen. Ich kenne da im Nachbarort ein ausgezeichnetes Restaurant.

Knappe dreieinhalb Stunden später

Brugger: (entfernt) Das muß man dir lassen, Erwin: Wenn du zehn sagst, dann ist es auch zehn.

Glosteck: In unserem Gewerbe kommt zuerst die Pünktlichkeit und anschließend das Glück. Wie gefällt euch das Plätzchen, das ich ausgesucht habe?

Hengl: Man könnte fast meinen, du hättest ein Abkommen mit der Polizei. Es ist so still hier, als wären alle Zufahrtswege zu dieser Kneipe abgesperrt.
Glosteck: Hier war schon nicht viel los, als der Gasthof noch in Betrieb war. Setzen wir uns dort drüben hin.

Chronist: Bei dieser Zusammenkunft, bei der sich Erwin Glosteck mit seinen drei Partnern traf, wurden alle Einzelheiten für den nächsten Coup besprochen. Und die drei anderen, Christian Brugger, Horst Hengl und Urs Blätterli, waren einmal mehr beeindruckt von der Präzision, mit der alles vorbereitet zu sein schien...
In diesem Augenblick kam Glosteck zum wichtigsten Detail...
Glosteck: Ich habe für jeden von uns fünfzehntausend herausgeholt.
Brugger: Hoffentlich nicht Schilling...
(Heiterkeit)
Glosteck: Nein, Christian. Da ich deine chronische Not kenne, habe ich auf Schweizer Franken bestanden.
Hengl: Und wann gibt's das Geld?
Glosteck: Diesmal in der gleichen Nacht. Und noch etwas: Sollte alles so laufen, wie es sich unser Arbeitgeber vorgestellt hat, werden wir die Aktion in etwa sechs Wochen wiederholen.
(Begeisterung)
Hengl: Also ich habe ja schon so manches Ding gedreht, aber goldene Uhren habe ich noch nie geschmuggelt.
Blätterli: Schade, daß keine für uns abfällt.
Glosteck: Sie sind versiegelt. Und es wäre eine Riesendummheit, daran herumzumanipulieren. Wo bist du abgestiegen, Christian?
Brugger: Ich habe ein Zimmer im Seehof.
Glosteck: Und du, Horst?
Hengl: Pension Alpenblick. Wenn ich meinen Hals lang ma-

che, kann ich Urs ins Zimmer gucken. Er wohnt mir gegenüber.

Blätterli: Hotel Stern, falls du mir einen Besuch abstatten willst.

Hengl: Wie geht es Gabi?

Glosteck: Danke gut. Wenn sie meinen Rat befolgt hat, dann sonnt sie sich jetzt.

Blätterli: Hat sie Fragen gestellt?

Glosteck: Das ist das Schöne an ihr, sie ist fast nicht neugierig. Ich hoffe, daß sie diese Tugend beibehält.

Chronist: 11 Uhr 30 trennte sich die Gruppe wieder. Während Erwin Glosteck zu seinem Wohnwagen zurückfuhr, Urs Blätterli sein Motorrad bestieg, schlugen Christian Brugger und Horst Hengl zu Fuß den Weg zur Hauptstraße ein, wo es eine Bedarfshaltestelle der Omnibuslinie gab. 12 Uhr 25 erreichte die Landespolizei in K. ein Telefonanruf. Polizeiwachtmeister Höfler nahm das Gespräch entgegen. Eine halbe Stunde später stand Höfler vor Kriminaloberinspektor Weingarten.

Höfler: Es ist soweit, Herr Oberinspektor. Er hat angerufen.

Weingarten: Oh, schon. Bitte, berichten Sie!

Höfler: Sie werden Donnerstag nacht an Wendeboje A in zwei Lieferungen insgesamt zehntausend goldene Uhren übernehmen. Brugger und Glosteck fahren um 23 Uhr mit einem kleinen Motorboot hinaus und holen die erste Hälfte der Ladung. Die Rückfahrt wird länger dauern, da sie aus Sicherheitsgründen beabsichtigen, die letzten fünfhundert Meter zu rudern. Hengl und Blätterli warten mit einem Wagen am alten Bootssteg bei Kilometerstein 38. Dort kann man fast bis ans Wasser fahren.
Während Brugger und Glosteck den zweiten Teil holen, fahren Hengl und Blätterli nach Lindau. Dort wartet ein weißer »Diplomat« mit Düsseldorfer Kennzeichen, der die Ladung übernimmt. Anschließend fahren sie zum

Bootssteg zurück und warten auf Lieferung Numero zwei, die sie dann ebenfalls nach Lindau schaffen.

Weingarten: Auf welchem Hoheitsgebiet befindet sich diese Boje A?

Höfler: Das kann uns sicher die Seepolizei sagen ...

Weingarten: ... oder die Regattaleitung. Auf alle Fälle müssen wir noch heute einen Besprechungstermin mit den Kollegen von drüben vereinbaren. Eine schwergewichtige Frage: Was geschieht, wenn Sturm kommt?

Höfler: In diesem Fall verschiebt sich der Transfer um genau vierundzwanzig Stunden.

Weingarten: (nachdenklich) Ich kann es noch gar nicht glauben, daß es uns endlich gelingen soll, diesen Glosteck auf frischer Tat zu ertappen.

Höfler: Sie halten es für unmöglich, daß er uns absichtlich auf eine falsche Spur setzt?

Weingarten: (lächelnd) Wissen Sie, in der Regel gehe ich mit dem Wort unmöglich sehr sparsam um. Aber in diesem Fall wäre ich bereit, ein paar Jahresgehälter zu verwetten, daß mein Vertrauen gerechtfertigt ist. Unser Mann hat einen entzückenden, bildhübschen und äußerst energischen Grund, sich uns als Kronzeuge zur Verfügung zu stellen.

Höfler: Eine Braut also ...

Weingarten: Ja. Er verriet ihr wohl seine zweifelhaften Einkommensquellen, und nun hat sie es sich in den Kopf gesetzt, ihn zu heiraten und auf den Pfad der Tugend zurückzuführen. Sie saßen beide vor mir, und es war ihnen zweifellos ernst.

Höfler: Auf Kosten anderer, wenn ich mir diese Bemerkung erlauben darf. Ob das gutgeht?

Weingarten: Wir sind nicht für die Moral zuständig, Höfler, sondern ausschließlich für den kriminellen Tatbestand. Heute schmuggeln sie Uhren, morgen Rauschgift, und übermorgen erschießen sie jemanden, der ihnen im Wege steht. Also habe ich keine Skrupel, diese Entwicklung aufzuhalten, selbst auf die Gefahr hin, daß es schiefgeht. So, und jetzt machen Sie mir bitte eine Verbindung mit drüben!

Höfler: Sofort, Herr Oberinspektor!

Chronist: Donnerstag, 18. Mai.
Eine wahrhaft maßgeschneiderte Nacht für Glostecks Vorhaben. Fast windstill war es. Dazu ein klarer, funkelnder Sternenhimmel und ein helleuchtender Halbmond. Punkt 23 Uhr tauchten Erwin Glosteck und Urs Blätterli die Paddel ein. Ja, es hatte in letzter Minute eine personelle Umbesetzung gegeben. Blätterli, der eigentlich den Wagen nach Lindau kutschieren sollte, war auf der Uferböschung ausgeglitten und hatte sich den rechten Knöchel so stark verstaucht, daß er inzwischen zur Größe eines Kinderkopfs angeschwollen war. Unmöglich, damit Auto zu fahren. Da Horst Hengl im Augenblick ohne Führerschein war, mußte nun Christian Brugger die Rolle des Chauffeurs übernehmen...

Hengl: (leise) Hoffentlich erleben die beiden keine böse Überraschung...

Brugger: (irritiert) Wieso böse Überraschung? Was meinst du damit?

Hengl: Daß sie an der Boje vergeblich auf das Boot aus der Schweiz warten.

Brugger: Quatsch...

Hengl: Weißt du, was mir nicht in den Kopf will, Christian, warum bringen die Schweizer das Zeug nicht selbst bis hierher ans Ufer?

Brugger: Weil sie vorsichtige Leute sind. Solange sie mit ihren Uhren innerhalb ihres eigenen Hoheitsgebietes herumschippern, kann ihnen niemand was wollen. Kritisch wird es erst, wenn sie die Grenze überschreiten.

Hengl: Hm. Gesetzt den Fall, daß Erwin und Urs nun wirklich umsonst warten, was dann?

Brugger: Keine Ahnung, was dann ist.

Hengl: (lächelnd) Vor etwa drei Jahren habe ich zusammen mit Glosteck über drei Stunden lang auf einen Türken gewartet. Das war in München. Er wollte uns einen Koffer voll türkischer Blüten abkaufen. Als zum zweitenmal ein Streifenwagen ganz langsam an uns vorbeigefahren war, glaubte Erwin, daß wir in einer Falle säßen. Also haben wir den Koffer mit den Blüten ganz einfach in eine Hausnische gestellt und sind verduftet. Erst Wochen später erfuhren wir, daß unser Türke in ein Taxi gelaufen war und im Krankenhaus lag.

Brugger: Und der Koffer war futsch.

Hengl: Und falsches Türkengeld im Wert von einer halben Million.

Brugger: Und wo hattet ihr das her?

Hengl: Aus Italien geholt.

Brugger: (lacht) Wie ich ... Nur bei mir waren es holländische Gulden. Sie waren so schlecht gemacht, daß sogar ich den Unterschied gemerkt habe ... Sag mal, Horst, was ich dich fragen wollte. Ist Glostecks Mädchen wirklich so ein Supergirl, wie der Urs schwärmt?

Hengl: (lacht) Der Urs hat vom ersten Tag an für Gabi geschwärmt. Er hat sie mit den Augen förmlich aufgefressen. Sie ist ein feiner Kerl. Versteht Spaß und kann außerdem toll kochen.

Chronist: 23 Uhr 38 erreichten Erwin Glosteck und Urs Blätterli die Wendeboje, wo das schweizerische Boot bereits auf sie wartete.

Sie übernahmen sechs Kisten und gingen wieder auf Gegenkurs. Blätterli ließ dabei seinen Fuß außenbords. Der lädierte Knöchel piesackte ihn über alle Maßen.

0 Uhr 20 waren die Kisten im Wagen verstaut. Zwei Minuten später bogen Christian Brugger und Horst Hengl auf die Straße nach Lindau ein, während Glosteck

und Blätterli die Bugspitze ihres Bootes wieder in Richtung Wendeboje brachten. 0 Uhr 58 näherten sich Brugger und Hengl dem verabredeten Treffpunkt in Lindau.

Hengl: Fahr langsamer, hier sind nur fünfzig erlaubt!

Brugger: Also ehrlich gesagt, Autofahren könnt' ich sogar mit einem Gipsbein.

Hengl: Vielleicht ist es mit einem Gipsbein auch leichter als mit einem verknacksten Knöchel. Das kann schon narrisch weh tun.

Brugger: Ich kenne das...

Hengl: Auf alle Fälle ist es so sicherer. Achtung, hinter dem nächsten Abzweig muß der Kiosk sein...

Brugger: Hoffentlich treibt sich kein Liebespärchen in der Gegend herum. So was hat mir schon einmal eine Tour vermasselt.

Hengl: (zischt) Dort... Der weiße »Diplomat«!

Brugger: Platz genug, ich setz mich dahinter...

Hengl: Mensch, da sitzt ja nur eine Frau drin!

Brugger: Aber das Kennzeichen stimmt.

Hengl: Also dann, gehen wir zu ihr...

Chronist: Brugger und Hengl fühlten sich so sicher, daß sie es für überflüssig hielten, nach eventuellen Gefahren Ausschau zu halten. Das Fenster neben dem Beifahrersitz war heruntergekurbelt. Hengl beugte sich herab...

Hengl: Ist alles okay?

Frau: (leise) Der Kofferraum ist offen, ihr könnt umladen!

Hengl: Wird gemacht!

Weingarten: (sehr laut) Polizei!!! Der Parkplatz ist umstellt. Bitte, heben Sie die Hände und bleiben Sie stehen, wo Sie gerade sind!

Chronist: Zur gleichen Zeit lagen Glosteck und Blätterli mit ihrem Motorboot Bord an Bord mit dem Kabinenkreuzer »Joschah«. Die Arbeit der Übernahme war getan.

Blätterli: (stöhnt) Das ist die letzte... Ich möchte wissen, was an Uhren so schwer ist...

Glosteck: Die Menge macht's, Urs. Und die Verpackung. (ruft) Macht's gut, und bis zum nächstenmal...

Blätterli: (wundert sich) Haben die es aber eilig. Man könnte direkt... (schreit entsetzt) Erwin... sieh nur da vorn...

Glosteck: Verdammt, von unserer Seite auch... Da muß uns einer verpfiffen haben... (heftig) Los, runter vom Boot, jetzt hilft nur noch Schwimmen.

Chronist: (sehr sachlich) Glosteck und Blätterli fischte man aus dem Wasser. Das Boot wurde sichergestellt und in Schlepp genommen.
Auch die Sache in Lindau war erfolgreich über die Bühne gegangen. Die Polizei, die den Platz an dem Kiosk bereits seit Stunden observierte, wußte, daß auch der Mercedesfahrer, der fünfzig Meter entfernt in einer Garagenauffahrt parkte, zum Coup gehörte. Seine Flucht vereitelte ein Streifenwagen, der im richtigen Augenblick vor den teuren Kühlergrill rollte.
Punkt 2 Uhr war die gesamte Aktion beendet. Zehn Stunden später gelang es auch, die in einer mondänen Hochhausetage in Düsseldorf residierenden Auftraggeber zu verhaften.

Welcher von Glostecks Komplizen machte gemeinsame Sache mit der Polizei?

Tom Knall: Die Rache der Kognakbohne

Ein süßer Auftrag

Es war kurz nach 17 Uhr.
Timothy McIntosh saß mit griesgrämiger Miene im Wohnzimmer, hielt eine Zeitung in den Händen und hatte seine Füße wieder mal im heißen Wasser. Das heißt, so richtig heiß war es eigentlich gar nicht mehr. Und so rief er auch schon laut und durchdringend:
»Mrs. Golinsky, ich brauche nassen Nachschub!«
Paula Golinsky tauchte in der Tür auf. Sie stützte die Arme in die Seiten und rügte: »Aber, Mr. Mac, was Sie machen, ist Übertreibung. Jetzt haben Füße schon über zwei Stunden in Wasser, und ich habe schon dreimal nachgekippt!«
»Na und?« maulte McIntosh.
»Wenn ich gieße wieder nach, läuft Schüssel über!«
»Hm...«
»Warum haben so schlechte Laune?«
»Na, hat Tom nicht gesagt, er wolle nur für einen Sprung zum Flugplatz fahren?«
»Stimmt, hat gesagt!«
»Jetzt dauert der Sprung schon vier Stunden. Das ärgert mich, schließlich hätte er ja mal anrufen können.«
Paula Golinsky schien gar nicht mehr zuzuhören. Ungläubig starrte sie in die Schüssel, aus der McIntoshs Storchenbeine herausragten. Und fassungslos stammelte sie:
»Aber Mr. McIntosh, ist ja ganze Schüssel voll mit Fliegen!«

»Ja«, nickte Mac, »die haben mich auch geärgert!« erwiderte er trotzig und gab einem dicken Brummer mit der großen Zehe einen Schubs.
»Und darum müssen ertränken?«
»Wieso ertränken? Die leben alle noch! Auch die dicke Agathe aus der Küche ist dabei.« McIntosh schnitt eine Grimasse. »Wenn Sie wollen, werde ich dann Agathe wieder abtrocknen und in die Küche zurückbringen!«
»Pfui, Mr. Mac. Wie können nur so was sagen? Zur Strafe werde ich Ihnen geben zum Abendbrot kleinste Portion!«
McIntosh rollte mit den Augen und zupfte sich, Verzweiflung heuchelnd, an seinem Seehundsbart. »Das können Sie mir doch nicht antun. Wo ich schon jetzt einen so jämmerlichen Hunger habe. Was gibt's denn?«
Er hob den Kopf und zog schnüffelnd die Luft ein. »Was mit Käse?« tippte er drauflos, doch Mrs. Golinsky schüttelte den Kopf. »Eiskalt!« sagte sie dazu. »Sie werden es nie raten! Gibt Geflügelsalat, Toast und Wackelpudding!«
Eifrig griff McIntosh zum Handtuch und begann seinen rechten Stelzfuß abzutrocknen.
»Bin schon unterwegs zum Kosten!« rief er, doch Mrs. Golinsky dämpfte seine Eile: »Gibt nichts zum Kosten, weil schon alles ist in Formen und garniert. Wenn Sie unbedingt kosten wollen, dann nur Toastbrot!«
»Toastbrot, Toastbrot...«, knurrte der lange Ire geringschätzig. »Als ob ich nicht wüßte, wie Toastbrot schmeckt.«
»Außerdem«, erinnerte sich Paula Golinsky, »kann so groß Ihr Hunger nicht sein. Haben doch erst vor Fußbad drei belegte Brötchen gegessen!«
»Na, was sind schon drei Brötchen!«
»Ich weiß, was meinen. Haben nur bis Knie gereicht.«
»Nicht ganz!« grinste Mac.
»Was, nicht bis Knie?«
»Nur bis zu den Waden!«
»Hihihi«, kicherte Mrs. Golinsky, »haben ja gar keine.« Mac

streckte einen seiner Spinnenfinger in die Höhe, kniff sich eine beleidigt aussehen sollende Falte zwischen die Augen und sagte: »Fast bin ich gekränkt. Ich kann...« Er verstummte. Draußen wurde die Wohnungstür aufgeschlossen. Paula Golinsky rief: »Das wird Mr. Tom sein!«
»Wird höchste Zeit!« knurrte Mac und zog auch den zweiten Fuß aus dem Wasser. Da stand Tom Knall auch schon im Zimmer. In der linken Hand hielt er einen überdimensionalen, prallgefüllten Plastikbeutel, mit der rechten winkte er Paula und McIntosh zu. »Wie kannst du nur so gute Laune haben, wenn du vier Stunden von uns getrennt warst?« nörgelte McIntosh und versuchte neugierig ein Loch in den Beutel zu gucken.
Tom Knall nickte seinem Partner zu. »Hör zu, du rissige Fahnenstange, ich berichte im Telegrammstil: Kaum hatte ich Steven Holliday verlassen, schreit jemand nach mir. Ich drehe mich um und sehe Albert Crost winken. Er und noch einer stehen vor dem Büro der Deyers-Agentur. Die beiden Typen kommen auf mich zu, und Albert stellt mir Mr. Fedor Blaker vor. Dieser Blaker ist Werbechef von ›Bukman-Schokolade‹. Er war zu Crost wegen eines Werbeauftrags gekommen, den Crost aber nicht annehmen konnte, weil er...«, hier grinste Tom Knall, »nur vorwärtsfliegen kann.«
McIntosh schnitt eine wütende Grimasse, und zu Paula Golinsky gewandt schimpfte er: »Merken Sie was, Mrs. Golinsky? Der karierte Schotte will uns auf den Arm nehmen.«
»Das glaube ich nicht!« erwiderte Paula. Toms Hand verschwand in dem Plastikbeutel.
»Bitte, Mrs. Golinsky, ein Produkt aus dem Sortiment unseres nächsten Auftraggebers für Sie!« Staunend nahm sie eine dicke Bonbonniere entgegen. Tom wandte sich Mac zu, der inzwischen seinen zweiten Fuß abgetrocknet hatte.
»Bitte, Mr. McIntosh, das ist für Sie! Eine Spezialität des Hauses. Gefüllt mit echtem französischen Kognak.« Ge-

schickt fing der lange Ire den Karton mit den Kognakbohnen auf. Und dann stapelte Tom Knall den übrigen Inhalt des Beutels auf den Tisch. Schokolade in allen Variationen. Gefüllt und ungefüllt. Kompakt und in dünnen Scheibchen. Schokolade mit Krokant, mit Marzipan, mit Mandelsplittern und mit Getrüffeltem. Es gab Schokolade in Kugelform, in Blöcken, eingepackt und pur.

»Beim heiligen O'Brien, das ist ja eine ganze Schaufensterdekoration...«, staunte McIntosh mit munter glitzernden Augen. Er stellte sich vor den Tisch, und sein Zeigefinger fuhr auf und nieder, und jedesmal deutete er auf etwas anderes. »Das esse ich gern, das besonders, das auch, und das, das, das, das...«

»Na ja«, meinte Tom Knall lächelnd, »das wäre dann ja alles. Für uns beide bleibt dann nur noch die Erinnerung.«

»Was denn, was denn«, protestierte der lange Ire. »Ich habe ja nicht gesagt, daß ich das alles essen will, sondern nur, daß ich das und das eben mag!«

»Mrs. Golinsky wird alles schön auf ein Tablett stapeln, und wer Appetit auf irgendwas Bestimmtes hat, der bedient sich!«

»Das ist ein guter Vorschlag!« stimmte Paula Golinsky zu. Und auch Mac nickte Einverständnis. Dann fiel ihm ein, daß Tom Knall ja noch gar nicht zu Ende berichtet hatte.

»Du warst beim Vorwärtsfliegen stehengeblieben, Tom.«

»Falsch!« korrigierte Tom Knall. »Du hast mich beim ›Vorwärtsfliegen‹ unterbrochen.«

»Ewig mußt du das letzte Wort haben«, brummte Mac.

An dieser Stelle mischte sich Mrs. Golinsky ein. Energisch sprach sie: »Wenn immer dazwischenreden, Mr. Mac, dann werden nie von Schokoladenauftrag erfahren!«

»Hm, ich schweige!« McIntosh ließ sich in einen Sessel fallen und begann an den Enden seines Seehundsbartes zu zwirbeln.

»Ein weiser Entschluß. Also, da ist diesem Blaker eine ganz besondere Werbeidee gekommen. Er hat eine Art Riesenrollo bauen lassen, auf dem, zwanzig Meter lang, die neue gefüllte

Stangenschokolade abgebildet ist. Crost nun sollte die Apparatur unter einer seiner Maschinen befestigen, aufsteigen und in etwa vierhundert Meter Höhe entrollen und damit dreißig Minuten lang über London herumfliegen. Da Crost jedoch, wie du weißt, irischer Pilot und Fliegenfänger, mit seinen Maschinen immer eine Mindestgeschwindigkeit einhalten muß, würde er das Riesenplakat wie eine Fahne hinter sich herziehen. Also ...«
Tom sah Mac an, und der wußte natürlich sofort Bescheid.
»Also«, fuhr er fort, »ist so was nur mit einem Hubschrauber möglich!«
Und Tom Knall: »Richtig! Und wenn schon Hubschrauber, dann nur einer – die Libelle! Ich habe diesen Blaker sofort zum Hangar geschleppt, wo er, als er unsere rotkarierte Libelle entdeckte, vor Aufregung und Begeisterung kaum noch Luft bekam. Also drehte ich mit ihm eine Ehrenrunde über dem Platz. Anschließend nahm er mich dann mit in seine Firma, stellte mir die Mitarbeiter seiner Abteilung vor und ließ mir diesen Sack voll Schokolade zusammenpacken.«
»Ein sympathischer Mann, dieser Blaker. Wir sollten ihn uns warmhalten. Wann fliegen wir?«
»Übermorgen. Morgen wird das Rollo montiert. So, das wär's fürs erste. Jetzt habe ich Hunger. Mrs. Golinsky, haben Sie was zu bieten?«
Bevor Paula Golinsky antworten konnte, war McIntosh bereits aus seinem Sessel hochgefahren und in Richtung Eßtisch unterwegs. Dabei rief er: »Es gibt Geflügelsalat, Wackelpudding und Toastbrot.« Und weil er plötzlich so guter Laune war, schloß er gleich eines seiner schlitzohrigen Angebote an: »Sollte dir, mein lieber Freund Tom, das Toastbrot besonders gut schmecken, dann kannst du meines noch mitessen, ich nehme dafür deinen Geflügelsalat. Na, wie bin ich zu dir?«
»Wie ein Übergeschnappter zu einem, den er anscheinend auch dafür hält!«

Das Rollo

Der nächste Tag begann für die drei von der Luftagentur schon reichlich früh, nämlich um sieben Uhr. Um neun Uhr waren Tom und Mac mit Blaker und seinen Leuten auf dem Flugplatz verabredet.

»Eine blöde Zeit«, knurrte McIntosh verschlafen, als er sich zu Paula Golinsky und Tom Knall an den Frühstückstisch setzte. »Das frühe Arbeiten müßte verboten werden.«

»›Morgenstund hat Gold im Mund!‹ heißt ein Sprichwort«, sagte Mrs. Golinsky und tätschelte McIntosh die Hand. »Sehen wirklich noch sehr müde aus.«

»Bin ich auch. Außerdem halte ich von diesem Sprichwort gar nichts. Viel besser ist das: ›Vögel, die früh singen, holt abends die Katze.‹«

»Na, die Gefahr besteht bei dir ja nicht, da du früh höchstens schnarchst«, warf Tom Knall grinsend ein. McIntosh winkte ab. Mrs. Golinsky kicherte.

»Ich hatte gerade so einen schönen Traum«, fuhr der lange Ire fort.

»Und wovon hast du geträumt?«

»Vom Schlafen auf einer duftenden Wiese... Es war eine Bergwiese. Ich hab den Geruch noch jetzt in der...«, er schlürfte zwei Schluck Tee dazwischen, »Nase! Hm, der Tee ist gut.«

Und dann verspeiste McIntosh mit zunehmendem Appetit insgesamt dreizehn Scheiben Weißbrot mit Marmelade und trank dazu fünf Tassen Tee. Schließlich klopfte er zufrieden auf die Tischplatte und verkündete gähnend: »So, jetzt bin ich richtig schön satt und müde...«

Als die beiden Piloten im Hangar eintrafen, wurden sie bereits von Steven Holliday, Fedor Blaker und einem nervösen Männchen namens Sidney Abelane erwartet. Letzterer gehörte zum technischen Stab der Werbeabteilung und

hatte das »Schokoladenrollo«, wie es Blaker nannte, konstruiert.
Dieser Sidney Abelane wirkte wie aufgezogen. Nichts an ihm hielt still. Und wenn er redete, dann tat er es nicht allein mit dem Mund, da halfen dabei Füße, Hände, Ohren, Augen, Oberkörper und die Knie mit. Sein Kopf war kahl und glänzte wie eine polierte Billardkugel.
Zwei Stunden arbeiteten Abelane und Holliday, dann war die Konstruktion unter der Libelle befestigt. Auf den ersten Knopfdruck sollte sich das aus festem Leinen bestehende Riesenplakat entrollen, auf den zweiten Knopfdruck wieder aufrollen.
Kurz vor dem Mittagessen stieg McIntosh mit der Libelle auf, während die anderen als kritische Zuschauer das Manöver vom Boden aus beobachten wollten. Mac zog die Libelle bis auf fünfzig Meter hoch. Der kleine Mr. Abelane sauste aufgeregt wie eine naßgespritzte Ameise hin und her, und da er dabei ständig in die Höhe blickte, rannte er ein ums andere Mal gegen Tom Knall, Steven Holliday und Fedor Blaker. Und Blaker war es auch, der Abelane schließlich am Kragen festhielt und angiftete:
»He, Sid, wenn du mir noch ein einziges Mal auf meine Frostbeulen trittst, sehe ich rot!«
»Es tut mir leid, Fedor, aber ich bin ganz aus dem Häuschen!« piepste Mr. Abelane und schrie plötzlich himmelwärts: »Es klappt, hurra, es klappt...«
Langsam entrollte sich das Transparent. Zuletzt konnte man neben der abgebildeten Stangenschokolade noch lesen: *Stangenschokolade – Die neue Generation von Bukman.*
Fedor Blaker klopfte Abelane auf die zerbrechliche Schulter: »Du bist ein Genie, Sid!«
Auch das Einrollen klappte – bis auf einen kleinen Schönheitsfehler – wie am Schnürchen.
Ganz plötzlich lösten sich die letzten beiden Buchstaben der »Generation«, und übrig blieb »Generati«.

»Was ist das, Sid«, bellte Blaker.
»Der Klebstoff, Fedor«, jammerte der kleine Sid. »Es ist der verdammte Klebstoff. Die Buchstaben sind doch aufgeklebt. Du weißt doch, daß ich noch heute früh die ›Generation‹ gegen die ›Sensation‹ umtauschen mußte. Eine Kleinigkeit, Fedor. Ich nehme nachher einen anderen Leim!«
Und weg war er, der kleine Sidney Abelane, das »Genie«, auf der Jagd nach seinen vom Himmel heruntertrudelnden Buchstaben.
Und Blaker schrie ihm mit viel Stimmaufwand hinterher: »Das möchte ich dir auch geraten haben ...«

Ein geheimnisvoller Schatten

Nacht lag über dem Land.
Wenn die dicken Wolkenberge auseinanderrissen, wurde es für Augenblicke hell unten auf der Erde. Dann bestrahlte ein silbrig flimmernder Vollmond das Land mit milchiger Helligkeit. Schob sich jedoch der nächste Wolkenberg wieder vor ihn, kam es einem vor, als schalte jemand in Zeitlupe das Licht aus.
Kurz nach 0.30 Uhr, in der sogenannten Geisterstunde, bog ein kleiner Cooper in die ausgefahrene Nebenstraße hinter den Hangars ein. Er fuhr ohne Licht.
Irgendwo zwischen Meile sieben und acht hielt er. Der Fahrer schaltete den Motor aus und verließ den Wagen. Er freute sich, daß es wieder hell wurde, und er beeilte sich. Mit einer Tasche in der Hand eilte er auf die Tür im hohen Drahtzaun zu, der das Fluggelände umgab.
Obwohl er damit gerechnet hatte, daß die Tür verschlossen war, schimpfte er leise vor sich hin. Er öffnete die Tasche und suchte tastend nach einem geeigneten Sperrhaken. Fast eine Viertelstunde benötigte er, bis es ihm gelang, das anscheinend angerostete Türschloß zu knacken.

Bis zur Rückseite des mittleren Hangars waren es etwa vier- bis fünfhundert Meter. Der geheimnisvolle Schatten legte sie im Laufschritt zurück. Nach einer weiteren Viertelstunde hatte er sein endgültiges Ziel erreicht: den Hangar Nr. 14. Wieder benötigte er viel mehr Zeit, als vorgesehen war, um eine der Seitentüren zu öffnen.
Als er die Tür schließlich hinter sich zuziehen konnte, zeigte seine Uhr 1.25 Uhr an. Er kramte den Handscheinwerfer aus der Tasche und ließ den Lichtstrahl durch die riesige Halle gleiten. Vorbei an ein- und zweimotorigen Sportflugzeugen. An einem Modell HC 12 blieb der Lichtfinger hängen. Es handelte sich dabei um einen Hubschrauber.
»Rotkariert, verrückt...«, murmelte der Eindringling. Und nach einem »Na warte!« ging er eilig auf die Libelle zu.
4.20 Uhr hatte der geheimnisvolle Schatten sein Werk vollbracht und verließ, unbeobachtet wie gekommen, Halle und Platz. Nur zwei unverschlossene Türen verrieten, daß sich irgend jemand unbefugt Einlaß verschafft hatte... doch es fiel merkwürdigerweise niemandem auf...

Start – und was dann kam...

Tom Knall und McIntosh befanden sich schon mitten im Aufbruch, als das Telefon im Büro zu klingeln begann.
Mrs. Golinsky, die direkt neben dem offenen Büro stand, winkte den beiden verschmitzt zu: »Werde sagen, daß sind Gentlemen unterwegs!«
Während Tom zustimmend nickte, rief McIntosh gerade noch vor dem Abheben des Telefonhörers: »Sagen Sie auch, daß wir nur Aufträge annehmen, in denen keine großen Hunde und Affen vorkommen.«
»Gut, werde sagen...« Paula Golinsky meldete sich: »Hier Luftagentur Tom Knall und Co.«

Tom und Mac sahen, wie ihr »guter Geist« die Augenbrauen hochzog, erschrocken dreinblickte und sich den Hörer zwanzig Zentimeter vom Ohr weghielt. Und sie vernahmen ein weit entferntes, dröhnendes Organ, das aus dem Telefonhörer im Büro bis hin zu ihnen an die Wohnungstür drang. Dann war plötzlich Paula Golinskys Stimme wieder da. Ganz schnell, als müsse sie ein Luftholen des Anrufers ausnutzen, rief sie: »Verzeihung, Sir... Es ist sicher besser so, wenn Sie alles sagen Mr. Knall persönlich. Bitte, Augenblick, Sir!«
Mrs. Golinsky legte den Hörer auf den Schreibtisch und eilte auf Tom und Mac zu.
»Hat eine furchtbare Stimme und kann riesenlange Sätze sprechen, ohne Luft zu holen«, flüsterte sie.
»Wer ist es denn?« flüsterten beide wie auf Kommando zurück.
»Mr. Bukman!«
»Oh...«, sagte Tom Knall.
»Beim heiligen O'Brien, was will der denn jetzt noch? Hoffentlich nicht den Auftrag zurückziehen...«
Tom war bereits im Büro und nahm den Hörer auf. Er sagte: »Hier spricht Tom Knall!«
»Und hier ist Bukman von Bukman-Schokolade. Hören Sie, Mister Knall, Sie fliegen doch nachher die erste Runde, ich hätte da noch einen kleinen Änderungswunsch!«
Auch Tom Knall hielt den Hörer etwas ab. Bukmans Stimmgewalt beeindruckte ihn. »Aber gern. Möchten Sie die Flugroute ändern?«
Ein lautes, fröhliches Lachen dröhnte Tom ins Ohr. Und dann: »Genau das, Sie müssen ja hellsehen können. Ich hätte gern, daß Sie auch über Lewisham fliegen. Und wissen Sie auch, warum?«
»Ich habe keine Ahnung, Mr. Bukman!« gestand Tom Knall wahrheitsgemäß.
»In Lewisham hat mein Konkurrent Treading seinen Laden – deshalb!« Wieder jenes gewaltige Lachen.

»Okay! Wir schließen bei unserer Schleife Lewisham mit ein. Und wenn wir über Treading sind, werden wir besonders langsam fliegen!«
»Danke, Mr. Knall ... Ich sehe, Sie sind ein Mann mit rascher Auffassungsgabe. Sie sollten ins Schokoladengeschäft überwechseln!«
Mr. Bukman hatte, ohne auf eine weitere Erwiderung zu warten, aufgelegt. Tom Knall tat es ihm gleich und rieb sich anschließend das Ohr. Als er dabei seinen Ohrring spürte, sagte er:
»Das Fädchen will ich mir sparen, Mac. Aber erinnere mich dann mal daran, daß ich Mr. Blaker nach dem Brustumfang von Mr. Bukman frage. So eine Stimme kann ja nur aus einem Riesenfaß kommen.«
Paula Golinsky nickte eifrig. »Bin ich auch erschrocken, weil er so schreit.«
»Ich glaube nicht, daß er geschrien hat, Mrs. Golinsky. Das war sicher sein normaler Verkehrston.«
Der lange Ire wippte ungeduldig von einem Fuß auf den anderen. »Was ist nun, Tom, gehen wir, oder willst du dich noch ein bißchen über Mr. Bukmans Brustumfang unterhalten? In diesem Fall nehme ich nämlich noch ein Fußbad!«
Tom Knall lachte und zwinkerte Mrs. Golinsky zu. »Ich glaube, er brächte es fertig ... Also dann! Und vergessen Sie nicht, in ...«, er sah rasch auf die Uhr, »genau einer Stunde und zwanzig Minuten den Himmel nach uns abzusuchen.«
Und McIntosh ulkte: »Und wenn Sie uns nicht finden, hat uns das Gewicht der Stangenschokolade zu Boden gezogen ...«

Gleich wie am Vortag wurden Tom und Mac bereits erwartet. Diesmal allerdings nur von Fedor Blaker und Steven Holliday.
Das Genie mit der Spiegelglatze lag, so sagte Blaker, mit einer Erkältung und Fieber zu Bett.

Tom Knall hatte bereits den rechten Fuß zum Einstieg ins Cockpit hochgenommen, als er ihn noch einmal absetzte und Blaker zu sich heranwinkte.
»Was gibt's denn, Mr. Knall?«
»Sind Sie eigentlich darüber informiert, daß Mr. Bukman eine Kurskorrektur angeordnet hat?«
Fedor Blaker sah Tom an, als habe er sich verhört. »Kurskorrektur??« wiederholte er langsam.
»Ganz recht. Er möchte, daß wir über Lewisham fliegen.«
Langsam überzog ein breites Grinsen Blakers Gesicht. »Lewisham ... Natürlich, da sitzt Treading, unsere Konkurrenz. Komisch, daß ihm das noch nicht früher eingefallen ist. Kann mir vorstellen, daß dem alten Treading unser Einfall nicht sonderlich schmeckt.«
»Sagen Sie, Mr. Blaker, was ist Ihr Boß eigentlich für ein Mann?«
»Wenn Sie mir verraten, in welche Richtung Ihre Frage zielt, fiele mir vielleicht die Antwort leichter.«
»Beim heiligen O'Brien«, mischte sich da McIntosh ein, »Tom will nur wissen, was er für eine Oberweite hat!« Blaker starrte den langen, dünnen Iren verständnislos an. Mac wurde deutlicher: »Es ist, weil er versucht, beim Sprechen dem anderen ein Loch ins Trommelfell zu blasen!«
»Ach, das meinen Sie ...«, lachte Fedor Blaker, »jaja, da haben sich schon viele gewundert, bevor sie ihn zu Gesicht bekommen haben. Am besten, Sie stellen sich vor einen Kleiderschrank und denken sich im Geist oben einen Kopf und unten ein Paar Beine hinzu, dann haben Sie die Ausmaße von Mr. Bukman. Er bringt es fertig, vom Fenster aus ein einseitiges Gespräch mit dem Pförtner im Hof zu führen, ohne sich dabei anzustrengen. Wenn ich Fenster sage, so meine ich das von seinem Büro, und das befindet sich im elften Stock. Zufrieden?«
Tom Knall nickte. »Zufrieden. Trotzdem kein Grund, so ins Telefon zu schreien.«

»Das liegt daran, daß er sich seit dreißig Jahren mindestens zweimal täglich telefonisch mit seiner Mutter unterhält. Leider ist Mrs. Bukman seit besagten dreißig Jahren fast taub...«
»He, Tom, wir haben schon zwei Minuten Verspätung!«
»Dann wollen wir sehen, daß wir in die Luft kommen. Also, Mr. Blaker, bis nachher!«
Tom Knall ließ den Motor der HC 12 anlaufen. Die Rotorblätter begannen, sich zu drehen...

Es war ausgemacht, daß sie in vierhundert Meter Höhe das Transparent ausrollen und dann langsam eine große Achterschleife fliegen sollten.
Der Himmel war zu dieser späten Vormittagsstunde durchgehend bedeckt, und nur manchmal blitzte die Sonne durch ein Loch. Ideales Flugwetter für diesen Zweck. Schließlich sollten die Leute ja zu ihnen hochsehen. Und wer sah schon gerne in die blanke Sonne.
Die ersten hundert Meter lagen unter ihnen, und Tom Knall ging bereits jetzt leicht auf Nordkurs.
Zweihundert Meter...
Dreihundert Meter...
McIntosh schob sich ein Stück von Bukmans Edelmarzipan unter den Seehundsbart und meldete gleich darauf:
»Wir sind auf vierhundert, Tom, dämpfe mal deinen Vorwärtsdrang, damit das Fähnchen beim Loslassen nicht ins Flattern kommt.«
Tom Knall drosselte die Geschwindigkeit, und Mac drückte auf den roten Knopf, der das Laufwerk des Rollos in Gang setzte. Es dauerte einige Zeit, bis sie vom Cockpit aus sehen konnten, daß alles planmäßig funktionierte. Mr. Abelanes Konstruktion brauchte für zwanzig Meter Ausrollen ebenso zwei volle Minuten wie später wieder für das Einholen.
»So, jetzt hängt sie voll draußen!« meldete McIntosh und fügte zweifelnd hinzu: »Ich möchte nur wissen, ob es wirk-

lich jemanden gibt, der sofort in den nächsten Laden stürzt, um sich Bukmans Stangenschokolade zu kaufen, nachdem er diese Fahne gesehen hat.«
»Sicher nicht, aber vielleicht greift er danach, wenn er das nächste Mal in den Laden kommt. Du mußt die Langzeitwirkung berücksichtigen!«
McIntosh schnitt eine Grimasse. »Klingt, als hättest du eine Ahnung von Werbung. Bist ein alter schottischer Angeber!«
»Und du bist ein alter irischer Gedächtnisschreck. Hast du Samuel Pimboddy, unseren Heiratskandidaten, vergessen und das, was er uns über Werbung erzählt hat?«
McIntosh klopfte sich vor die Stirn. »Stimmt, der hatte ja auch mit dem Schwindel zu tun... Langzeitwirkung?? Hat der wirklich auch was von Langzeitwirkung erzählt?«
»Ja, hat er!«
»Komisch, daß mir das entfallen ist...« Er schob sich ein neues Stück Marzipan in den Mund. »Ich jedenfalls«, erklärte er dann kauend, »werde nie Bukmans Stangenschokolade kaufen!«
»Und warum nicht? Schmeckt doch gut!«
»Ganz einfach, ich lasse sie mir schenken... Wozu haben wir Blaker kennengelernt? Ein Gutes muß das doch haben!«
»Wenn du ihm das sagst, wird er dich nur noch mit dem Rücken ansehen.«
Timothy McIntosh hatte schon eine Erwiderung parat, als sich der Tower meldete. Und es handelte sich zweifellos um Bill Burtleys Stimme, die da rief: »Ich rufe Libelle, bitte kommen!«
McIntosh nahm das Mikrofon zur Hand und antwortete: »Hier Libelle, was gibt's? Bitte kommen!«
»Transparent sofort wieder einrollen!« Tom Knall und McIntosh sahen sich überrascht an. War das ein Witz?
»He, Bill, wir haben dich nicht verstanden, wir bitten um Wiederholung! Kommen!«
»Transparent sofort wieder einrollen. Das ist ein Wunsch von Mr. Blaker! Verstanden? Bitte kommen!«

»Haben verstanden!«
»Da scheint was faul zu sein«, mutmaßte Tom Knall.
»Ja, aber was...« Mac drückte diesmal auf den blauen Knopf, klappte das kleine Luk auf und streckte seinen Kopf hindurch.
Nichts geschah... Er drückte ein zweites, ein drittes und viertes Mal auf den blauen Knopf. Doch nichts rührte sich. Er verriegelte das Luk und wandte sich seinem Partner zu.
»Du wirst es nicht glauben, Tom, aber unser Aushängeschild denkt nicht daran, sich zu bewegen.«
»Habe ich mir fast gedacht!« Tom legte die Libelle schräg, flog einen Bogen und nahm wieder direkten Kurs auf den Flugplatz. Während der ganzen Zeit versuchte McIntosh vergeblich, das Transparent einzuholen. So blieb ihnen keine andere Wahl, als die Landung mit dem ausgerollten Plakat durchzuführen. »Das schöne Stangenschokolade-Gemälde wird zum Teufel gehen«, befürchtete der lange Ire und zwirbelte traurig seine Bartenden.
Schon aus zwanzig Meter Höhe sahen sie unten Fedor Blaker armwedelnd herumschießen. Er mußte sich wohl in einer mächtigen Erregung befinden. Und selbst Steven Holliday trug seine fleckige Mütze in der Hand. Das war sehr ungewöhnlich. So lange Tom Knall Holliday kannte, und das waren immerhin schon fast acht Jahre, hatte er diesen noch nie ohne Mütze gesehen. Böse Zungen behaupteten sogar, daß er sie auch im Bett und in der Badewanne aufbehalte.
Sanft setzte Tom Knall die Libelle auf. Gar nicht sanft wurde dabei das Werbeplakat vom Sturm der Rotorblätter durch die Luft gewirbelt, und es war fast ein Wunder, daß es sich nicht in einzelne Fetzen auflöste. Die beiden Piloten hatten ihre Füße noch nicht auf dem Boden, als ihnen auch schon Blakers Stimme entgegendonnerte: »Sabotage... Ein Attentat... Eine hinterlistige Schweinerei. Nun sehen Sie sich das an... Wenn Mr. Bukman davon erfährt, wirft er mit Stühlen um sich...«

McIntosh zog unwillkürlich den Kopf ein, während Tom Knall versuchte, den hitzigen und völlig aufgelösten Fedor Blaker zu besänftigen. Dabei entdeckte er, was auf dem Werbeplakat verändert worden war. Aus den Worten: *Stangenschokolade – Die neue Generation von Bukman* hatte jemand *Stangenschokolade – Der neue Schwindel von Bukman* gemacht. Und das war in der Tat ein starkes Stück.
»Gemeinheit!« nickte McIntosh. »Das ist wirklich ein Grund zum Aufregen!«
»Aufregen...«, schnaufte Blaker... »Aufregen, jawohl! Aber ich werde auf der Stelle die Polizei einschalten! Die Polizei muß her!!« Er drehte sich um die eigene Achse und tat, als hielte er dabei Ausschau nach der Polizei.
»Wäre das klug, Mr. Blaker? Macht das nicht erst recht viel Aufsehen?« fragte Tom Knall.
»Wie meinen Sie das? Sie heißen diese Sabotage doch nicht gut, oder?« schnauzte Blaker entrüstet.
McIntosh stupste den Schokoladenwerber sanft in die Seite. »He, Mr. Blaker, nun regen Sie sich mal wieder ab. Toms Frage ist doch logisch! Schalten Sie die Polizei ein, geben Sie der Angelegenheit mehr Gewicht, als sie verdient.«
»Die Zeitungen werden darüber berichten!« rief Blaker.
»Dann ist immer noch Zeit, etwas zu unternehmen!« sagte Tom und schlug vor: »Mr. Holliday sammelt die Reste des Plakats ein und schafft die Libelle zurück in den Hangar. Und wir drei fahren jetzt zusammen zu Ihnen und werden alles in Ruhe mit Mr. Bukman besprechen! Selbst auf die Gefahr hin, daß er mit Stühlen wirft! Aufsteigen können wir ohnehin erst dann wieder, wenn ihr Genie Abelane die Mechanik in Ordnung gebracht hat. Und außerdem sollten Sie bedenken, daß wir mindestens ebensoviel Grund zum Groll haben wie Sie. Immerhin hat sich der Täter ja auch verbotenen Zugang zu unserem Hubschrauber verschafft!«
Nach einem letzten wütend-schmerzerfüllten Blick auf das

ramponierte Riesenplakat wandte sich Blaker abrupt um und ging davon. Tom Knall und McIntosh folgten ihm.

Kriegsrat

Durch die elf Etagen des Bukman-Hauses dröhnte zehn Minuten lang ohne Absetzen ein furchtbares Gebrüll. Doch als sich William Bukmans Zorn gelegt hatte, verhandelten sie drei Stunden lang in aller Sachlichkeit. Und sie beschlossen, die Angelegenheit in die Hände eines renommierten Privatdetektivs zu legen.

Mr. Abelane dagegen sollte nach seiner Genesung den Mechanismus wieder reparieren und die Werbeabteilung ein neues Transparent herstellen. Und – was das Wichtigste war: Die Luftagentur Tom Knall & Co. blieb im Geschäft!

Als Tom Knall und Timothy McIntosh zur Teezeit zu Hause eintrafen, sah Mrs. Golinsky sie mit großen fragenden Augen an.

»Habe ich mir Augen aus dem Kopf geguckt«, sagte sie. »Aber von Libelle und Stangenschokolade ich habe nichts gesehen!«

»Schauen Sie mich an, Mrs. Golinsky. Was sehen Sie?« Mac reckte sich hoch auf und streckte seine magere Hühnerbrust hervor.

»Na, sehe ich vornehmen Sir mit großem Bart.«

»Falsch! Sie sehen den König aller In-die-Zukunft-Gucker!«

Tom Knall nickte lächelnd und witzelte: »An dieser Stelle sollten Sie es mit einem Hofknicks probieren, Mrs. Golinsky.«

Paula Golinsky tat es. Gleichzeitig erkundigte sie sich: »Und was haben Majestät in Zukunft gesehen?«

»Daß uns die Stangenschokolade zurück auf die Erde zieht! Nun, sie hat uns gezogen!« McIntosh grinste von einem Ohr zum anderen.

Mrs. Golinsky aber legte erschrocken die Hand auf den Mund. »Ist das wahr, Mr. Tom?«
»Fast...«

Und dann saßen sie zu dritt am Tisch, schlürften heißen Tee, und Tom und Mac berichteten von den Ereignissen.
»Haben die Leute von Bukman schon Verdacht?«
»Leider nein!« Tom schüttelte den Kopf.
»Ist bestimmt gewesen jemand von Konkurrenz!« glaubte Paula Golinsky.
Doch McIntosh korrigierte: »Das Stimmwunder Bukman schließt die Konkurrenz aus. Er meint, daß denen zwar vieles zuzutrauen wäre, aber so was nicht.«
»Mr. Bukman glaubt eher an einen Racheakt aus den eigenen Reihen!« warf Tom Knall ein.
»Oh, ein Racheakt... und von wem?«
»Wenn er das wüßte, hätte er ja einen bestimmten Verdacht!« lächelte Tom.
»Stimmt, war dumme Frage von mir...« Und dann wußte Mrs. Golinsky wieder einmal eine Geschichte aus ihrer alten Heimat zu erzählen, in der es sich auch um einen Racheakt handelte. Nachdem sie geendet hatte, drohte sie McIntosh scherzhaft mit dem Finger und sagte: »Werde ich nie wieder Geschichte erzählen, wenn mit Gedanken sind wo ganz anders, Mr. Mac!«
Der lange Ire versuchte zu retten, was zu retten war. Mit beschwörend auf die Brust gelegter Hand versprach er: »Kommt nie wieder vor, daß ich so aussehe, als würde ich nicht zuhören... Aber hat wirklich nur so ausgesehen!«
»Sooo??«
»Ehrenwort!«
»Also, wie hieß der Zeitungsverkäufer in meiner Geschichte mit Vornamen?«
Timothy McIntosh atmete erleichtert auf: »Sie nannten ihn den schönen Boleslaw!«

»Falsch! Boleslaw war der Polizist! Es gab gar keinen Zeitungsverkäufer in meiner Geschichte! Pfui, Mr. Mac, Sie sollten sich schämen!«
McIntosh senkte den Kopf und tat, wie ihm geheißen. Dabei murmelte er: »Ich bitte um Verzeihung, Mrs. Golinsky. Aber wenn mir schon mal ein großartiger Einfall kommt, dann muß ich einfach am Ball bleiben.«
»Ach, ist Ihnen auch wirklich Einfall gekommen?«
»Klar...« Macs Kopf kam wieder hoch, und er war so in Fahrt, daß er sogar Toms Grinsen übersah. »Ich habe eine Idee, wer hinter der Sache stecken könnte.«
»Da bin ich aber gespannt«, sagte Tom Knall, und auch Mrs. Golinsky schaute neugierig drein.
»Der Täter«, begann der lange Ire seine Theorie zu entwikkeln, »wußte über alles Bescheid. Über das Transparent, dessen Beschriftung und auch genau, wie es funktionierte. Und er war auch darüber informiert, wo in der Libelle die bestmögliche Stelle war, an der der Rücklauf des Rollos blockiert werden konnte. Ist das soweit klar?«
»Soweit schon!« nickte Tom Knall. »Nur – was gewinnst du aus dieser Erkenntnis?«
Sssssst! machte es vor Mrs. Golinskys Gesicht, und Mac hatte sie. Er warf einen kurzen Blick auf sie, sagte: »Die fünfbeinige Mary aus dem Büro!« und ließ sie wieder fliegen.
»Die Erkenntnis«, knüpfte er Toms Faden weiter, »ist, daß ich einen Jemand kenne, der über all diese Dinge genauestens Bescheid weiß.«
»Du meinst Mr. Abelane?« fragte Tom Knall ungläubig.
»Genau! Das Genie mit der Edelglatze!«
Tom schüttelte entschieden den Kopf. »Das glaube ich niemals. Der fällt doch glatt vom Stuhl, wenn du ihn auch nur schief ansiehst.«
»Trotzdem!!« beharrte McIntosh.
»Hast du seinen Freudentanz vergessen, den er gestern fabrizierte, als es mit dem Aus- und Einrollen klappte?«

»Du hast mir davon erzählt. Aber das war gestern vormittag. Warum zum Beispiel ist er heute krank, he?«
»Wenn jemand krank ist, ist er eben krank. Kann man das doch nicht vorherbestimmen!« warf Mrs. Golinsky ein. Aber Timothy McIntosh ließ sich nicht beirren: »Wenn er wirklich so von seiner Konstruktion begeistert ist, wäre ich an seiner Stelle sogar auf dem Nabel zum Flugplatz gerutscht... Jawohl, das wäre ich!«
Tom Knall blieb skeptisch: »Er hat die Sache mit solchem Eifer ausgetüftelt, warum sollte er sie wenige Stunden vor dem Start einsatzunfähig machen? Wo siehst du da einen Sinn?«
»Den muß man eben herausfinden.«
»Dann finde mal... Eines sage ich dir, Mac, wenn der kleine Abelane seine Finger bei dieser Sache im Spiel hat, kannst du mich ›doofer Moritz‹ nennen.«
»Ich werde es herausfinden!« McIntosh zupfte sich energisch an seinem Riesenschnauzer.
»Wieso du? Dafür will Mr. Bukman schließlich einen Detektiv engagieren.«
»Soll er. Das ändert jedoch nichts daran, daß«, er rammte sich den Daumen gegen die magere Brust, »Timothy McIntosh seine eigenen Nachforschungen anstellen wird!«
»Du spinnst, Bruder Mac. Du hast zum Detektivspielen mindestens so wenig Geschick wie ich zum Kuchenbacken!«
»Und bringen sich vielleicht sogar in Gefahr, Mr. Mac!« befürchtete Mrs. Golinsky.
McIntosh erhob sich, setzte eine feierliche Miene auf und sagte: »Ab jetzt bin ich ihm auf der Spur!«
»Wem?«
»Dem Täter!«
»Lachhaft!«
»Ich werde ihn finden! Denn – es ist einer von Bukmans Leuten!«
»Das, mein Lieber, ist ja nun nichts Neues. Diese Möglichkeit hat sogar Mr. Bukman in Betracht gezogen.«

»Der hat nur vermutet!« schränkte McIntosh ein.
»Was du nicht sagst«, spottete Tom Knall. »Und was tust du?«
»Ich vermute nicht, ich weiß es, daß es einer von seinen eigenen Leuten ist!«
»Seit wann?«
»Oberflächlich seit dem Start, genauer seit eben!«
Tom Knall zuckte mit den Schultern. »Das mußt du mir näher erklären, großer Detektiv!«
»Unter meinem Sitz in der Libelle lag das hier...« McIntosh griff in die Tasche und ließ zwei kleine Fetzen Goldpapier auf den Tisch flattern.
»Und was ist das?«
McIntosh machte eine zackige Kehrtwendung und ging hinüber zur Anrichte, auf der Mrs. Golinsky das Bukman-Sortiment aufgeschichtet hatte. Er nahm einen Karton, kehrte zurück und legte ihn geöffnet vor Tom Knall hin.
»Was soll ich mit Kognakbohnen?«
»In was sind sie eingepackt?«
In diesem Augenblick begriff Tom, auf was sein Partner anspielte. Das Goldpapier auf dem Tisch entsprach zweifellos dem, mit dem auch die Kognakbohnen in der Packung eingewickelt waren. Er sah McIntosh nachdenklich an. »Du hast recht, das wäre ein Indiz. Nur, gegen wen? Und warum bist du damit nicht vorhin bei Bukman herausgerückt?«
»Hm...« Mac schnitt eine verlegene Grimasse... »Ich hab's, beim heiligen O'Brien, vergessen. Als ich es einsteckte, tat ich es auch mehr mechanisch als mit einem Verdacht. Aber jetzt... Jetzt bin ich ihm auf der Spur!« wiederholte McIntosh die Feststellung von eben. Und mit Riesenschritten stakste er zum Zimmer hinaus.
»Wo willst du denn hin, Mac?«
»Telefonieren! Die Falle vorbereiten!«
Mrs. Golinsky flüsterte besorgt: »Mr. Mac wird sich doch nicht begeben in Gefahr?«

»Kaum», winkte Tom Knall beruhigend ab. »Dazu ist er viel zu bequem. Sein Eifer hält nur so lange vor, bis ihn die Sehnsucht nach einem heißen Fußbad packt.«
»Aber er sah so entschlossen aus.«
»Auch das legt sich wieder.«
Sie hörten McIntosh im Büro sprechen, ohne zu verstehen, was er sprach.
»Ich werde ihm sagen, daß ich ihm ein Tschang-Wam-Tschau koche. Vielleicht das lenkt ihn ab«, schlug Mrs. Golinsky vor. Und dann fiel ihr ein: »Könnte doch sein, daß Sie haben ihn gereizt, Mr. Tom!« flüsterte sie.
»Ich??« Tom Knall war sich keiner Schuld bewußt.
»Ja, haben doch gesagt das von doofer Moritz. Vielleicht weil unbedingt sagen will doofer Moritz zu Ihnen, ist jetzt so wild.«
McIntosh stand in der Tür.
»Was gibt's denn da zu flüstern, Mrs. Golinsky? Sie bezweifeln doch nicht etwa meine detektivischen Fähigkeiten?«
»Oh, d-d-das ist Irrtum, Mr. Mac. Wollte ich Ihnen machen Vorschlag.«
McIntosh kniff die Augen zusammen. »Vorschlag???« fragte er mit drei Fragezeichen.
»Ja, Sie setzen sich jetzt auf Sofa, ich bringe Schüssel mit heißem Wasser für Fußbad, Sie tun Füße hinein, und ich koche Tschang-Wam-Tschau!« Und leise fügte Paula Golinsky hinzu: »Ist doch viel besser wie Spielen von Detektiv.«
McIntosh tat entrüstet. »Aber Mrs. Golinsky, Sie können mich doch nicht bestechen wollen. Pfui! Es ist ganz einfach meine Pflicht, Nachforschungen anzustellen. Schließlich hat sich der Täter in unserer Libelle zu schaffen gemacht.«
Paula Golinsky warf Tom Knall einen um Unterstützung bittenden Blick zu. Und natürlich reagierte Tom auch sofort: »Mrs. Golinsky sorgt sich um dich, du alter irischer Fliegenschreck, geht das nicht hinein in deinen altertümlichen Kopf?«

McIntosh machte zwei rasche Schritte auf die kleine pummelige Frau aus Polen zu und schmatzte ihr einen schallenden Kuß auf die Wange. »Keine Sorge, Mrs. Golinsky«, sagte er gerührt, »ich werde mich noch vorsichtiger anschleichen als weiland Winnetou! Bis später, Freunde!«
»Sag uns wenigstens, wohin du schleichst, damit wir wissen, von wo wir dich befreien müssen.«
»Ich schleiche in die Hamersmith Street zu einem Krankenbesuch.«
Die Tür fiel lärmend hinter dem langen Iren ins Schloß. Und während Paula Golinsky gleichermaßen ratlos und ängstlich auf Tom Knall schaute, schüttelte dieser den Kopf. »Es ist das erste Mal, daß er in seinem Eifer so weit geht. Na ja, wir werden ja sehen. Hoffentlich ersticht ihn der kleine Mr. Abelane nicht mit dem Fieberthermometer.«

Krankenbesuch mit Folgen

Timothy McIntosh fuhr die Hamersmith Street zweimal auf und ab, ohne auch nur die Spur eines Parkplatzes zu entdekken. So blieb ihm nichts weiter übrig, als seinen Wagen in die Tiefgarage am Cornwall Square zu bringen und zu Fuß zur Hamersmith Street Nr. 102 zu marschieren. Und je länger er dahinstakste, um so größer wurde sein Grimm.
Da wetzte er also durch halb London (800 Meter!!), nur um so einem kleinen Gauner wie dem glatzköpfigen Genie die Flötentöne beizubringen. Wie konnte der es wagen, heimlich der Libelle einen Besuch abzustatten...
Nach vierhundert Metern legte McIntosh eine kurze Verschnaufpause ein. Hm, natürlich konnte er sich auch irren... Ach was, jetzt, wo er schon so weit marschiert war, kam ein Irrtum nicht mehr in Frage. Es war Abelane und kein anderer.

Blitzschnell zuckte seine Hand heraus und der Kopf einer Lady zurück.

»Ich werde die Polizei rufen!« entrüstete sich die vornehme Dame in Rosa.

»Verzeihung, Mylady«, versuchte McIntosh zu beschwichtigen, »ich habe Ihnen nur eine Fliege vor dem Gesicht weggefangen...« Er machte eine schnelle Verbeugung und stakste in größter Eile weiter.

»Unverschämtheit... Lümmel...«, und noch etwas klang hinter ihm her. McIntosh knirschte mit den Zähnen. Und das alles wegen diesem... diesem... Oh, auf die ganz harte Art würde er sich diesen Gentleman vorknöpfen. Endlich stand er vor der Nummer 102. Es handelte sich um ein vierstöckiges Haus mit zwei Ladengeschäften unten drin, einer Wäschereiannahme und einer Schuhboutique.

McIntosh studierte die Namen auf den Klingelschildern. Komisch, von Abelane keine Spur. Hatte sich Fedor Blaker vielleicht gar geirrt? Oder gab es noch anderswo eine Hamersmith Street 102?

Hm, was machen? Warum wohnte das Genie nicht hier? Beim heiligen O'Brien, was tat ein gewiefter Detektiv jetzt? Natürlich, er ging in die Wäschereiannahme.

»Guten Tag, Madam«, sagte der lange Ire zu der Frau im blütenweißen Kittel, die staunend zu ihm aufsah. Es war nicht auszumachen, was sie mehr erstaunte: Macs Länge oder sein gewaltiger, buschiger Schnauzer.

»Guten Tag, Sir. Wollen Sie Wäsche abholen? Wie ist bitte Ihr Name?«

»Ich möchte eine bescheidene Auskunft, Madam. Ich komme von der Lotterie und suche einen Mr. Abelane. Er soll hier wohnen, aber sein Name steht auf keinem Klingelschild.«

»Oh, hat Mr. Abelane in der Lotterie gewonnen?« Die Augen der Frau glitzerten gierig, und mit dem Daumen und Zeigefinger machte sie die Geste des Geldzählens. »Hat er viel gewonnen?«

McIntosh zeigte ein trauriges Gesicht. »Im Gegenteil, er hat verloren, der Ärmste.«
»Was, und da kommt einer von der Lotterie?«
»Na, einer muß es ihm doch sagen ... Also, Madam, wo kann ich Mr. Abelane finden?«
»Er wohnt bei Mrs. Hazelwood!« Sie sagte es böse, denn natürlich wußte sie, daß diese »dürre Leiste«, wie sie McIntosh insgeheim nannte, sie auf den Arm genommen hatte. Lotterie ... Das konnte er einer erzählen, die sich die Haarnadeln mit der Pistole in den Zopf schoß, aber nicht ihr ...
»Vielen Dank, Missis!«
»Miß!!« verbesserte ihn die Frau im blütenweißen Kittel.
R. Hazelwood, so war dem Klingelschild zu entnehmen, wohnte im dritten Stock.
»Da hat man nun einen Hubschrauber und muß zu Fuß da hoch«, knurrte McIntosh.
Das Namensschild aus Messing war blank geputzt wie ein Rasierspiegel. Darunter festgezweckt ein weißer Karton, auf dem mit Druckbuchstaben geschrieben stand, daß man »2mal klingeln« mußte, wollte man zu Mr. Sidney A. Abelane.
McIntosh klingelte zweimal, zupfte seinen Schnurrbart leicht nach unten, das tat er immer bei ernsten Anlässen, und setzte ein pfiffiges Detektivgesicht auf.
»Ja, bitte?«
Verflixt noch mal, er hatte doch zweimal geklingelt. Wieso stand er da jetzt einer Frau gegenüber? Sicher war das Mrs. Hazelwood.
»Ja, bitte?« fragte diese jetzt noch einmal, und es klang ungeduldig.
»Hallo, Mrs. Hazelwood, wenn ich mich nicht irre, was?«
»Sie irren nicht!«
»Komisch, ich hatte zweimal geklingelt!«
»Na und?«
»Wären Sie auch gekommen, wenn ich dreimal geklingelt hätte?«

»Haben Sie noch mehr solcher dummen Fragen auf Lager?« antwortete die knochige Lady und sah Mac giftig an. Dieser dachte an die Libelle, das Goldpapier, an Bukman und die 800 Meter, die er auch wieder zurückgehen mußte, und er spürte, wie Zorn in ihm hochstieg. Mit welchem Recht ekelte ihn diese Schönheitskönigin mit dem Pferdegesicht an, wo er schließlich zweimal geklingelt hatte.
»Ich möchte zu Mr. Abelane!« sagte er kurz und knapp und wackelte mit den Ohren.
»Mr. Abelane ist krank!« tönte es ebenso kurz und knapp zurück.
Ich muß meine Taktik ändern, durchfuhr es den langen Iren. Ich muß diesem Nachtschattengewächs Respekt einflößen. Er beugte sich nach unten und winkte ihr Ohr an seinen Mund.
»Ich bin Doktor McIntosh, aber es soll eine Überraschung werden!« Dann legte er einen seiner Spinnenfinger quer über die Lippen und zwinkerte ihr verschwörerisch zu. Mrs. Hazelwood zwinkerte nun retour, erhob sich auf die Zehenspitzen, trat zurück und gab die Tür frei.
»Die zweite Tür!« flüsterte sie und ging auf besagten Zehenspitzen voraus.
McIntosh folgte ihr dicht auf den Fersen. Doch da verhielt sie mitten im Schritt und wandte sich um. Sie deutete auf seine Hände und hauchte:
»Wo haben Sie Ihre Arzttasche?«
»Welche Tasche?« hauchte McIntosh zurück und suchte verzweifelt nach einer plausiblen Ausrede.
»Ihre Arzttasche!«
»Ich ... Ich bin kein Arzt, ich bin Doktor der Sterndeutung!«
»Oooooh ...« Noch nie hatte der lange Ire solche in Ehrfurcht erstarrten Augen gesehen. Wie unter Hypnose setzte Mrs. Hazelwood ihren Weg fort. Sie klopfte ganz leise. »Jaaa??« Das war zweifellos die Stimme des Genies. Und krank klang die gar nicht.

»Mr. Abelane, Besuch für Sie!«
McIntosh registrierte jenseits der Tür hastiges Hantieren, dann das Knarren von Sprungfedern. Letzteres hörte sich an, als habe jemand einen Sprung vom Tisch ins Bett gemacht.
»Herein!« keuchte endlich eine Stimme, die gar nicht mehr gesund klang.
»Danke!« sagte McIntosh zu Mrs. Hazelwood und trat ein. Laut und nachdrücklich klinkte er die Tür hinter sich zu.
Ein Bett, ein Schrank, ein Sofa, ein Sessel, eine Stehlampe, eine Art Schreibtisch mit drei Tischlampen, einer Menge Draht und zwei Dutzend Schraubenziehern darauf, ein Tisch mit zwei Stühlen und zwei Fenster, durch die helles Licht ins Zimmer fiel.
Aber wo war Mr. Abelane, das Genie?
Man mußte schon genau hingucken, wollte man ihn entdekken. Nur die spiegelblanke Glatze und ein Augenpaar waren zu sehen, alles andere wurde von einem dicken Zudeckbett verborgen. Es mußte ziemlich warm darunter sein, denn auf Mr. Abelanes Stirn glitzerten kleine Schweißtropfen.
McIntosh winkte dem Augenpaar traurig zu. »Es geht Ihnen wohl miserabel, was, Mr. Abelane?«
Der Kranke nickte.
»Sie haben sicher Fieber!«
Wiederum heftiges Nicken.
»Und Sie haben die Güte, sich an mich zu erinnern?«
Ein drittes Nicken.
»Aber Sie haben keine Ahnung, warum ich hier bin, was?«
Kopfschütteln.
»Habe ich mir fast gedacht. Kleine Hilfestellung, Sir, und ein Stichwort: Kog-nak-bohne! Na, klingelt's?«
Erst riß der kleine Mr. Abelane entsetzt die Augen auf, dann preßte er sie zusammen.
Aha, durchzuckte es Timothy McIntosh, und er kam sich vor wie Sherlock Holmes höchstpersönlich. Jetzt habe ich ihn an einer weichen Stelle erwischt. Die Hand des langen Iren

schoß nach vorn, packte das Bett, und noch bevor der kleine glatzköpfige, fieberkranke Mr. Abelane das Unheil ahnen konnte, lag er bereits im Freien.
Nackt? Natürlich nicht! Im Schlafanzug oder im Nachthemd? Ebenfalls nicht, denn – der brave Sidney steckte in einem nadelgestreiften Anzug und seine Füße in karierten Filzpantoffeln.
»Ach, ist das Männchen aber schwer krank, was?« höhnte der lange Ire. »Und Fieber hat es, was?«
»Sie wissen alles??!!« piepste Mr. Abelane und sah drein wie eine Robbe, die feststellte, daß der eben gefangene Hering aus Plastik war.
»Jawohl, ich weiß alles! Ich weiß, daß Sie kleiner Mann ein großer Halunke sind!«
»I... i... ich...«
»Ruhe, noch rede ich!« McIntosh baute sich am Kopfende des Bettes vor Sidney Abelane auf, zwirbelte grimmig seine Bartenden und schleuderte seine ganze Verachtung nach unten: »Sie sollten sich was schämen, nachts auf Flugplätzen herumzuschleichen, Schlösser zu knacken und fremdes Eigentum zu beschädigen!«
Das Häufchen Elend unter ihm schluckte und wollte was sagen, doch der lange Ire ließ es nicht zu Wort kommen.
»Was haben Sie sich dabei gedacht, daß Sie Ihre eigene Arbeit wertlos machten? Als Sie das Plakat Ihres Arbeitgebers so hinterhältig veränderten? Was hat Ihnen Mr. Bukman getan, daß Sie ihn so lächerlich machen mußten? Wissen Sie auch, daß Mr. Blaker heute vor Aufregung fast einen Herzschlag bekommen hat, Sie... Sie... Sie Attentäter?« McIntosh faßte Mr. Abelane an der Krawatte und zog ihn ganz langsam hoch, bis sich der kleine Mann in Sitzstellung befand.
»Aber er hat mich doch erpreßt, Mr. McIntosh!« stieß der Rolloerfinder hastig und voller Panik hervor.
»Erpreßt?« Mac musterte den Mann auf dem Bett verständnislos. »Wer hat Sie erpreßt?«

Diesmal war die Reihe an Abelane, verständnislos dreinzuschauen. »Wer?? Aber Sie wissen es doch!«
»Ich??«
»Ja, Sie haben doch selbst seinen Spitznamen gebraucht.«
McIntosh sah mißtrauisch auf Abelane. Hatte der etwa gar vor Angst den Verstand verloren? Nein, eigentlich sah er wirklich ehrlich überrascht aus. Mac angelte sich einen Stuhl und setzte sich.
»Welchen Spitznamen?«
»Kognakbohne!«
»Kognakbohne???? Beim heiligen O'Brien, wer ist Kognakbohne?«
»Na, Cecil Plimston, ich dachte, das wüßten Sie schon lange!«
McIntosh verstand die Welt nicht mehr... Wieso mußte es ausgerechnet jetzt Verwicklungen geben? Jetzt, wo er mit seinem detektivischen Spürsinn diesen Knirps sozusagen schon ans Schwarze Brett gezweckt hatte... Und da brachte dieses scheinheilige Genie eine Kognakbohne namens Cecil Plimston ins Gespräch... Aber so leicht ließ sich ein schlauer Ire aus dem Geschlecht derer von McIntosh nicht aufs Glatteis führen. Oder...?
»Mr. McIntosh«, bat der kleine Mann mit der Glatze flehend, »ich will Ihnen alles sagen, aber bitte legen Sie ein Wort für mich bei Mr. Bukman ein. Ich liebe nämlich meinen Beruf. Und... und... ich bin ziemlich verzweifelt. Aber was sollte ich tun? Die Kognakbohne hat geschworen, daß er mich hochgehen lassen würde, wenn ich ihm bei seinem Racheakt nicht behilflich wäre!«
McIntosh räusperte sich. Nichts regte ihn mehr auf als etwas, das ihn rührte. Und das Häufchen Verzweiflung auf dem Bett rührte ihn. Er zeigte auf den zweiten Stuhl.
»Setzen Sie sich und erzählen Sie mir alles der Reihe nach!«
Sidney Abelane nickte dankbar und beeilte sich, der Aufforderung nachzukommen. »Als ich gestern abend nach Hause

kam«, begann er, »hielt unten vor dem Haus Plimston und wartete auf mich.«
»Warum wird er Kognakbohne genannt?«
»Weil er von früh bis abends Kognakbohnen ißt. Bei einer Kontrolle vor vier Wochen fand man in seinem Schrank fünfzig leere Kartons. Er hatte sie immer aus den großen Versandpackungen genommen, wo sie dann fehlten und worüber sich seit Jahr und Tag Kunden beschwerten. Aber niemand kam auf die Idee, daß Plimston der Dieb war, weil er sich regelmäßig im Angestelltenverkauf Kognakbohnen kaufte. Als Mr. Bukman davon hörte, hat er ihn fristlos entlassen.«
»Verstehe, und für diesen Rausschmiß wollte er sich nun rächen.«
»Ja. Ich mußte zu ihm ins Auto steigen, und er sagte zu mir: ›Sid‹, sagte er, ›ich will dem Bukman eins auswischen, und du wirst mir dabei helfen.‹ Als ich laut protestierte, hat er nur gespottet, daß es mir dann ebenso ginge wie ihm: Man würde mich entlassen. Ja, und dann sagte er, daß er den Beweis dafür hätte, daß ich es gewesen sei, der neulich abends die Beule in den Rolls-Royce von Mr. Bukman gefahren habe. Im Hof beim Wenden.« Sidney Abelane legte sich die Hand auf die Brust. »Mr. McIntosh, wie sollte ich das Gegenteil beweisen, wo ich tatsächlich an der hinteren Stoßstange grüne Farbe habe und wo jeder weiß, daß ich ein miserabler Autofahrer bin...«
»Haben Sie den Rolls-Royce beschädigt, ja oder nein?«
»Ich bin mir, trotz der Farbe, keiner Schuld bewußt. Jedenfalls habe ich nichts davon bemerkt... Wissen Sie, Mr. Bukman war außer sich, als das geschah... Und wenn ihm jetzt jemand sagen würde, daß ich...« Abelane verschluckte den Rest.
»Verstehe«, nickte McIntosh. »Dieser Plimston drohte Ihnen also damit. Und für sein Schweigen verlangte er alle Einzelheiten über die Werbeaktion.«

»Ja. Er wußte, daß ich an dem Rollo arbeitete... Was werden Sie jetzt tun, Mr. McIntosh?«
»Ich muß mal nachdenken«, erwiderte Timothy. Der lange Ire hatte nicht die leiseste Ahnung, wo er mit dem Nachdenken beginnen sollte. Und er ärgerte sich plötzlich, daß er auf die Idee gekommen war, Detektiv zu spielen. Aber – irgendwas mußte er unternehmen, das war er sich und Tom schuldig... hoppla, natürlich, da war sie ja, die Lösung: Sie würden gemeinsam entscheiden. Er, Timothy McIntosh, und Tom Knall, die andere Hälfte der Luftagentur... Na, oder vielleicht hatte auch Mrs. Golinsky einen guten Einfall...
Sidney Abelane sah bleich und erschrocken auf, als sich McIntosh erhob. Und er wurde noch bleicher, als der lange Ire in diesem Augenblick sagte: »Nehmen Sie Hut und Mantel und kommen Sie mit!«
»Wohin?« fragte der kleine Mann bebend.
»Zu uns. Wir wollen gemeinsam beraten, was zu tun ist!«

Die Falle oder das Ende vom Lied

Sie saßen zu viert im Konferenzzimmer, und McIntosh hatte ausführlich Bericht erstattet. Jetzt sagte Tom Knall:
»Also, dieser Plimston scheint mir ein ganz durchtriebener, mit allen Wassern gewaschener Halunke zu sein. Man sollte ohne jedes Mitleid Anzeige gegen ihn erstatten.«
Paula Golinsky nickte. »Wäre für mich kein großes Wunder, wenn er gemacht hat Beule in Wagen von Mr. Bukman.«
»Aber Plimstons Cooper ist rot!« warf Abelane ein. Und Tom vermutete: »Vielleicht hat er sich eigens dafür Ihren Wagen ausgeliehen. Wenn er andere Schlösser öffnen kann, wird ihn so ein kleines Autotürschloß nicht aufhalten.«
Sidney Abelane hockte mit dem unglücklichsten Gesicht auf seinem Stuhl und sagte: »Wenn man ihn anzeigt, steht

Aussage gegen Aussage. Und bevor man ihm das Gegenteil beweisen kann, hat mich Mr. Bukman davongejagt.«
Mrs. Golinsky beugte sich lächelnd Abelane zu: »Dann muß man ihm stellen eben eine Falle.«
»Eine Falle?« wiederholte der kleine Tüftler. »Was für eine Falle?«
Paula Golinsky musterte McIntosh eindringlich. »Sind Sie Detektiv in Luftagentur. Müssen wissen gute Falle!«
Timothy McIntosh sah Paula Golinsky an, sah Tom Knall an und sah Sidney Abelane an, auf dessen Glatze eben eine Fliege zur Landung ansetzte. Natürlich war das für Mac eine Kleinigkeit. Er trug sie zum Fenster, öffnete dieses und ließ sie davonschwirren. Und trotz der langen Zeit zum Überlegen war ihm nichts eingefallen. Schulterzuckend gestand er diese traurige Tatsache.
»Gut«, sagte da die pummelige Mrs. Golinsky pfiffig, »dann werde ich verraten, was machen.« Ihr Finger zeigte zuerst auf Tom, dann auf Mac. »Sie werden gehen diesen Mr. Plimston besuchen und stellen Falle! Was zugibt in vier Ohren, ist dann nicht mehr Aussage gegen Aussage, sondern einer gegen zwei!«
»Sie meinen, wir sollten ihn aufs Glatteis führen«, meinte Tom Knall, dem dämmerte, auf was Mrs. Golinsky hinauswollte. Und ihr strahlendes Nicken bewies ihm, daß er auf der richtigen Spur war.
»Also, Mr. Abelane, dann verraten Sie uns mal, wo wir Mr. Plimston finden.«
Der kleine Mann fuhr sich nervös über die glänzende Kopfhaut, dann zog er ein winziges Notizbuch aus der Tasche. »Beverly Square 22. Es ist ein altes Reihenhaus«, sagte er leise. Und noch leiser: »Und was soll ich tun?«
»Sie lassen sich von Mrs. Golinsky einen guten Tee kochen. Noch eine Frage: Wohnt er dort allein?«
»Nein, zusammen mit seiner jüngeren Schwester.«

Es dunkelte bereits, als Tom Knall und Timothy McIntosh am Beverly Square anlangten. Eine junge Frau mit einer Katze auf dem Arm öffnete ihnen. Tom Knall tippte sich gegen den Mützenschirm. »Hallo, Madam, ist die Kognakbohne zu Hause?«
Die Katzenfreundin musterte die Besucher ablehnend, und aus ihren Blicken war klar zu ersehen, wofür sie die beiden hielt.
»Was wollen Sie von meinem Bruder?« fragte sie kühl.
»Nur ein kleines Schwätzchen machen, Madam!« lächelte McIntosh und streckte seine Spinnenfinger nach dem Kätzchen aus, um es zu streicheln. Die Frau wich mit zornsprühenden Blicken zurück. »Ich werde ihn herausschicken!« Die Tür fiel krachend ins Schloß.
»Sie hält uns für Unterweltler, für Banditen!« stellte Tom Knall fest.
»Dann wird sie ihren Bruder wahrscheinlich zur selben Sparte zählen.«
Die Tür öffnete sich wieder. Das also war Cecil Plimston. Ein untersetzter, bullig wirkender Mann, der so gar keine Ähnlichkeit mit der aparten Schwester hatte.
»Hallo, Kognakbohne!« rief Tom.
»Hallo, Dicker!« rief McIntosh, obwohl man Plimston nicht dick nennen konnte.
»Was... was wollen Sie? Wer sind Sie?« Plimstons Stimme klang belegt.
»Wir sind die neuen Auftraggeber...«
»Auftraggeber wofür?«
»Für 'ne feine Sache im Hafen!« sagte Tom.
»Ein paar Schlösser im Lagerschuppen von Smith & Pitchley!« sagte Mac und grinste.
In den Augen Plimstons stand jetzt Furcht. Er schluckte, zuckte hilflos die Schultern und würgte endlich hervor: »Ich weiß nicht, was das soll... Wer hat Sie geschickt? Das muß ein Irrtum sein!«

Tom tat gefährlich. »He, Kognakbohne, keine Mätzchen. Sid hat uns erzählt, daß du heute nacht im Flughafengelände ein paar Schlösser geknackt hast und daß du für uns die richtige Figur wärst...«

Wut beherrschte Cecil Plimston plötzlich. Drohend schüttelte er seine Fäuste. »So, hat dieser Gnom dummes Zeug gequasselt, hat den Leutseligen gespielt. Das wird ihn teuer zu stehen kommen...«

»Von uns aus, Kognakbohne«, knautschte McIntosh unter seinem Bart hervor, »kannst du mit dem Kleinen machen, was du willst. Was ist mit der Hafensache?«

Cecil Plimston schüttelte den Kopf, und Tom Knall und McIntosh hielten den Atem an. Was Plimston bis jetzt gesagt hatte, reichte nicht aus. Es mußte mehr kommen. Und es kam mehr... in diesem Augenblick:

»Das auf dem Flugplatz war eine einmalige Angelegenheit. Sozusagen eine Privatsache...«

»Okay, Mr. Plimston«, sagte Tom Knall jetzt in höflicher Manier, »genau das war es, was wir hören wollten. Und jetzt sollten Sie uns doch ins Haus bitten, damit wir gemeinsam und in aller Ruhe das Ende vom Lied besprechen können. Denn diesmal haben Sie die Wahl: Geständnis bei Mr. Bukman und Schadenersatz oder – die Polizei...«

Tom Knall lächelte. McIntosh lächelte. Cecil Plimston, genannt Kognakbohne, lächelte nicht. Mit schmerzerfülltem Gesicht und hängenden Schultern gab er die Tür frei.

»Weise Paula Golinsky«, murmelte McIntosh, als er über die Schwelle trat. Und dann hob er schnuppernd die Nase... Beim heiligen O'Brien, das durfte doch nicht wahr sein: Hier roch es tatsächlich nach Tschang-Wam-Tschau...

Nachtrag

Am nächsten Tag legte Cecil Plimston reumütig vor Mr. Bukman zwei Geständnisse ab. Er gab zu, daß er es war, der dem Rolls-Royce jene unfeine Beule verpaßt hatte, zum anderen gestand er seine Täterschaft auf dem Flugplatz. Er verpflichtete sich schriftlich, für alle Schäden aufzukommen. Nachdem William Bukman eine halbe Stunde lang so gebrüllt hatte, daß sämtliches Glaszeug im Umkreis von zwanzig Metern zu klirren anhub, willigte er schließlich erschöpft ein, auf eine Anzeige bei der Polizei zu verzichten.

Zweiter Nachtrag und Schluß

Nach Abschluß der Werbeaktion *Stangenschokolade – Die neue Generation von Bukman* behielt Timothy McIntosh seine Füße drei Stunden lang in der Schüssel. Während dieser Zeit mußte Mrs. Golinsky fünfmal nachgießen, und er selber aß als Kostprobe zwölf Stangen Stangenschokolade, fing vier Fliegen und sah einige Dutzend Löcher des Nachdenkens in die Luft. Schließlich erhob er sich in seiner Wasserschüssel und sagte zu Paula Golinsky und Tom Knall:
»Ab heute nennen wir uns nicht mehr Luftagentur!«
»Wie dann?« wollte Tom Knall wissen.
McIntosh drehte sich genüßlich die Bartenden um die Finger, grinste wie ein gekitzeltes Wildkaninchen und verriet seinen Einfall: »Luft- und Detektivagentur Tom Knall & Co.!«

Morgenstunde hat Gold im Munde

Die Personen:

John Melville Mitchell, Goldschmied
Diana, seine Frau
Mr. Wilcox
Gordon Tyler, Mitarbeiter Mitchells
Kathie, Sekretärin Mitchells
Morris, Inspektor
Harry Newton, Detektiv
Männerstimme
Frauenstimme

Die Schauplätze:

Das Büro,
ein Wohnhaus und
einige Örtlichkeiten, die dazwischen liegen.

London, 19. September, 8 Uhr 20.
John Melville Mitchell, 53, Alleininhaber der renommierten Goldschmiede MITCHELLS GOLDHOUSE COMPANY, sitzt, wie jeden Morgen um diese Zeit, mit geschlossenen Augen vor seinem Schreibtisch im vierten Stock des Bürohauses in der Anchorage Street.
Das Fenster ist geöffnet.
Bewegungslos lauscht er den Geräuschen des Straßenver-

kehrs, die, wie durch einen Filter, an sein Ohr dringen. Ein Geräusch, das er als den »schlechten akustischen Atem der Neuzeit« bezeichnet. Ja, John Melville Mitchell hat eine Vorliebe für blumenreiche Umschreibungen.
Punkt 9 Uhr 30 wird er sich erheben, mit auf dem Rücken verschlungenen Händen langsam zum sieben Meter entfernten Fenster gehen, dieses schließen, an seinen Schreibtisch zurückkehren und mit der Durchsicht des Posteingangs beginnen.
So tat er es bereits seit zwanzig Jahren, und so wird er es aller Wahrscheinlichkeit nach auch während der nächsten zwanzig Jahre tun. Das heißt, wenn nichts dazwischenkommt – wie zum Beispiel heute!
Heute, am 19. September.

(Telefonklingeln)
John: (Abheben/unfreundlich) Ja, was ist denn, Kathie?
Kathie: Ihre Frau möchte Sie sprechen, Sir.
John: (erfreut) Oh, bitte, Kathie, stellen Sie durch.
(Geräusch)
(beschwingt) Hallo, Darling, das ist ja ganz ungewöhnlich, daß du um diese Zeit anrufst. Ich dachte, du schläfst noch tief und fest...
(Keine Antwort, dafür ein Geräusch, das nach unterdrücktem Schluchzen klingt.)
John: (erschrocken) Diana, was ist denn?
Diana: (voller Entsetzen) John ... John, es ist was Furchtbares passiert ... John ...
John: (mit Kloß im Hals) Diana, was ist denn los? Warte, ich muß das Fenster schließen, es ist so laut ...

John Melville Mitchell springt auf und hastet zum Fenster und zurück. Mit zitternder Hand preßt er den Hörer wieder gegen sein rechtes Ohr ...

John: Diana, sag schon, was geschehen ist!
Wilcox: (breit) Hören Sie mir jetzt gut zu, Mister Mitchell. Und das, was ich Ihnen sage, sollten Sie nicht auf die leichte Schulter nehmen. Wenn Sie wollen, daß ihrer jungen, hübschen Frau nichts geschieht, dann tun Sie das, was ich Ihnen jetzt sage...
John: (erstickt) Um Gottes willen, wer sind Sie?
Wilcox: Sie stehen jetzt auf, gehen zu Ihrer Bank in der Richmond Street und heben 20000 Pfund in kleinen Scheinen ab. Dann gehen Sie in Ihr Büro zurück. Es ist jetzt... 9 Uhr 22... Spätestens um 10 Uhr 30 können Sie bereits wieder hinter Ihrem Schreibtisch sitzen.
Um 10 Uhr 45 wird sich ein Mister Wilcox bei Ihnen melden. Und da dieser Mister Wilcox identisch ist mit mir, können wir alles weitere an Ort und Stelle besprechen... Noch etwas, Sir. Sollte bei uns nur der leiseste Verdacht aufkommen, Sie könnten die Polizei verständigt haben, Sir, werden wir bitterböse. Sie verstehen hoffentlich!
John: (heiser) Bitte, ich möchte meine Frau sprechen...
Diana: (in Panik) John... es sind zwei furchtbare Männer... John, ich habe Angst...

In diesem Moment reißt die Verbindung ab. John Mitchell schlägt mehrere Male auf die Gabel, springt auf, setzt sich wieder. Schweiß perlt auf seiner Stirn. Er versucht sich zu beruhigen, wählt dann mehrere Male hintereinander seine Privatnummer, doch immer wieder erklingt das Besetztzeichen.
Er zwingt sich zur Ruhe und zu überlegtem Handeln. Er geht zur Tür und bittet seine Sekretärin, Mister Tyler zu ihm zu schicken.
Die sechs Minuten bis zu Tylers Ankunft erscheinen Mitchell wie eine Ewigkeit.
Gordon Tyler, seit 19 Jahren in der Firma und Mitchells

rechte Hand, lächelt ahnungslos, als er das Büro seines Chefs betritt.
Erst als er dessen steinernes, bleiches Gesicht sieht, merkt er, daß etwas geschehen sein muß.

Gordon: (beunruhigt) Guten Morgen, John ... Ist Ihnen nicht gut?

John: Bitte, Gordon, nehmen Sie Platz ... Es ist etwas Entsetzliches geschehen. Diana ist in den Händen von Kid ... Kidnappern ...

Gordon: (schluckt) Kidnappern ... Ihre Frau?

John: Sie haben eben angerufen. Ich habe nicht viel Zeit zu verlieren.

Gordon: (aufgeregt) Die Polizei ... Sie müssen sofort Scotland Yard informieren, John ... Oder haben Sie es schon?

John: Soll ich Diana in Gefahr bringen? Sie hat gesagt, daß es sich um zwei furchtbare Männer handelt ... Ich muß die Polizei aus dem Spiel lassen.

Gordon: Aber was wollen Sie dann tun?

John: Zahlen. Zwanzigtausend Pfund in kleinen Scheinen. Ich habe Sie hergebeten, damit Sie während meiner Abwesenheit hier am Apparat bleiben. Ich werde Kathie sagen, daß sie alle Gespräche für mich hereingibt. Und zu niemandem eine Bemerkung. Ich habe Ihr Wort, Gordon?

Gordon: (bedrückt) Sie können sich auf mich verlassen, John. Obwohl ich nicht sicher bin, ob Sie nicht einen großen Fehler machen.

John: Ich habe keine andere Wahl. Ich werde mich beeilen ...
(Schritte/Tür fällt zu)
Wenn Gespräche für mich kommen, Kathie, geben Sie sie bitte zu Mister Tyler hinein.

Kathie: (verwundert) Ja, Sir!

John Mitchell hastet, ohne nach rechts und links zu sehen, die Hammers Street entlang, überquert den Patterson Square und stürzt in das Lederwarengeschäft von Mills & Mills.

Frauenstimme: Bitte, Sir, womit kann ich Ihnen dienen?
John: (in Eile) Ich hätte gern eine größere Reisetasche.
Frauenstimme: Aber gern, Sir. Haben Sie, was das Material anbetrifft, besondere Wünsche oder Vorstellungen?
John: (ungeduldig) Weder noch. Geben Sie mir irgendeine.
Frauenstimme: (pikiert) Ich meine Stoff oder Leder?
John: Von mir aus Stoff.
Frauenstimme: Bitte, wenn Sie mir nach nebenan folgen wollen. Hier haben wir nur Lederwaren.

Der Einkauf bei Mills & Mills dauert nicht länger als fünf Minuten. Wiederum sechs Minuten später erreicht John Mitchell seine Bank in der Richmond Street.
Der Schalterbeamte, ein früh ergrauter Mann namens Morfield, der John Mitchell seit langem kennt, sieht zuerst den Scheck, dann Mitchell an. Höflich fragt er:

Männerstimme: Sie haben sich nicht verschrieben, Sir? Zwanzigtausend Pfund?
John: Ja. Und bitte schnell, und bitte in kleinen Scheinen.
Männerstimme: Wie Sie wünschen, Sir...

Zum erstenmal in seinem Leben wirft John Melville Mitchell Geld achtlos und ungezählt in eine Tasche.
10 Uhr 15 betritt er wieder sein Büro. Er hat den Zeitplan des Erpressers um 15 Minuten unterschritten. Dafür ist er schweißgebadet und sein Gesicht von roten Flecken bedeckt.

Gordon: Schon zurück?
John: (atemlos) Haben sie sich wieder gemeldet, Gordon?

Gordon: Nein. Es waren nur vier geschäftliche Anrufe. Haben Sie das Geld dort drin?

John: Ja. Und ich gebe es leichten Herzens, wenn ich dafür Diana unversehrt zurückkriege ... Vielen Dank, Gordon. Sie können jetzt wieder in Ihr Büro gehen. Den Rest muß ich allein durchstehen ...

Gordon: (bedrückt) Kann ich nicht doch noch was für Sie tun?

John: Im Augenblick nicht. Danke ... Ich rufe Sie an, wenn ich Hilfe brauche, Gordon ...

John Mitchell versucht, sich zu beruhigen.
10 Uhr 18 ...
Mit zitternden Fingern und mit Hilfe einiger Streichhölzer probiert er eine Art Konzentrationsspiel, um seine Nerven wieder unter Kontrolle zu bringen ...
10 Uhr 30 ...
Er tritt zum Fenster und blickt, ohne jedoch richtig etwas wahrzunehmen, hinunter auf die brodelnde Straße. Autos ... Autos ... Fußgänger. Männer ... Kinder ... Frauen ... Frauen – Wie wird es Diana gehen?
10 Uhr 40 ...
Noch fünf Minuten. Mitchell hat ein sehr enges und inniges Verhältnis zur Pünktlichkeit. Er ist wohl auch noch nie in seinem Leben zu spät gekommen.
10 Uhr 42 ...
Mitchell haßt den Fremden, der sich für 10 Uhr 45 angesagt hat, aus tiefstem Herzen. Doch jetzt ist er ruhig. Ruhig und kalt. Und ruhig und kalt starrt er auf den Sekundenzeiger seiner Schreibtischuhr. Einer sogenannten Quarz-Präzisionsuhr. Tak-tak-tak-tak ... macht der Sekundenzeiger jedesmal, wenn er drei Millimeter nach vorn schnellt.
10 Uhr 46 ...
John Mitchell wird von Unruhe gepackt. Eine Minute Verspätung ...

Das Telefon ...
Mitchell holt tief Luft, bevor er den Hörer abnimmt. Seine Stimme ist ruhig und gefaßt, als er sich meldet ...

John: Ja, Kathie?
Kathie: Ein Mister Wilcox möchte Sie sprechen, Sir. Er sagt, er sei mit Ihnen verabredet.
John: (um Haltung bemüht) Ja, das ... in Ordnung, Kathie. Ich lasse bitten ...
(Tür)
John: (erregt) Wie geht es meiner Frau?
Wilcox: (freundlich) Wollen Sie mir keinen Stuhl anbieten? Es plaudert sich angenehmer im Sitzen.
John: Ich habe nicht die Absicht, mit Ihnen zu plaudern, Mister ...
Wilcox: ... Wilcox. Arthur Bromley Wilcox. Sohn eines Steuerbeamten und einer Mutter, die er nie kennengelernt hat.
John: Ich will wissen, wie es meiner Frau geht!
Wilcox: Oh, Ihrer Frau geht es den Umständen entsprechend gut.
John: (zischt) Was heißt das – den Umständen entsprechend?
Wilcox: Daß sie gesund und munter ist. Ich gebe allerdings zu, daß es sicher nicht angenehm ist, einem so häßlichen Individuum wie Paul Tantey gegenübersitzen zu müssen, aber ...
John: (unterbricht) Tantey. Wer ist Tantey?
Wilcox: Ein Spezialist auf dem Gebiet der Bewachung.
John: Man wird Sie beide jagen, bis Ihnen das Blut kocht.
Wilcox: Ersteres ist wahrscheinlich, letzteres kaum, da ich über äußerst kaltes Blut verfüge. Sollten Sie, mein lieber Mitchell, jedoch daran schuld sein, daß die Jagd auf uns beginnt, bevor wir selbst den Startschuß dazu gegeben haben, dann dürfen Sie von uns keinerlei Rücksichten erwarten.

Wir haben nichts zu verlieren. Gar nichts. Ich rate Ihnen also, sich an die Spielregeln zu halten und klug zu sein.

John: Wie klug?

Wilcox: Immer der Reihe nach ... Wo ist das Geld?

John: (widerwillig) Dort, in der Reisetasche. Sie brauchen nicht nachzuzählen, die Summe stimmt.

Wilcox: (ironisch) Ich weiß, daß Sie ein Gentleman sind. Ich hatte nicht die Absicht, die Summe nachzuzählen.

John: Wer garantiert mir, daß Sie diese Teufelei nicht bei nächstbester Gelegenheit wiederholen?

Wilcox: Das garantiert Ihnen niemand. Aber was ist im Leben schon ohne Risiko? Bitte, Sir, kommen Sie zum Fenster. (Schritte)
Unsere Sicherheit, also die meines Partners und die meine, werden im Augenblick von zeitlichen Kontrollen bestimmt. So weiß mein Partner zum Beispiel auf die Sekunde genau, wann er das Telefon in Ihrer Wohnung auflegen muß, weil *ich* ihn anrufe.

John: (erschrocken) Wenn Ihnen nun etwas geschieht, was außerhalb meines Einflusses liegt?

Wilcox: Ihr Risiko und das meine ... Es ist jetzt ... 10 Uhr 49 ... Ich werde den Fahrstuhl nehmen, nach unten fahren und meinen Wagen besteigen. Es ist der rote Sportwagen mit dem schwarzen Verdeck ... Sehen Sie ihn?

John: Ich bin ja nicht blind.

Wilcox: Von dem Augenblick an, wo ich wegfahre, warten Sie noch genau dreißig Minuten in diesem Büro. Ohne es zu verlassen und ohne zu telefonieren.

John: Und wenn Gespräche kommen?

Wilcox: Ich habe nichts gegen die Erledigung geschäftlicher Gespräche. Stellen Sie sich nicht schwerfälliger an, als Sie sind. Nach diesen dreißig Minuten können Sie tun und lassen, was Sie wollen.

John: (haßerfüllt) Ich werde sofort Scotland Yard benachrichtigen.

Wilcox: Bitte. Wenn Sie sich davon etwas versprechen. Doch denken Sie daran: erst nach dreißig Minuten. Ja, das wär's wohl, Sir. Ich wünsche Ihnen weiterhin gute Geschäfte.

John Mitchell läßt sich in seinen Schreibtischsessel fallen und fühlt sich plötzlich zentnerschwer. Er starrt auf seine Hände... und wieder auf die Uhr. Und er hadert mit seinem Schicksal. Warum nur muß ausgerechnet ihm so etwas passieren. Das Telefon rasselt mitten in seine Gedanken.

John: Was gibt's, Kathie?
Kathie: Mister Mallory ist am Apparat...
John: (beherrscht) Bitte, Kathie, ich muß eine wichtige Berechnung durchführen. Ich kann im Augenblick niemanden sprechen... Niemanden, hören Sie?
Kathie: (beunruhigt) Ja, Sir... Ich werde dann das Gespräch zu Mister Tyler geben. Ist Ihnen das recht?
John: Ja. Und noch etwas, Kathie. In genau zehn, nein, in genau vierzehn Minuten geben Sie mir eine Freileitung herein. In vierzehn Minuten!
Kathie: Ja, Sir...

Die Zeit ist um.
John Mitchell hat sich an die erpresserische Abmachung gehalten. Doch jetzt ist die halbe Stunde vorbei. Kathie hat eine Freileitung hereingeschaltet, und nur Sekunden danach meldete sich Scotland Yard.
Als Mitchell wenig später seinen Wagen in halsbrecherischer Geschwindigkeit über die Straßen jagt, hat er es wohl nur seinem Schutzengel zu verdanken, daß er heil und wohlbehalten vor seinem Haus ankommt.
Atemlos stürzt er die Treppen hinauf, reißt die Tür auf...

John: (ruft atemlos) Diana... Diana... (erleichtert) Da bist du ja...

Diana: (flüstert) John ... es war schrecklich ...

(Tür)

John: (erschreckt) Wer sind Sie?

Morris: Ich bin Detektivinspektor Morris, das ist mein Mitarbeiter Newton. Ihre Frau hat uns verständigt.

John: Ja, ich weiß ...

Morris: Sie wissen?

John: Ich rief bei Scotland Yard an, und da sagte man mir, Sie seien bereits unterwegs hierher.

Morris: Haben Sie im Yard schon irgendwelche Beschreibungen hinterlassen?

John: Nein. Das Gespräch hat nur Sekunden gedauert.

Morris: Gut. Bevor wir uns mit Einzelheiten befassen, schnell ein paar Fragen, die wichtig sind für die Fahndung. Beschreiben Sie mir bitte diesen Wilcox.

John: Aber ... hat denn meine Frau ...

Morris: Natürlich hat sie. Ich will nur wissen, ob Sie beide den gleichen Wilcox meinen, den gleichen Mann.

John: Er war groß ... ungefähr wie ich. Und er hatte dunkles volles Haar. Er trug eine Sonnenbrille, die er auch im Zimmer nicht abnahm ... Und gekleidet war er wie ein Dandy. Sehr modisch ... Ich würde sogar sagen, er sprach Oxford-Englisch.

Morris: Das reicht. Haben Sie gesehen, ob er einen Wagen hatte?

John: Ja, er stieg in einen roten Sportwagen mit schwarzem Verdeck.

Morris: Auch das deckt sich mit den Angaben Ihrer Frau! Eine letzte Frage für den Augenblick: Wäre die blaukarierte Reisetasche, in der Sie das Geld übergaben, an einem besonderen Merkmal zu erkennen?

John: Wohl kaum. Ich hatte sie unmittelbar vorher gekauft. Ich meine, bevor ich zur Bank ging.

Morris: Danke ... Harry, rufen Sie Henderson an und geben Sie durch, daß es sich um eine ladenneue Reisetasche handelt.

Harry: Okay, Sir! (Schritte)
John: Können wir nicht ins Wohnzimmer gehen? Ich könnte jetzt wirklich einen Schluck vertragen.

Zu dritt gehen sie hinüber in das große, sehr elegant eingerichtete Wohnzimmer. Und John Mitchell, mit einem fast vollen Whiskyglas in der Hand, erklärt:

John: Sie können sich kaum vorstellen, Inspektor, in welcher Verfassung ich auf der Herfahrt war...
Morris: Das kann ich mir denken.
John: Sollte mich nicht wundern, wenn ich mir dabei ein halbes Dutzend Strafmandate eingehandelt habe... Was mir schon die ganze Zeit durch den Kopf geht: War es nun Zufall, daß sie sich ausgerechnet einen Tag ausgesucht haben, als Mortimer und Bessy, unser Hausmeisterehepaar, abwesend waren?
Morris: Diese Frage werden wir wohl erst mit letzter Sicherheit beantworten können, wenn wir die beiden Halunken erwischt haben.
Diana: Ob dieser Mann wirklich Wilcox hieß?
Morris: Das ist kaum anzunehmen...
(Klopfen)
John: Herein!!
(Tür)
Harry: Sir, die Leute von der Spurensicherung sind fertig.
Morris: Okay, dann wollen wir aufbrechen. Sie hören von uns, sobald wir Neuigkeiten zu bieten haben...
John: Ich bringe Sie hinaus...

Viele Stunden sind inzwischen vergangen. Seit einer halben Stunde läuft John Mitchell mit auf dem Rücken verschränkten Armen im Zimmer auf und ab...

Diana: (beschwörend) Bitte, John, hör auf, hin und her zu gehen. Mir ist schon ganz schwindelig vom Zusehen. Laß uns schlafen gehen, es ist Mitternacht vorbei...

John: (finster) Ich werde einfach nicht fertig damit... Es sind so viele Unbekannte in der Rechnung...

Diana: Wollen wir nicht froh sein, daß alles noch so glimpflich abgelaufen ist? Bitte, John, beruhige dich doch...

John: (nachdenklich) Entweder sie haben das Haus beobachtet, oder... ich kann es mir nicht denken...

Diana: Was oder? Was kannst du dir nicht denken?

John: Daß Mort und Bessy... doch woher sollten die Burschen sonst wissen, daß sie donnerstags ihren freien Tag haben.

Diana: Aber John, wie kannst du nur so was denken. Die beiden sind doch über jeden Verdacht erhaben...

John: Man könnte sie ja gezwungen haben... Gehen wir die Sache noch einmal von Anfang an durch... Du hörtest also ein Geräusch.

Diana: (seufzt) Ja, ich war gerade in deinem Arbeitszimmer, als ich es tuscheln hörte. Aber bevor ich weiterdenken konnte, standen sie im Zimmer... Ich habe geschrien, wie ich noch nie geschrien habe...

John: Und sie ließen dich schreien?

Diana: Ja, und sie lachten darüber...

John: Ein Zeichen dafür, daß sie genau wußten, daß du allein im Haus warst. Und dann?

Diana: (leise) Dann schoben sie mich auf deinen Schreibtischsessel, und der Mann mit dem furchtbaren Gesicht setzte sich auf die Tischplatte, und dann mußte ich dich anrufen. Danach verschwand dieser Wilcox.

John: Und das Telefon? Ich habe immer wieder versucht hier anzurufen.

Diana: Der Telefonhörer blieb neben dem Apparat liegen. Als es Viertel zwölf schlug, legte der Mann den Hörer zurück, und gleich darauf klingelte es. Er hob ab, sagte »in

Ordnung« und legte wieder auf... Dann zerschnitt er die Telefonleitung und sagte mir, daß er jetzt verschwinden würde. Und ich sollte mich, wenn mir dein Leben lieb wäre, in den nächsten zehn Minuten nicht von der Stelle rühren...

John: Und – hast du die zehn Minuten abgewartet?

Diana: Ich habe nicht auf die Uhr gesehen. Ich weiß nur noch, daß ich plötzlich aufgesprungen bin, um zu Lisa zu laufen. Von dort aus habe ich Scotland Yard angerufen. Und dich... aber du warst nicht zu sprechen...
(Gläserklirren)
Soll ich dir noch einen einschenken?

John: Nein... nein, danke...
(Schritte/Telefonwählen)

Männerstimme: Scotland Yard, welche Abteilung wünschen Sie?

John: Ich nehme an, daß Inspektor Morris nicht im Haus ist, vielleicht könnte ich einen seiner Mitarbeiter sprechen.

Männerstimme: Einen Augenblick... Hören Sie, ich kann Sie auch mit Inspektor Morris verbinden, er hat Nachtdienst.

John: Das wäre mir sehr recht...

Morris: Hallo?

John: Hallo, Inspektor. Hier spricht John Mitchell. Wäre es Ihnen möglich, noch einmal zu uns zu kommen – jetzt!!

Morris: Es ist 0 Uhr 30, ich setze voraus, daß Sie dafür einen wichtigen Grund haben.

John: Einen sehr wichtigen, Inspektor.

Morris: Okay, Sir. Ich bin gleich bei Ihnen!
(Auflegen)

Diana: (erstaunt/verwirrt) Aber John, wozu soll der Inspektor mitten in der Nacht noch einmal herkommen?

John: (belegt) Er soll dich noch einmal verhören, Diana.

Diana: (tonlos) Mich... Verhören? Aber warum denn?

John: Weil ich seit genau drei Minuten weiß, daß du an dieser

Erpressung beteiligt warst, Diana. Es hat nie einen zweiten Mann gegeben...

Diana: (entsetzt) Aber John...

John: Ja... es hat nie einen zweiten Mann gegeben... Eigentlich hätte der Inspektor schon darauf kommen müssen.

Nun, aus welcher Tatsache leitet John Melville Mitchell die Täterschaft und Mitschuld seiner Frau ab? Es handelt sich um zwei Indizien, die Diana überführen.

Lösungen

Stimmen aus dem Jenseits
Wenn Monsieur Caro wirklich gerade erst von der Reise zurückgekommen wäre, hätte ihm die tatsächliche Rückkehr der Witwen fremd sein müssen, denn schließlich hatten diese, entgegen ihrem ursprünglichen Programm, eine Woche an ihren Ägyptenaufenthalt drangehängt.

Das Schiff der Weihnachtsmänner
Wer war in Wirklichkeit der Spezialagent Dick Mason?
Es war Arnie Green!
Um 23 Uhr 57 entdeckte der auf Wache stehende Patrick O'Brien die Lichtzeichen vom Festland. Er verständigte seine Genossen, und alle stürzten an Deck bis auf einen: Arnie Green.
Dieser nutzte die Gelegenheit und gab den entscheidenden Funkspruch durch, der, wie Inspektor Balgreen seinem Chef Coltman berichtete, um 23 Uhr 58 aufgefangen worden war.

Das Geheimnis der alten Dschunke
Inspektor van Helder war über die Gewürzgroßhandlung gestolpert. Und er sollte recht behalten, denn genau dort erwischte er Tschang und Barnecelli.
Ein Koch, der sozusagen ›tagesfrisch‹ für eine kleine Gruppe einkauft, wird Gewürze nicht in einer Gewürzgroßhandlung beschaffen. Außerdem hat jede Küche Gewürze für längere Zeiträume auf Lager.

Balduin Pfiff und der Tintenkleckser
Herr Heller war der Eierwerfer. Ihm gegenüber hatte Balduin Pfiff nichts von der roten Tinte erwähnt. Herr Heller sagte aber, daß in der ganzen Wohnung kein einziger Tropfen rote Tinte zu finden sei.

Ein Plan nach Maß
Als Verräter kommt nur derjenige Gauner in Frage, der von vornherein bestimmen und seine beiden Helfershelfer darüber informieren konnte, wohin er die Geldtasche stecken würde.
Das war in diesem Fall Berry Priscott.

Treffpunkt Wendeboje
Es war Christian Brugger. Er war der einzige, den Gabi zum Zeitpunkt der Tat noch nicht persönlich kennengelernt hatte.

Morgenstunde hat Gold im Munde
Da Inspektor Morris vor dem Eintreffen Mitchells nur mit dessen Frau Diana gesprochen hatte, konnte er also nur von dieser wissen, daß das Geld in einer »blaukarierten« Reisetasche übergeben worden war. Und genau das hätte Diana Mitchell gar nicht wissen dürfen.

Quellennachweis

Beitrag »Balduin Pfiff: Das Hotelabenteuer« entnommen aus: »Balduin Pfiff: Spuk nach Mitternacht«, erschienen 1976 im Loewes Verlag, Bayreuth, im Ravensburger Taschenbuch Band 790 »Balduin Pfiff: Eine Handvoll Dieb«, 1982

Beitrag »Geld und Charakter« entnommen aus: »Juwelen, Bluff und graue Löckchen«

Beiträge »Stimmen aus dem Jenseits« und »Treffpunkt Wendeboje« entnommen aus: »Ein Gauner spielte Mundharmonika«, Ravensburger Taschenbuch Band 650

Beitrag »Das Geheimnis der alten Dschunke« entnommen aus: »Das Geheimnis der alten Dschunke«, Ravensburger Taschenbuch Band 264

Beitrag »Perry Clifton: Geheimnisvolle Schatten«, Erstveröffentlichung

Beiträge »Balduin Pfiff und der Tintenkleckser« und »Reizende Leute« entnommen aus: »Kriminalistisches Schmunzelkabinett«, Ravensburger Taschenbuch Band 500

Beitrag »Tom Knall: Die Rache der Kognakbohne« entnommen aus: »Im Tal der Affen«, Ravensburger Taschenbuch Band 823

Beiträge »Das Schiff der Weihnachtsmänner«, »Morgenstunde hat Gold im Munde« und »Ein Plan nach Maß« entnommen aus: »Wer knackt die Nuß? 3. Band«, Ravensburger Taschenbuch Band 336

Alle Ravensburger Taschenbücher von Wolfgang Ecke auf einen Blick

Wer knackt die Nuß? 1. Band	Band 86	1966
Wer knackt die Nuß? 2. Band	Band 131	1968
Perry Clifton oder Der Herr in den grauen Beinkleidern	Band 144	1969
Perry Clifton und die Dame mit dem schwarzen Dackel	Band 149	1969
Perry Clifton und das Geheimnis der weißen Raben	Band 161	1970
Perry Clifton und die Insel der blauen Kapuzen	Band 199	1971
Das Schloß der roten Affen Club der Detektive 1	Band 208	1971
Der Mann in Schwarz Club der Detektive 2	Band 214	1972
Das Gesicht an der Scheibe Club der Detektive 3	Band 221	1972
Solo für Melodica Club der Detektive 4	Band 227	1972
Der Mann mit dem roten Zylinder	Band 251	1973
Das Geheimnis der alten Dschunke Club der Detektive 5	Band 264	1973
Die Jagd nach dem gelben Krokodil	Band 292	1974
Das Haus der 99 Geister Club der Detektive 6	Band 306	1974
Erben auf schottisch (Hrsg. W. Ecke)	Band 315	1974
Wer knackt die Nuß? 3. Band	Band 336	1975
Kichergeschichten	Band 337	1975

Schach bei Vollmond Club der Detektive 7	Band 365	1976
Der unsichtbare Zeuge Club der Detektive 8	Band 403	1977
Flucht	Band 442	1978
Kriminalistisches Schmunzelkabinett	Band 500	1979
The Face at the Window	Band 560	1979
The Man in Black	Band 561	1979
Tom Knall und die Libelle: **Die Schatzjäger**	Band 604	1980
Hände hoch oder ich lache	Band 640	1980
The Secret of the Chinese Junk	Band 648	1980
Ein Gauner spielte Mundharmonika Club der Detektive 9	Band 650	1981
Perry Clifton und **das ungewöhnliche Vermächtnis**	Band 689	1981
Wolfgang Ecke's Kriminalmagazin 5 (Hrsg.)	Band 704	1981
The House of the 99 Ghosts	Band 718	1981
Tom Knall und die Libelle: **Das Schloß der dicken Geister**	Band 731	1982
Balduin Pfiff: Besuch nach Mitternacht	Band 736	1981
Balduin Pfiff: Eine Handvoll Dieb	Band 790	1982
Balduin Pfiff: Die Bronzeräuber	Band 842	1983
Keine Spur von Paul Crabbley Club der Detektive 10	Band 861	1983
Lange Finger – flinke Beine	Band 888	1983
Balduin Pfiff: **Unternehmen Klapperschlange**	Band 934	1984
Dunkle Ecken – Helle Köpfe	Band 993	1985